Die Aargauer Gessler in Urkunden Von 1250 Bis 1513 [Ed.] Von E.L. Rochholz

Anonymous

DIE

AARGAUER GESSLER.

Was mag doch grösser und mächtiger sein, denn so viel Todten das Leben, dem Vergessnen das ewige Gedachtniss, dem Verfinsterten das Licht wieder schaffen und geben?

Joh. Aventin 1534.

DIE

AARGAUER GESSLER

IN

URKUNDEN VON 1250 BIS 1513.

VON

E. L. ROCHHOLZ.

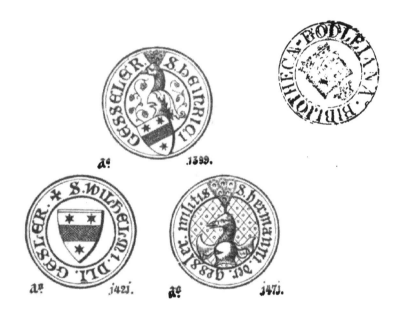

HEILBRONN,
VERLAG VON GEBR. HENNINGER.
1877.

VORWORT.

Die Urkunden des schweizerischen Geschlechtes Gessler, deren Sammlung hier erstmalig veröffentlicht wird, ergeben den unanfechtbaren Beweis, dass weder vor noch nach der angeblichen Tellenbegebenheit, dass überhaupt nie und zu keiner Zeit einer der Gessler Landvogt zu Uri oder Schwyz gewesen sei, hier Willkürakte verübt habe und darüber erschlagen worden sei. Der geschichtlich üblichen Namensverkupplung Tell-Gessler ist somit ein definitives Ende gemacht. Aber durch das Detail der vorliegenden Urkunden erklärt sich mit gleicher Sicherheit nun auch die andere Thatsache, wie und dass gerade der Name Gessler für die bekannte Zwingherrnrolle ausgewählt und auf die schweizerische Tyrannenliste gesetzt worden ist. Daran ist nicht etwa ein von der Volkssage arglos begangener Anachronismus schuld, den dann ein unwissender Scribent aufgehorcht und nachgeschrieben hätte, sondern die Chronisten haben einen solchen Verstoss gegen die Zeitrechnung eigenmächtig und mit vorberechnender Arglist begangen, weil es aller Lohnschreiber Art von jeher war und ist, die Sünden der Herren, denen man dient, ganz abzuleugnen, indem man sie Anderen aufbürdet oder in eine halbmythische Vorzeit zurückverlegt. Ganze Republiken lügen von Staatswegen und aus patriotischer Schuldigkeit, äussert schon Lucian über die gleiche Sophistik der griechischen Staaten seiner Zeit. Eben die von den vergrösserungssüchtigen Kantonen an dem Gesslerischen Grundbesitze verübten Spoliationen; das gegebene Versprechen der Orte und zugleich wieder ihre Weigerung, den Beraubten zu entschädigen, oder mit ihm vor das Schiedsgericht der oberdeutschen Reichsstädte ins Recht zu treten; die zweimal darüber ausgebrochne Fehde alsdann, welche die schweizerische Nordgrenze vom Bodensee bis Basel unsicher gemacht hatte, diese Reihe offenkundig gewesener Vertrags- und Wortbrüche geben den damaligen Parteischriftstellern den Plan ein, den Vergewaltigten zum

Gewaltthäter umzustempeln und die Bedränger als die Bedrängten hinzustellen. Das grausame Unrecht, welches die Gessler zu Anfang des 15. Jahrhunderts durch die Schweiz wirklich erlitten, das sollten sie selber schon zu Anfang des 14. an der Schweiz verübt gehabt haben; so wiederholte sich die Fabel vom Lamme, welches immer den Bach getrübt haben muss, wenn der Wolf Gründe sucht, es zu verschlingen. Freilich dachten dabei diese sich und ihr Völklein beschmeichelnden Chronisten nicht entfernt daran, dass eben die Dokumente, in denen der an den Gesslern begangene Raub einbekannt steht, in den Landesarchiven erhalten bleiben würden und eines Tages zusammen ans Licht gezogen werden könnten, zur Steuer der unverjährbaren Wahrheit und zur Ehrenrettung des so lange und so weithin verleumdeten altschweizerischen Edelgeschlechtes.

Der erste unter den schweizerischen Annalisten, welcher den Namen Gessler nennt und mit dem Aufstande der Waldstätte in Verbindung bringt, ist Schälly, der von 1445 bis 1480 Landschreiber in Obwalden gewesen war und daselbst die kleine Chronik des Weissen Buches zusammentrug. Die Grafen von Tirol, erzählt er, seien als die Erben der Habsburger, in den Besitz der Waldstätter Vogteien gekommen und hätten dahin die Vögte Gessler und Landenberg gesetzt. Woher hat dieser geschichtlich ganz ununterrichtete Mann die Namen dieser beiden Adelsgeschlechter und wie kommt er darauf, sie politisch zu paaren, ja nach Amt und Amtsführung zu vereinbaren? Er kennt und entnimmt sie aus den politischen Ereignissen, die in seine eigne Lebensperiode fielen und in seiner nächsten Nachbarschaft spielten. Der aargauische Ritter Hermann Gessler von Brunegg, herzoglicher Landvogt, war 1440 gestorben, also nur fünf Jahre zuvor als Schälly sein Schreiberamt in Obwalden antrat. Auf der Burg Grüningen hatte Gessler das verfallene Burggesäss, »fo man Landenberg nennt,« neu und wehrhaft aufgebaut und es schliesslich sammt Stadt und Grafschaft Grüningen um 8000 Gulden an die Stadt Zürich verpfändet. Hierüber zerfiel er mit seinem Lehensherrn, Herzog Friedrich IV., Herrn der Grafschaft Tirol, und musste es erdulden, dass dann dieser rachsüchtige Fürst des Landvogts Diener, den Schlatter von Zürich, auspfänden und blenden liess. Diese Thatsachen sind's, welche dem Schälly bei Abfassung seiner Chronik im Gedächtnisse schweben. Aber er schraubt sie um ein Jahrhundert zurück, um sie der Tellenbegebenheit anzupassen. Und damit bei dieser Gelegenheit sein Obwaldner Ländlein gleichfalls einen Tyrannen zu vertreiben bekomme, lässt er den einen Gessler und Burgvogt auf Landenberg in zwei Landvögte der Grafen von Tirol auseinandergehen, schreibt dem einen zu Uri den Zwangschuss Tells auf das eigne Kind zu, und dem andern zu Sarnen die an Melchthal vollzogne Pfändungs- und Blendungsstrafe. Dass nun diese Namen von Schälly ganz willkürlich und entgegen der damals in der Schweiz herrschend gewesnen Meinung angesetzt waren, dass von ihnen besonders die Waldstätte weder damals wussten, noch auch später wissen wollten, dies stellt sich aufs Unleugbarste heraus.

Unmittelbar nach Schälly und dessen Schrift zur Grundlage nehmend, verfasste der Luzerner Gerichtschreiber Petermann Etterlin seine Eidgen. Kronica und liess sie 1507 zu Basel in Druck erscheinen. Beide Chronisten stimmen auch in solchen Dingen überein, welche, wie die staatsrechtliche Stellung der Waldstätte, unmöglich Gegenstand der Volkssage oder Volkspoesie gewesen sein können, mithin die Annahme ausschliessen, dass die Verfasser gemeinsam etwa aus Sagen und Liedern geschöpft hätten. Bei der Erzählung der Tellengeschichte steht Etterlins Text mit dem Schälly's in einem so wörtlichen Zusammenhange, dass die hiebei stattgehabte Entlehnung von Niemand bestritten wird. Gleichwohl heisst aber bei Etterlin der Bedränger Tells nirgend Gessler, sondern »Landtuogt Grifzler, eyn edelman vfz dem Thurgow«. Da Etterlins Chronik die erste schweizerische war, welche im Drucke erschien, so gieng aus ihr der Vogtname Gryßler sogleich in die damalige Geschichtsliteratur Deutschlands über. Dies ersieht man aus Phil. Melanchthons *Paralipomena rerum memorabilium. Argentorati 1537 fol.*, *apud Craftonem Mylium,**) und ebenso aus Sebast. Franks Chronica der Teutschen, Augsburg, Weissenhorn 1538;**) beiderseits

---

*) Fol. CCCXC: *Item anno Mill. cclxxxj victoriam contulit contra comitem Rudolphum, comitem de Kyburg et multos nobiles. Item liberavit à tyrannide praefecti cujusdam Gryffler dicti, cõtra Vuilhelmum Taellen, quem is coëgerat, ut filio proprio pomum à capite fagitta decuteret.*

**) Blatt CCVIII b: »Grifzler in Vri vnd Wilhelm Tell.« Ueber die Glaubwürdigkeit der von ihm benützten Schweizerchronik bemerkt Frank auf Bl. 209 b: »Sie ift nach art vnd fchwacheit der zeyt voller fuperftition vnd affect. Daruon lifz, wer da will, Peter Etterlin nach der leng.«

heisst hier der Urner Landvogt Gryßler. Wir überspringen etliche weitere Scribenten, da sie alle den einmal aufgelesnen Vogtsnamen ununtersucht weiter vererben, und fassen diejenigen ins Auge, welche dagegen Opposition machen. Dies sind die drei bedeutenden Zeitgenossen Joh. Stumpf, Aegid Tschudi und Franz Guilliman. Der belesene Stumpf*) hält den Urner Landvogt für einen »Vorfahr der Geßler von Brunegk, welche etwan die Landuogtey ʒů Vri vnd Schwytʒ, vnd nachmals die herrſchafft ʽGrůningen, Zürychbiets, inngehept habend.« Kurz, aber ähnlich urtheilt Guilliman.**) Wie aus Tschudi's handschriftlich zu Zürich liegendem Chronik-Entwurf zu ersehen ist, so steht hier ursprünglich allenthalben ein Landvogt Gryßler angesetzt, der dann nach zaudernder Namenswahl eben so oft wieder gestrichen und auf Schälly's Vorgang hin gegen einen Gessler vertauscht worden ist.

Diese wenigen Stimmen drangen jedoch zu ihrer Zeit nicht durch, ja ihre Namenswahl fand nicht einmal in den besser unterrichteten Städten Glauben. Das überraschendeste Beispiel hiefür gewährt Josias Simler von Zürich, der Verfasser *De republica Helvetiorum libri duo. Tiguri, Froschouer 1576, in 8°.* Er brachte darin seines persönlichen Freundes Tschudi dickleibiges Chronikwerk in eine geschickte Zusammenfassung, durch welche erst die übrige literarische Welt mit den schweizerischen Geschichtssagen bekannt gemacht wurde. Allein statt Tschudi's Gessler setzte er nach seines eignen Vaters Vorgang wieder einen Grißler an.***) Das Buch erschien in viererlei Sprachen und erlebte neunundzwanzig Ausgaben. In der französischen Uebersetzung, Paris 1578, sind schon drei Porträte von Tell, Staufacher und Melchthal beigefügt mit der darunter gesetzten Jahrzahl des Grütli-Bundes 1296. Simlers Werk war von nun an die Quelle, aus welcher das Ausland sein Wissen über schweizerische Geschichte und Landesverfassung schöpfte. So wurde alsdann der Gryßler durch des

---

*) Erste Auflage 1546, tom. II, lib. VII, pag. 205 b.

**) *De rebus Helvetiorum 1598.*

***) In der mir vorliegenden Ausgabe: *Lugd. Bat. 1627*, heisst es lib. I, pag. 48: *Albertus misit Suitiis et Uriis praefectum Grislerum Equitem, qui Cussenaci* (Küssnach) *habitavit.* Erst in der von Hans Jacob Leu 1722 besorgten Fortsetzung steht zu Seite 49 nachgetragen: Der erſte der Vögt, ſo König Albrecht den drey Ländern gegeben hat, war Herr Griſʒler, oder wie ihn verſchiedene andere Autores nennen, Geſʒler, deme das Schloss Küſʒnach in Schwyʒ ſol ʒuſtändig geweſen ſeyn.

Steph. Joh. Stephanius Ausgabe des Saxo Grammaticus in die skandinavische Literatur eingeführt,*) und ebenso schliesslich in die romanische durch Voltaire's *Annales de l'Empire depuis Charlemagne* (2. Ausg. 1754),**) sowie durch des Abtes Augustin Calmet *Diarium Helveticum*, 1756, pag. 35.

Als der Berner Pfarrer Uriel Freudenberger die Wahrheit der Tellenbegebenheit zuerst in seiner *Fable Danoise* (1760) bestritt und dann in demselben Jahre der Luzerner Jos. Ant. Felix von Balthasar sie als eine thatsächliche Wahrheit auf obrigkeitliches Verlangen öffentlich vertheidigte, hiess in Beider Schriften der durch Tell getödtete Landvogt gleichmässig Grißler, ja ebenso hatten ihn auch die dem Vertheidiger aus dem Urnerlande eingesendeten Aktenstücke benannt. Nicht anders wussten zu jener Zeit die staatsmännische Rede, das politische und historische Gedicht und der patriotische Toast sich auszudrücken. Hiefür ein einziges Beispiel statt unzähliger. Da es in der Helvetischen Gesellschaft Sitte war, für die Einfachheit der Väterzeit und gegen den Luxus zu eifern, so überschickte an diesen 1784 zu Olten tagenden Verein der Luzerner Professor Peter Joachim Braunstein ein poetisches Impromptü, worin er den Ueberschwang der neuen Moden gleich dem bei Küssnach erschlagenen Landvogte vertilgt wünscht und also schliesst:

> Käm' doch ein braver Wilhelm wieder
> Und schlüg' mit einem Heldenzug
> Den Luxus, wie dort Grislern nieder,
> Helvetier, wie wär' dies klug!

Genug nun dieser Beispiele. Sie reichen in Einer Reihe, wie aus dem Gesagten erhellt, vom Jahre 1507 bis 1787 und treffen auf achtunddreissig wohlgezählte schweizer Annalisten und Historiker, unter denen die verdienstvollsten Namen mit erscheinen: Die beiden Simler, Petrus und Josias; Heinrich Bullinger; Theod.

---

*) *Sorae 1644, fol.* Zur Tokosage wird auf pag. 204 geschichts- und sagenvergleichend angeführt der Tellenschuss auf den *praefectus Grislerus*.

**) Um das Buch der Censur zu entziehen, liess es Voltaire zu Basel bei Joh. Heinrich Decker 1753 erscheinen und sagt in der zweiten berichtigten Ausgabe tom. I, pag. 355, vom Ursprunge der schweiz. Unabhängigkeit: *Tous les historiens prétendent que tandis que la conspiration se tramait, un Gouverneur d'Uri, nommé Grisler, s'avisa d'un genre de tyrannie ridicule et horrible.* Bei der Erzählung vom Apfelschusse wird beigefügt: *Il faut avouer, que l'histoire de la pomme est bien suspecte, et que tout ce qui l'accompagne ne l'est pas moins.*

Zwinger; Mich. Stettler; Hans Jak. Leu; Gotth. Heidegger; Felix
v. Balthasar; Joh. Conr. Fäsi; Fidel Baron von Zurlauben; Jak.
Cph. Iselin. Ob unter einander confessionell und politisch noch
so streng geschieden, so waren diese Männer doch darin einig,
dass der Bedränger Tells Gryßler geheissen habe. 'Ebenso be-
nannten ihn die Waldstätte, liessen·diesen Namen an der Tellen-
kapelle bei Küssnach und an der Staufacherkapelle zu Steinen
inschriftlich anbringen und ihn somit obrigkeitlich und kirchlich
als den allein giltigen proclamiren. So lange vererbt sich bei der
zünftigen Fachgelehrtheit das wissenschaftlich Falsche und Un-
nütze weiter, oder mit Gœthe's witzigem Worte zu reden, so lange
hat da ein Jeder geglaubt überliefern zu müssen, was man ge-
wusst zu haben geglaubt hatte. Wenn nun so vielerlei schweize-
rische Staatsmänner und Gelehrte den Urnervogt als Landes-
bedrücker, Zwingthurms-Erbauer und Kindesmörder Grißler nann-
ten, schon heute aber Niemand von diesem Namen mehr weiss,
so ergiebt sich schon daraus, wie höchst unsicher das allgemeine
Wissen über diesen Punkt und wie langsam der Bildungsgang
gewesen ist, welchen die historische Sage einschlug. Dies ist
auch Eutych Kopps gegründete Folgerung. Wir aber meinen zeigen
zu können, wie man auf jenen wesenlosen Grißler gerieth und
warum man ihn schliesslich wieder an den gleich hypothetischen
Gessler vertauscht hat.

Schon Felix Hemmerlin*) erzählt die Sage von einem ano
nymen Schwyzer Landvogte, der auf seinem Inselschlosse im
Lowerzersee von einem Brüderpaar aus Schwyz ermordet worden,
weil sie die Unschuld ihrer Schwester durch ihn bedroht glaubten.
Der L a n d v o g t ist also hier zugleich ein S e e v o g t. Eben da-
hin muss es zielen, wenn der Luzernerkaplan Diebold Schilling,
der seine Schweizerchronik bis z. J. 1509 geführt hat, den Urner
Landvogt, der den Schuss auf das Kind anbefiehlt, einen Grafen
aus S e e d o r f in Uri nennt.**) Das Urner S e e d o r f, am linken

---

*) *Dialogus de Nobilitate et Rusticitate*, geschrieben um 1450.

**) Auf Bl. 12 b. der in Luzern liegenden Original-Hf. heisst es: Ein graff
von Sedorff in Ure zwang Wilhelmen Tällen, daʒ er finem eignen einigen fuon
muoft einen öpfel mit eim fcharpfen pfil ab finem Hopt fchieʒʒen, anno dni. CCC.
XXXiiij. Die Wettinger Klofterchronik v. J. 1580 (MS. in 12° auf der aargau.
Kt.-Bblth.) fchreibt: Sedorff, da ift der grifʒler gfefʒen, der Wilhelm Tellen
ʒwang, daʒ er finem eignen kind mûfʒ eiñ öpfel ab finer fcheitlen fchieʒʒén den

Reussufer zunächst beim Flecken Altorf gelegen, war ein Laza-
ritenhaus und wurde von den Chronisten mit den Grafen von
Seedorf verwechselt, die im jetzigen Berner-Amtsbezirk Arberg sess-
haft und Stifter des dortigen Klosters Frienisberg waren. Das
Kloster machte den Eintreiber, wenn die Seedorfer und die mit
ihnen verschwägerten Thiersteiner Grafen von den Unterthanen
Abgaben verlangten, so oft jene nach Rom, Compostella oder Je-
rusalem wallfahrten, einen Römerzug thun, oder ihre Töchter
ehelich aussteuern wollten. Sie veräusserten ihre Güter zuletzt
an das Stift und dieses musste sie auf die Klagen der Unterthanen
i. J. 1381 käuflich an Bern abtreten. Zeerleder, Urkunden für die
Geschichte der Stadt Bern, no. 500 und 556. Diese von den
Seedorfer Grafen und ihrem Stifte gemeinsam gegen die Berner-
bauern verübte Bedrückung übertrug man auf das Urnerkloster
Seedorf, stellte dieses unter einen nicht minder gewaltthätigen
Grafen und nannte ihn, als ob er zugleich der Seevogt über den
Urnersee gewesen wäre, Gryßler. Denn Griessler heissen heute
noch in der bairisch-österreichischen Amtssprache alle zum Bau
der Flussdämme, Reckwege, Schleussen und Triftstellen bestimmten
Arbeiter, das Triftamt ist das Griessamt mit dem Griessmeister.
Der Amtsname ist längst zum Geschlechtsnamen geworden und
kommt als solcher in Tirol und in der Schweiz urkundlich nicht
selten vor.*) So mag also in noch früherer Zeit der Mann ge-
heissen haben, welcher die Furt gehütet und dafür das Strand- und
Geleitsgeld erhoben hat. Darum einigen sich denn die beiden
Namen Gessler und Griesler darin, dass der eine das Wegrecht
über die Gasse, der andere dasjenige über das Gries ausübt. Und

---

13. julij 1314. Eine handschriftliche Chronik des Klosters Engelberg v. J. 1639
(abschriftlich in der Zurlauben'schen Sammlung, fol. 51, pag. 34) sagt gleichfalls:
Sedorf in Uri, eins graven Sitz, da der grisler gewont. Ein Wappenbuch des
luzerner Adels, von 1307 bis 1674 reichend, copiert in Zurlaubens Stemmatogra-
phie Bd. 10, sagt fol. 286: Der graff von Sedorff. Difer full Wilhelm Dellen zuo
fchieffen getrungen haben den 13. Julii 1314, ofterrichifcher Regentzherr in Ury.

*) 1387 und 1389: Hans der Griessel aus Pusak (bei Brixen). Mairhofer,
Urkundenbuch des Tirol. Stiftes Neustift, no 635 und 645. Das Pfrundenbuch
der Stadt und Landschaft Zürich (MS. Bibl. Nov. 11 q, auf der aarg. Kt.-Bblth.)
verzeichnet pag. 675 und 671 unter den Pfarrern zu Hänau und Glatt einen Jak.
Griefzler, *Basileensis*. Ein gleiches, nun ausgestorbenes Geschlecht der Zuger-
gemeinde Hünenberg steht genannt bei Stadlin, Gesch. des Kt. Zug 1, S. 12.
Griesler hiessen auch die Bewohner eines Viertels des appenzeller Fleckens Herisau.
Eugster, Die Gemeinde Herisau (1870) 259.

damit stimmt es alsdann völlig überein, dass der See vogt Gryß-
ler, wie es die Chronik des Melch. Russ berichtet, unmittelbar
von der Tellenplatte aus auf dem Waldstättersee erschossen wird,
der Landvogt Gessler dagegen auf dem Trocknen, in der
Hohlen Gasse. Jener zu Schiff, dieser zu Ross.

Was nun den Namen Gessler betrifft, so wurde demselben
die eben besprochene Namensbedeutung von der rathenden Volks-
Etymologie wirklich beigelegt und sprachliche Gründe unterstütz-
ten hiebei die Volksmeinung. Es ist als eine Eigenheit der ober-
alemannischen Mundart erkannt, dass sie das offene ĕ des Wort-
stammes, namentlich das vor Liquiden stehende, als ein gequetsch-
tes æ ausspricht, das sich bis in ein a verdunkelt. Darum steht
in der vorerwähnten Chronik des Weissen Buches der Schützen-
name Tell als Tall geschrieben. Eben darum heisst derselbe
Uolricus Gessyliarius unsrer Regesten vom 17. Jan. 1250 in dem-
jenigen von 1279 bereits Ulrich Gasseler; und unsre Urkunde
vom 1. Juli 1430, von der sorgfältigen Hand der Rheinfeldner
Chorherren verfasst, schreibt conform Gĕßler, gĕng, jĕrlich, nĕchst,
und ähnliche Formen, die es ausser Zweifel stellen, dass im Namen
Gessler das e der Stammsylbe als ein æ mit offner Gaumen-
stellung gesprochen worden ist. Diese in den oberrheinischen
Mundarten noch jetzt vorkommende Vokalisationsweise veranlasste
hier die Meinung, der Urnervogt Gessler sei benannt nach seinem
in der Richtung des Haupt- und Heerweges gelegnen Vogteigute
oder Vogthause. Es ist nun gerade zu Uri, Schwyz und in den
aargauer Freiämtern, also auf dem dreifachen Schauplatze der
mythischen und der historischen Gessler, der Lokal - und Ge-
schlechtsname An der Gassen ein urkundlich sehr alter und un-
gemein verbreiteter. Der Gassenrath zu Schwyz bestand aus
sieben Männern, mit denen der um einen augenblicklichen Ent-
scheid angerufene Herrschaftsrichter das improvisirte Notgericht
besetzte. Die Vogtei über Steuer und Niedergericht zu Sarmens-
dorf im Freiamte war 1329 die *advocatia in Sarmenstorf, dicta
In der gaſſun,* und gehörte dem Ritter Eppo auf eben jener Burg
zu Küssnach, welche die Sage zu Gesslers Burg gemacht hat.*)
Das Urner-Geschlecht An der Gassen ist im Necrologium des

---

*) Zwei Urkunden hierüber stehen in Zurlaubens *Miscell. . hist. Helv. tom X*,
pag. 337, und in desselben Stemmatographie Bd. 69, pag. 26a, 12b. Beide
Sammlungen unter den Handschriften der aargau. Kt.-Bblth.

Urner Lazaritenhauses Seedorf sechsmal besonders genannt; eben-
so das Geschlecht Zer Gassen in der Gessler Heimatsdorfe
Wiggwil im Freiamte;*) ein Hans Hohlengasser ist 1584
Schultheiss der Stadt Brugg, ein Kugelgäßler besitzt 1606 zu
Männedorf am Zürchersee mehrere dem Kloster Muri zinsbare
Mannwerk Riedwiesen. Alle diese Beispiele beanspruchen keinen
andern Werth, als dass sie eben unsre vorausgestellte Behauptung
erklären und rechtfertigen, den Namen Gessler selbst erklären sie
keineswegs. Denn dieser, um das Richtige in Kürze zu sagen,
beruht auf der aus dem Namen Gezo entwickelten Koseform
Gezilo. Schon Cassiodor IV, 14 gewährt den gothischen Manns-
namen Gêsila. Im Salzburger Verbrüderungsbuche, geschrieben
vom 8. bis zum 13. Jahrhundert und herausgegeben von Karajan,
kommt der männliche Namen Gezo zwölfmal, der weibliche Geza
achtmal vor. Um das Jahr 1000 vergaben an den Altar von
Felix-Regula des Zürcher Grossmünsterstiftes Manihilt, nebst der
Tochter Engilmut und dem Sohne Kezo, 12 Denare, und zu
demselben Zwecke eine Kezila 4 Denare. (Rotulus in der Zeit-
schrift für Schweiz. Recht, Band 17, S. 80 und 81, no. XII und
XIII). Eine Frau *Gezela de Gunderichingen* um Mitte des 12. Jahr-
hunderts verzeichnet das Wirtembergische Urkundenbuch II, 405.
Aus diesen Diminutivformen entspringt der in unsrer Urkunde
vom 17. Jan. 1250 erstgenannte *Gessyliarius de Wicwile*, welcher
in der unmittelbar folgenden schon ein Gessilerius, und sechs Jahre
nachher ein Gezler geworden ist.

Mit dieser Auseinandersetzung über das merkwürdige Schick-
sal, welches dem Gesslergeschlechte in der Geschichte seines
eignen Vaterlandes zu theil geworden ist, und mit Angabe der
geheimen Gründe, die zu einer so verkehrten Anschauung geführt
haben, glaubten wir die nachfolgende Urkundensammlung einleiten
zu sollen. Um so kürzer dürfen wir über unsre Arbeit selbst sein.
Sie giebt ihre mühselig gesammelten Dokumente nicht als blossen
Rohstoff hin, sondern bearbeitet, erklärt und belebt durch sach-
gemässe Anmerkungen, von denen die meisten selbst wieder Ur-
kunden sind oder auf solchen beruhen. So hofft sie dem
Geschichtsforscher und dem Geschichte lesenden Publikum sich
nützlich machen zu können. An Zuverlässigkeit und Correctheit

---

*) Des Klosters Muri ältestes Urbar, Handschrift B1, Blatt 36b, im aar-
gauer Staatsarchiv.

des Textes, an Uebersichtlichkeit des Satzes, sowie an würdiger äusserer Ausstattung soll das Buch nichts zu wünschen übrig lassen. Es hat sich der Mithilfe mancher Fachfreunde zu erfreuen gehabt und nennt dieselben an den betreffenden Stellen dankbarlich, darunter einen Namen vor Allen. Es hatte nemlich Herr Theodor von Liebenau, Staatsarchivar zu Luzern, unser Thema früherhin gleichfalls in Angriff genommen gehabt, war dann auf andere Ziele übergegangen und machte, als er das Vorhaben des ihm persönlich noch unbekannt gewesnen Verfassers erfahren, all das vorgesammelte Material demselben freiwillig zum Geschenke. Einem in der Gelehrtenrepublik so seltnen Adel der Gemeinnützigkeit und des Wahrheitseifers sei hiemit die wärmste Verehrung ausgedrückt.

Aarau, am Augustentage 1877.

E. L: R.

1250, 17. Jan., Pfeffingen.

*) *Volricus, dictus Gessyliarius de Wicwile*, erkauft von B.(urkhard), genannt Leyffo, einem Ministerialen des Grafen Rudolf von Thierstein, um 13½ Mark Grundstücke, die mit Namen heissen Rvsecge, Owe et in oberin velde, tritt dieselben an das Johanniterspital zu Hohenrain als Seelgeräthe für Eigen ab und empfängt sie als Erblehen zurück um den Jahreszins von 12 Pfennigen. Der Spitalbruder B. von Birwil fertigt den Vertrag, der Graf von Thierstein besiegelt ihn. Zeugen: B. der Pfleger in Pfeffingen; H. von Pfirt; B. der Wirth; P. von Sins.

Das Siegel geht ab.

Archiv Hohenrain, jetzt Staatsarchiv Luzern. Der Geschichtsfreund, Bd. 27, S. 290. — Eutych Kopp, Eidgenöss. Bünde II. 1, 569.

Die verkauften drei Güter liegen in der Nähe von Meienberg im Reufzthale der Oberen aargauer Freiämter; Hohenrain, das diese Güter erkauft, ist jetzt ein luzernisch, Pfarrdorf, Bez. Rotenburg, damals eine Johanniter Commende. Der Ausstellungsort der Urkunde, Pfeffingen, war eine Herrschaft der Grafen von Thierstein, die seit K. Friedrich II. reichsunmittelbar geworden waren und bis in's XV. Jahrh. im Besitze dieses Stammgutes bleiben. So urkundet am 3. Febr. 1443 »Graf Hanns von Thierftein, Pfaltzgraff der ftift zu Bafel vnd herre zu Pfeffingen.« Schreiber, . Urk.-B. der St. Freiburg im Breisg. II. 2, pag. 399. Wiggwil (des Lehensträgers Ulr. Gessler Heimat) zählt heute mit den beiden Ortsbürgerschaften Winterschwil und Brunwil zusammen 713 Einwohner und gehört zur Pfarre Beinwil in den O. Freiämtern; sie werden nebst den benachbarten Weilern: Grüt, Grod, Sunneri, Horben, Brand, Tschopli, Mariähalden — im Verlauf dieser Regesten noch wiederholt genannt werden.

1251, 15. Mai.

* *Volricus Geffilerius de Meginberc* erhält vom Grafen Rudolf von Thierstein, von dessen Diener Leiffo jener die in Urk. vom 17. Jan. 1250 genannten Grundstücke *in villa, que dicitur Ovwa*,

---

*) Der Stern je an der Spitze einer Urkunde bedeutet, dass dieselbe in latein. Sprache abgefasst ist.

Rvisegge et ı oberendvelde erkauft und im Lehen der Johanniter-
Commende von Hohenrain übernommen hat, einen Beides bestä-
tigenden und besiegelten Brief. Das Siegel geht ab.

Archiv Hohenrain, nun luzern. Staatsarchiv. Geschichtsfreund, Bd. 27, 292.
Kopp, Eidg. Bünde II. 1, 570.

1256, 5. Nov.

*Auf Verwendung Volrici, dicti Gezler, verzichtet der
Ordensbruder R. als Commendur des Deutschordens-Hauses Hilz-
kilch (luzernisch Hitzkirch am Baldeggersee) zu Gunsten des Frauen-
klosters *Vallis S. Mariae* (Frauenthal im Zugerlande) für immer auf
Grund- und Herrschaftsrechte zu Benciswile (Ortsbürgerschaft in
der aargauer Pfr. Merenschwand).

Lückenhafte Perg.-Urk. im Frauenthaler Klosterarchiv. Zwei kleine Wachs-
siegel hangen, beide mit dem Wappen der Edeln von Schnabelburg-Eschenbach,
das eine mit der Umschrift S. ESCHIBA . . . . Aus dem Abschriftenbande der
Frauenthal. Kl.-Urkk. copiert in Zurlaubens Helvet. Stemmatographie, tom. 80, pag.
149; handschriftl. Sammlung auf der aargau. Kt.-Bblth.

Gedruckt im Geschichtsfreund der fünf Orte, Bd. 1, S. 371.

Den Stifter des Deutschordenshauses Hitzkirch hat Zurlauben *(Tables généa-
logiques, p. 74 not.)* im Hitzkircher Necrolog aufgefunden: *VIII. Kl. Septembris
frater Cuonradus de Tuffen (obiit), fundator et advocatus hujus Ecclesie.* Kuno von
Teufen kommt v. J. 1209 hinweg in mehreren Urkunden vor: Neugart C. D. II,
133, 142, 151. Das Hitzkircher Necrologium wurde nach einem älteren i. J. 1386
copiert, wie darin zu lesen steht: *Idus April. Bruder Cunrat Scherer von Mulhusen,
Plebanus hujus Ecclesie sub anno MCCCLXXXVI, quo ordinavit Ecclesie illu d
velum.* Zurlauben, *Histoire des Commanderies Seedorf et Gefenn, pag. 204;* aar-
gau. Kt.-Bblth.: *MS. Bibl. Zurl., 23 fol.* — Der Ort Hitzkirch urk. 1246: *Hildis-
chirchum.* Gatschet, Ortsforsch. (Bern 1867) S. 26. — Kloster Frauenthal, an
der Lorze im Kt. Zug, wurde durch Grafen Ludwig von Froburg i. J. 1231 erbaut.

Eben diesem Frauenkloster verkauft 1267, 26. Winterm., und 1268, 24. Mai,
Johannes, Herr von Schnabelburg, für sich und seines Bruders Berchtold Söhne:
Curiam nostram in B e n c i s w i l e mit allen dazu gehörenden Rechten und Besitzungen.
Geschichtsfreund III, 124.

1269, 13. Jan., Burg Baldwil.

*Vlricus Geflere ist nebst fünf Adeligen und einem Minder-
bruder Zeuge bei einer von Ritter Diethelm von Baldwil an das
Johanniterhaus zu Hohenrain gemachten Verpfändung. Siegler:
nobilis et discretus vir Hermann von Rüßegg, Bruder von Joh. von
Ameltron, dem Commendur.

Archiv Hohenrain. Kopp, Eidg. Bünde II. 1, 418. Dorf A m o l t e r n (alt
»Amolterun«), am kraichgauer Kaiserstuhl im Bad. A. Kenzingen, urkundl. in

Mone's Oberrhein. Ztschr. 9, 345. 12, 88. 16, 441. Luzernisch Ballwil, Pfrd. im Amte Hochdorf; auf dem nun abgetragnen Schlosshügel stand die Burg deren von Baldewilern.

1279.

Ulrich Gaffeler und R.(udolf), sein Sohn, sind Zeugen nebst den zwei Leutpriestern von Bar und Sins, sodann den zwei Freien Markward und Ulrich von Rüßegg und vier andern, da Arnold von Wißenwegen, Burger von Meienberg, Güter des Johanniterspitals zu Hohenrain theils in Lehen nimmt, theils als Erblehen überträgt. — Archiv Hohenrain.

Kopp, Eidg. Bünde II. 1, 570. Das Geschlecht Wissenwegen wiederholt sich in den folgenden Regesten; es ist zubenannt nach dem gleichnamigen luzern. Weiler der Pfr. Ballwil, an der aargau. Kantonsgrenze. Das ältere Jahrzeitbuch der Aarauer Leutkirche, Pergamentband Grossfolio, gehört nach seiner Zusammenstellung ins J. 1350, hat aber viele Uebertragungen aus einem älteren Kirchenbuche, die sich alle durch eine gleichnamige Handschrift bemerkbar machen. Unter diese letzteren gehört folgende.

II. Kl. Junii. Rŭdolfus de wissenwegen et mechthildis uxor eius leg. IIII. deñ. de domo gerine de rore, que nunc est villici pistoris. Margaretha, filia dictorum rŭdolfi et mechthildis, que priorissa fuit conventus dominarum prope fluvium, obiit. (Gemeint sind die sg. Schwestern von Schenis, Augustinerordens, an der Aare zu Aarau.) *Belina zen wissenwegen leg. VI. deñ. de domo et curte et pomerio post domum heinrici hospitis de kulme.* Ztschr. Argovia, Bd. 6, S. 413. Johann v. Wissenwegen ist am 1. April 1314 Burger zu Luzern und des Gotteshauses Einsideln Eigenmann. Segesser RG. 1, 440. Peter v. Wissenwegen steht mit im Namensverzeichnisse derjenigen luzern. Burger, .die i. J. 1330 ein Sonderbündniss errichten und damit zwischen die Stadt und die Herzogl. Herrschaft daselbst sich hineinstellen. Balthasar, Neujahrsgeschenke, 4. Stück, pag. 60. E. Kopp, Urkunden 1, 148.

Aprilis, IV. Idus (10. April):

Dnˢ. rŭdolfˢ. geſler, f(rater) et mᵒ.(nachus) o(biit).

Einzeichnung von einer Hand aus dem XIII. Jh. in dem Nekrologium des aargau. Frauenklosters Hermetswil, an der Reuss ob Bremgarten; nach dem Apograph Zurlaubens in dessen Helvet. Stemmatographie, tom. 84, S. 251, 281 und 293. — tom. 99, S. 348. — tom. 117, S. 32 und 33.

Dominus Rŭdolfus Gessler steht als gewesener Conventuale des aargau. Klosters Muri eingezeichnet im *Necrologium Murense* auf den 10. April. — Herrgott, Geneal. II, pg. 836. Das Autograph dieses Murenser Nekrologiums ist zu Anfang des vorigen Jahrhunderts verloren gegangen.

Rudolfus Gessler, monachus, obiit 10mo Aprilis. Stanislaus Wülberz, Conventuale zu St. Blasien: *Analecta Geneal. Helvet., Ms.* in Zurlaubens Stemmatogr. Bd. 69, Blatt 14 bb.

Das Benediktinerkloster M u r i in den aargau. Freienämtern ist gestiftet 1027 von Wernher, Bischof von Strassburg.

Seit ca. 1081 bestand neben und mit dem dortigen Mönchsconvent ein Schwesternkloster, welches 1244 nach Hermetswil (*Hermoltiswilare*) an der Reuss übersiedelte (*Anonym. Mur., pag. 86*) und 1876 aufgehoben worden ist.

Ruodolfus g e s s l e r (monachus) legavit j. markam argenti, de qua comparavimus Ij quartalia tritici de agro, dicto guoten brunnen, et praedicta quartalia cedunt pro hostiis, pertinentes ad Missam.

Einzeichnung unterm 6. August im Jahrzeitbuch der Deutschherren der Commende Hitzkirch. — Geschichtsfreund der V Orte, Bd. XI, 101.

Das Gut zum G u t e n b r u n n e n heisst im Regest vom 10. Nov. 1328 Z u m b r u n n e n, gehört zur Kirche und zum Kirchensatz von G ö s l i k o n, im Freienämter Bez. Bremgarten, und geht laut Regest vom 9. März 1359 an die Königin-Wittwe Agnes von Ungarn über, welche Sämmtliches dem Spital der Stadt Baden schenkt: 1359, 1. Brachm.

VII. Jd. Febr. (7. Febr.)
C(onradus) Geſſeler de Meienberg obiit.

Nekrologium des Lazaritenhauses zu Seedorf in Uri, dessen Einzeichnungen mit dem J. 1115 beginnen und mit 1526 schliessen, die ältesten von einer Hand des 13. Jahrhunderts. Darin stehen als aus Meienberg stammende Ordensmitglieder und Wohlthäter: *Non. Jan: Gering de Meienberch. — Non. Martii: Mechtildis de Meienb. — IV. Kal. Aug: Soror Mechtilt de Meigenb.* Die zweimalige Abschrift und genealogische Bearbeitung dieses Pergament-Codex füllt in Zurlaubens Handschriften auf der aargau. Kantons-Bibliothek die Bände 5 und 39 der Helvet. Stemmatographie und den handschriftlichen Folioband: *Histoire des Commanderies de Seedorf et de Gefenn en Suisse, Ordre de Saint Lazare,* pag. 1 bis 208. MS. Bibl. Zurl. Fol. 23.

Geschichts-Freund 12, 56. Kopp, Eidg. Bünde IV. 1, 265. *Mémoires et Documens de la Suisse Romande II. 2,* 127.

Octobris IIIj. Non. (4. October):
(anniversarium) anne gæslᵣin. Mechthildis de Arne, ſ(oror) n(ostri) c(oenobii), o(biit).

Einzeichnung in Schriftzügen des XIII. Jahrh. im Nekrolog des Frauenconvents Hermetswil; nach Zurlaubens zweimaligem Apograph in dessen Helvet. Stemmatographie Bd. 84, S. 288 und 296; und Bd. 99, S. 356. — A r n i, aargau. Ortsbürgerschaft der Pfr. Lunkhofen, Bez. Bremgarten.

III. Kal. Marcii (27. Febr.)
Vrô Mechthilt von Mure, dů het gůgeben ab einem aker, dem man ſprichet der Geſler, ein firtel kernen vnd ein firtel roggen,

do mit fol man kůfen wachs, das man fol brŏnnen an dem Stillen vritag vor vnferes heren grabbe.

Necrologium coenobii Hermotiswilare, *pag. 28, scriptura Saeculi XIII.*
Apographum in Zurlaubens Stemmatographie, Bd. 84, pag. 273.

Von 1303—1309.

Das von Meister Burkhart von Frick im Auftrage der österreich. Herrschaft i. J. 1303 auf Grund älterer Zinsrodel begonnene und i. J. 1309 beendigte Habsburg - österreichische Urbarbuch nennt unter den auf herrschaftlichen Höfen um Winterthur ansässigen Kyburger Zinsbauern »des Geffelers hofstat, diu lêhen ist von Sant Gallen.«

Franz Pfeiffer, Habsburg-österreich. Urbar, S. 218. 329.

1309, 13. Jan., in castro Arburg.

Die Ritter Jak. v. Kienberg, Rud. v. Trostberg, Ulr. v. Büttikon, genannt der Liebloso, und Hartmann von Ruda, sodann der Junker Lütold v. Grießenberg und als letztgenannter dieser Reihe, ohne Beifügung einer Würde:

Johannes Gefler bezeugen, dass Ritter Heinrich von Stein dem Kloster St. Urban zum Ersatz der 20 Mark Silbers, welche sein Neffe Ulr. v. Büttikon sel. dem Kloster vergabt hatte, alle seine Güter zu Langnau abtritt.

Archiv St. Urban, nun luzern. Staatsarchiv. Solothurner Wochenblatt 1824, 439. — Kopp, Eidg. Bünde IV. 1, 55. — Stanislaus Wülberʒ: *Analecta Genealogica nobilium familiarum Helvetiae, pars I, voln. III, no. 1232.* Ein Apograph dieser St. Blasianer Handschrift, gefertigt von Trutpert Neugart für Zurlaubens Helvet. Stemmatographie Bd. 69, beruft sich hier, Blatt 14 b., auf eine von dem obgenannten Joannes Gesler besiegelte, *in Dominica Exaudi 1299* ausgestellte Urkunde. Diese entgeht uns.

Die Cisterzienserabtei St. Urban ist angeblich 1148, richtiger um 1190 durch die zwei Edeln Lüthold und Wernher von Langenstein gegründet, der päpstliche Bestätigungsbrief von 1194 steht in Zeerleders Bern.-Urkk., no. 88, und im Schweiz. Urkk.-Register II, no. 2675. Die Abtei, gelegen im Bonwald an der Roth, an der luzern-aargauer Landesgrenze, wurde 1848 aufgehoben. Langnau, luzern. Pfrd., links der Wigger, Bez. Reiden. »Her Volrich von Buttinkon, ein ritter, dem man sprichet der Liebelovs«, urkundet am 19. Brachm. 1316 zu Basel; Gesch.-Freund, Bd. 27, 311.

Der St. Blasianer-Conventuale Stanislaus Wülberʒ, geb. 1695 zu würtemb. Esslingen, hinterliess unter seinen zahlreichen Sammelschriften, deren Mone in der

Badischen Quellensammlung, Bd. 1, gedenkt, die vorerwähnten Analecta in 4 Folio-
bänden mit mehr als 1800 Siegel- und Wappenzeichnungen, eine im Jahre 1736
beendigte Arbeit.

1311, Donnerst. vor Matthias (18. Febr.), Schaffhausen.

Allen dien, die difen brief an fehent alder hôren lefen, kúnden
wir, von Gottes vorhengde Abt Cûnrat vnd der Conuent aller
Hailigen dez Gotʒhus ze Schafufen, fant Benedictes orden, Coften-
zer Biftôms, daʒ die êrbëren Lút Rûdolf von Seon vnd Johans
fin Sun ainhelleklich vnd willeklich dur ir rehten not von geltes
wegen haint fürkôft vnd geben in rehtef kôfes namen der êrbëren
vnd beschaidenen vrôwen frôn Gûten, wernhers feligen Kriefing
Wirttinnun, Cûnrat vnd Adilhait, ir kinden, Burgeren von ʒúrich,
vnd ir Erben, vrôwen vnd mannen, fúr fich vnd für alle if Erben,
ir tail des houes ʒe Stôfen in Ergô mit dem zehenden, der in
den felben hof hôret, den felben tail gegen rehten tail, den fú
gemainlich hatten vnd befaʒen mit J o h a n s d e m G e f f e l e r
v o n M a i e n b e r g, der erbe von únferem vorgenanten Gotʒhus
ist vnd úns gilt ze ir halben tail ainlúf Mutte Roggen, ainen
Mutte Bonan vnd drithalben Schillinge Pfenninge ellú Jar ʒe
fant Gallen dult, den frô Hemme, Volrich Kiefers Mûter, bu-
wet, vmbe fúnfzig vnd fiben March gûtʒ filbers ʒúricher gewiht,
der fú beidú, als fú vor úns faiten vnd verjahen, gewërent fint
vnd inen ʒe ir nôten ʒe gûtem nutʒʒe komen fint. Vnde haint
fich enʒigen vor úns vrilich vnd willeklich an únfer hant ir tailes
gar vnd genʒelich deʒ vorgenanten houes vnd ʒehenden vnd aller
der rehtunge, fo dar ʒû gehôret alder fú ie dar an gewunnen, vnd
aller der vorderunge vnd anfprach fo fú, alder dehain ir Erben,
an dem vorg: hof vnd ʒehenden nah gewonhait, nah erbefchaft,
alder nah fitte der gegenj, ald dez landes, iemer kúnden ald
môhten dehainen weg vor gaifchelichem alder vor weltlichem ge-
riht gewúnnen; vnd daʒ man den felben zinf fol wëran ʒe dem
vorg: ʒil ʒe fant Gallen dult vf den vorgefcriben hof, alder ʒe
Lenzburg, wederent der Kamerer wil alder fin gewiffe Botte;
vnd daʒ man fol geben dem Kamerer alder finem Botten ʒwaj
mâl, vnd fwele tail den zinf denne niht riht, der fol denne den
fchaden han, fwas fúrʒëret wirt für dú ʒwaj mâl.

Sú haint ôch gelobt vnde lobant an difem brief für fich vnd
für alle ir Erben vnd nahkomen dien vorg: frôn Gûten, Cûnrat
vnd Adilhait, ir Kinden vnde ir Erben, frôwen vñ mannen, deʒ

vorgeſcriben hofʒ mit den ʒehenden vnde aller der rehtunge, vrihait vñ êhafti, ſo dar ʒů hôret, reht wëren ʒe ſîne an gaiſche- lichem alder an weltlichem geriht vñ an allen den ſtetten, da ſú wërſchaft bedurfen ſúr ain reht ewig erbe von únſerem vorg: Gotʒhvs, vnd haint úns beidú ſúr ſich vñ ſúr alle ir Erben den vorg: hof mit den ʒehenden, mit aller rehtunge, vrihait vnde êhafti, ſo dar ʒů hôret vnd alʒ ſú eʒ von alter har haint braht, úns lideklich vf geben in únſer hant ʒe únſeren vñ ʒe únſers vorg: Gotʒhvs wegen, Mit dem gedinge, daʒ wir den ſelben hof mit dem ʒehenden lihen den vorg: frôn Gůten, Cůnrat vñ Adilhait, ir Kinden vñ ir Erben, ʒe rehtem erbe; vñ dur ir baider bette ſo namen wir den ſelben hof mit den ʒehenden vñ mit aller der reh- tunge, ſo dar ʒů hôret, von inan beiden vf in únſer hant vñ han verlihen vñ lihen ôch mit diſem gegenwúrt: brief den vorg: hof mit den ʒehenden,. mit aller rehtunge, vrihait vñ êhafti, ſo dar ʒů hôret, dem êrbëren vñ dem beſchaiden man hern Johanſen Wolf- laibſchen, burgeren von· ʒúrich, ʒe der vorg: frô Gůten, Cůnrat vñ Adilhait ir kinden vñ aller ir Erben vñ Nahkomen wegen, vrôwan vñ manne, der rehter fúrweſer er hie vmbe iſt, vñ den ſelben hof mit dem ʒehenden von úns ʒe ir wegen ʒe enpfahenne, als er vor úns mit offenen brieven bewart, die mit deʒ êrbëren herren deʒ Cuſters Inſigel von ʒúrich besigilt waren, ʒe únſeren vnd únſers vorg: Gotʒhvs wegen iemer eweklich ʒe habenne, ʒe beſitʒʒenne vñ ʒe nieſenne vnanſprech fúr die vorg: Růdolfen, Jo- hanſen vnd ir Erben, vñ ſúr úns vñ únſer Gotʒhvs vñ fúr aller- mengelichen, vmbe den vorg: ʒinſ, den man únſers Gotʒhvs Botten jerlich vf dem gůt entwúrten ſol, als da vorgeſcriben iſt. Vnd dar vmbe daʒ diʒ alleʒ war, ſtet vñ vnwalderbêr (ſic) iemer eweklich belibe, ſo geben wir Abt Cůnrat vñ der Conuent, der da vorgeſcriben ſtat, der vorg: frôn Gůten, Cůnraten vñ Adilhait ir Kinden vnde allen iren Erben, vrowan vñ mannen, durc die bette der vorg: Růdolfʒ vñ Johans, diſen brief, beſigilten mit ún- ſerem vñ únſers Conuentʒ Inſigiln, ʒe ainer beſtetgunge vñ ʒainem waren vñ ſteten vrkúnde aller der dinge, dú da vorgeſcriben ſtant.

Diʒ beſchah vñ dirre brief wart geben ʒe Schafuſen in únſe- rem vorg: Cloſter, do man ʒalt von Gotʒ gebúrt Drúʒehenhundert Jar dar nah in dem Ainlúften Jar an dem nehſten Turnſtag vor ſant Mathies tag, jn dem Núnden ʒinſiar Römerre, da ʒe gegeni waren herre Cůnrat der Prior vñ herre Berhtolt ſin brůder, herre

Cûnrat der Schenke, hr. Johans von Retenberg obere Keller, hr. Cûnrat Repſe vndere Keller, herre Burchart von vruâr, hre Ebirhart von widilô, hre Cûnrat der Camerer vñ herre Johans Leri, Prieſter, brúder deȝ vorg: Conuentȝ; hre Hainrich von Zurȝach, Kilcherre ȝe Môrinſhuſen; hre Johans vende, hre Hainrich der Guttur ewangelier, hug von Radegge, Rûdiger im Turne, Jacob der Hún, Jacob der Giȝȝenſtaiger, burgere ȝe Schaſuſen; vñ Johans Ringelikon vñ Rûdolf der Senger, burgere ȝe Zúrich, vñ ander biderber Lút genûg die ȝe gegeni waren.

Perg.-Urk. im aargau. Staatsarchiv, Abthl.: Kloster Königsfelden K. H. 15. Des Abtes und Conventes zu Schaffhausen beide Siegel hangen. Den genannten Hof- und Laienzehnten im Dorfe Schafisheim, zur Pfarre Staufen bei Lenzburg gehörend, tragen die Gessler zu Erblehen von dem Schaffhauser Benediktinerſtifte Allerheiligen und senden ihn 1330 an das Stift Königsfelden auf; vgl. Regest vom 29. Mai 1482.

1311, Samstag vor St. Thomas (18. Christm.), Muri.

Arnold der Barrer, Herrn Rudolfs Sohn, Ritters, genannt von Barr, giebt den Antheil an seinem Erbgute zu Lutingen zu kaufen an Abt Heinrich und den Convent des Gotteshauses zu Muri um 25 ₰. Zofinger Münze. Anwesende Zeugen sind: die beiden Ritter Ulrich v. Gutenburg und Wernher v. Wolon; Bruder Johann v. Ruda, Prieſter und Coventuale zu St. Urban, und Bruder Friderich vom Johanniterhause zu Hohenrain; die Priester und Conventualen zu Muri: Hr. Johan aus Sarmensdorf; Hr. Rudolf v. Schönenwerde, Hr. Burkart v. Biberstein, Hr. Chûnrat der Custer, Hr. Chûnrat v. Luzern, Hr. Erkenfrit und Hr. Peter v. Mellingen, Hr. Johanns v. Rinfelden. Ferner: Hr. Ulrich v. Luphang, Priester; Hr. Ulrich v. Frowental, Evangelier. J o h a n s d e r g e ſ ſ e l e r u n d H e i n r i c h, ſin ſun, Hartman der Truchſeſſo, Johans Helſtab, Chûnrat und Wernher v. Geltwile, gebrüdera, Werna v. Vilingen, Gebhart, Heinrich zem Bache und ander biderbe lüt.

Archiv Muri, Dokumentenbuch Q. IV, pag. 141. — Vgl. Kopp, Eidg. Bünde IV. 1, 265 und IV. 2, 103.

Der Verkäuſer Ritter von B a a r stammt aus einer Habsburger Adels-Familie, aus welcher Bernh. von Baar 1259, und Jak. von Baar 1290 Schultheissen der Stadt Bremgarten sind. Dieselbe Würde daselbst bekleidet der mitgenannte Zeuge Konrad von Geltwil 1324. Leu, Helv. Lex., Supplement I. und III, 404. — Luzernisch L u d i g e n, Ortschaft bei Römerswil, Bez. Hochdorf, hat jetzt noch ein kleines Schloss.

1314.

Johannes Geffeler und seine Söhne erkaufen Gotteshaus-
güter, welche der luzerner Stifts-Almosnerei zinspflichtig und theils
in der Pfarrei Luzern, theils in der Pfarrei Küssnach gelegen sind.
Darüber verzeichnet das luzern. Probstei-Urbar Bl. VI, 2ᵇ:

*In parrochia Küßenach. In berggeswile filii Geßelers et
volricus goner de bono, quod ibi habent: Sol. 7¹/₂ et ¹/₂ quartale
vini. Item filii geßelers de bono ibidem empto de petro de Brúg-
tal: Sol 5.* — Bl. VII. 1ᵃ: *In parrochia Lucern: Johannes Gefler
Sol. j. super orto. Aᵒ. Dni. Mᵒ. CCCᵒ. XIIjᵒ.*

›*Census Prepositure Lucernensis*‹, eine 10 Quartblätter haltende Perg.-Hf.
im Stadtarchiv Luzern; in besonderer Abschrift gütig mitgetheilt durch Hrn. Jos.
Schneller, Stadtarchivar zu Luzern und Herausgeber des Jahrbuches des fünfortischen
histor. Vereines. — Vgl. Kopp, Gesch.-Bl. II, 265; Desselben Eidg. Bünde IV. 1, 265.

Das Gut im Brugtal lag zunächst der Stadt Luzern, innerhalb deren
Pfarrkreises, in der Richtung gegen das Dorf Ebikon und war Eigenthum des
Leodegarstiftes. Dies erhellt aus Urk. vom 16. März 1314, wornach Stadt und
Stift ihren Streit über den Hof Brugtal beilegen und auf Ersatz des Schadens ver-
zichten, welchen ›die Bulüte‹, die dortigen Bauern als Erbbeständer des
Gutes, darüber erlitten hatten. Dem Stiftsprobst und seinem Convente ver-
bleibt das alleinige Eigenthumsrecht auf Holz, Feld, Azweide und Almende
daselbst, doch sollen sie den Städtern offne Strafze durch das Gut gewähren. Se-
geßer, Luzerner Rechts-Gesch. I, 166, Note 3. Der Hof Bergiswil, Eigenthum
desselben Stiftes, lag in dem Bezirke des Hofes zu Küssnach; über dessen Sonder-
rechte geben acht dortige mit Namen aufgezählte Bauern im 14. Jahrh. Zeugniss,
ihrer einer heisst Heini Brügel. Grimm, Weisthümer IV, 370. Der Name Berges-
wil ist verschollen; jedoch ein Hof Bertenbüel (in oberdeutschen Urkk. wechselt
anlautendes **w** mit **b**), an das Kloster Muri gehörend, lag gleichfalls innerhalb der
Ziele von Küssnach und stand unter der österreich. Vogtei Neu-Habsburg am Luzerner
See. Segeßer, ibid. I, 497.

1315, 9. Mai, o. O.

›Item aber (wîlend) Herzog Lüpolt folt gelten wîlend Hanfen
dem geffler ʀʀ Mark filbers vmb ein Rof, daʒ er von jm
kovfte. Dar vmb verfaʒt er jm ij Mark geltʒ vf dem ʒehenden
ʒe Oberwile, ân abflag. Geben an Fritag vor Phingften anno
𝔐. ℭℭℭ. ʀʋ. Difen brief hat Heinrich Geffler.‹

›Pfandschaften der Herrschaft Oesterreich‹, im Staatsarchiv Luzern. — ›Co-
pyen‹ Va, 3 in der v. Mülinen'schen Hf.-Sammlung zu Bern.

Kopp, Gesch.-Bl. 2, 150 und 141.

Oberwil, aargau. Pfrd. im Kreise Lunkhofen, Bez. Bremgarten, mit den
grossen Berghöfen Blitzenbuch und Fridlisberg. Unter den hier und noch später
wiederholt citirten Copyen ist eine in der von Mülinen'schen Sammlung zu Bern

liegende Handschrift verstanden, enthaltend ein vollständiges Pfandschaftsverzeich-
niss bezüglich des vormaligen Güterbesitzes der Herzoge von Oesterreich in den
oberen Landen und im Aargau.

1315, 12. Mai, Stagmat.

»Item Herzog Lüpolt folt etwen Hanfen dem Geffler
gelten ᵹᵹᵹvíij Mark´ filbers vmb Rof vnd vmb Hengft, vnd etwie
vil vmb fin dienft. Dar vmb verfaft er im iij Mark geltᵹ vf dem
Hof ᵹe Zvg vnd ᵹe Allikon, nach fins brief fag. (Difen brief hat
Heinrich Geffler.)«

»Pfandschaften der Herrschaft Oesterreich«, im Staatsarchiv Luzern. — »Co-
pyen« IVb, 5.
Kopp, Gesch.-Bl. 2, 150. — Histor. Ztg. 2, 69.
Ober- und Unter-Alikon, zwei Dörflein der Pfr. Sins, Bez. Muri. Um
die hier den Gesslern verschriebenen Zehnten und Gefälle prozessiren, laut unsern
nachfolgenden Regesten, die Gesslerischen Erben gegen die Eidgenossen noch am
Verena-Abend des Jahres 1440.

1315, 13. Juni, Mellingen.

Ulrich der Meier von Rordorf, Bürger der Stadt Mellingen,
übergiebt gegen eine lebenslängliche Pfründe für sich und seine
drei Töchter alle seine Liegenschaften dem Frauenkloster Gnaden-
tal an der Reuss; darunter auch einen zu Tegrang (Gem. Tägerig,
Bez. Bremgarten) gelegnen Acker, »den Heinrich Geffeler
bûwet«. Unter den Zeugen: Rud. und Joh. die Segenfer, beide
von Mellingen. Siegel der Stadt Mellingen hangt.

Historische Zeitung II, 85. Argovia, Zeitschr. der hist. Gesellsch. des Kt.
Aargau, herausgeg. von Rochholz und Schröter. II, S. 191, no. 18.
Die Gerichtsherrlichkeit zu Tägerig wechselte im Besitze lange zwischen
den Geschlechtern Segesser und Gessler; schliesslich wurde sie 1544 von Hans Ulr.
Segessers Erben an die Stadt Mellingen zu Handen des hl. Geistspitals daselbst
verkauft. Leu, Helvet. Lexik., Supplement VI, 12.

1315, 15. Nov. (Schlacht am Morgarten).

Das Jahrzeitbuch der Pfarrkirche der Stadt Bremgarten, schon
ursprünglich für diese Kirche bestimmt gewesen, nun im städti-
schen Archive daselbst verwahrt, ist ein zu Anfang des 15. Jahrh.
angelegter Pergamentband, an dessen Schlusse der Schreiber sich
nennt: *qui me scribebat, Wilhelmus Reider nomen habebat.* Unterm
15. Nov. 1315 steht daselbst:

*Notum sit omnibus, quod anniversaria istorum subscriptorum
cele-* | *brari debent in vigilia Bti othmari abbatis. eadem enim* |

die fuerunt occisi. am morgarten [Diese zwei letzteren Worte sind erst später und mit blässerer Tinte nachgetragen]: *Dns. gôtfridus de heydegg. Walther de baldwile. | Dns. Johannes gessler de Meyenberg. Berengerus de Wile. et Domina Verena | monialis, filia ipsius.*

Von diesen hier nach einander in fortlaufenden Zeilen Eingeschriebenen wird angenommen, dass sie im Treffen bei Morgarten auf österreichischer Seite gefallen seien und dass die am Schlusse genannte Nonne Verena ihrem damals mit umgekommenen Vater Beringer von Wil das Andenken einer kirchlichen Todtenfeier gestiftet habe. Unmittelbar darauf, mit Beginn einer frischen Zeile, folgen sieben weitere Namen, welche man bisher gleichfalls für Opfer jener herzoglichen Niederlage, allein wie der buchstäblich getreu hier folgende Wortlaut ergiebt, mit Unrecht gehalten hat.

Dns. berengarius de Vrikon et duo fratres ipsius, qui constituerunt | ij quart. tritici, iiij panes plebano, ij panes cappellano dari de uno agro | in zuffikon, habet Waltherus Meyenberg. | H. de Sengen apud turrim, qui constituit ij quart. tritici de domo sua | ad largas, de quibus dant° plebano iiij panes. | Jacobus de Rifferswile, qui constit: dari ij quart. trit. ad largam | ab einer schûposzen ze Visbach plebano iiij panes. prefatus | Jacobus constituit ij quart. tritici de domo sua plebano, j quart. ad lumina, ij ad candelas, ut anniversarium ejus celebretur, | et adelheid matris sue, et arnoldi fratis sui anniversarium pagatur.

Rûdolfus Rasor, qui dedit ij ß. ad edifitium.

Vlricus dictus Cûntz, H. de Maswanden dedit ij ß ad edifitium. | H. Rasor, qui dedit ij ß. ad vitrum medie venestre thori, | Nicolaus dictus Velsch, qui dedit j ß. ad edifitium.

In buchstäblich getreuer Abschrift aus dem Original am 13. Jan. 1871 mitgetheilt durch Hrn. Placidus Weissenbach von Bremgarten, Fürsprech und Präsident des aargau. Gr. Rathes.

Johannes Gessler steht hier in der als *Domini* bezeichneten Reihe der Adeligen, dies mit urkundlich erwiesenem Unrecht; sodann unter den bei Morgarten Gefallenen, dies ohne keinen anderen als den schwächlichen Grund, welcher in dem hier unmittelbar folgenden Regest aus dem Rüeggeringer Nekrologium liegt.

In der von Rennwart Cysat gefertigten Copie des verlornen Nekrologiums der Kirche von luzernisch Rüeggeringen-Rotenburg steht nemlich eingeschrieben:

Dns. Joannes Gessler, Miles, dc Meyenberg, occubuit in proelio apud Morgarten 1315.

Zurlauben, *Miscellanea hist. Helvet., tom. III, pag. 901 b.* — Rennwart Cysat, Hf.-Collectaneen A 176 b, eine zwanzig Foliobände starke Hf.-Sammlung auf der luzern. Stadtbiblioth. — Schneller, Ausg. der Chronik des Melchior Russ, im Schweiz. Gesch.-Forscher X, S. 68, Note 98.

Ueber das Falsificat, welches in dieser Cysat'schen Inscription steckt, handelt mein »Tell und Gessler«, S. 322.

Ca. 1300—1315.

Ein pergamentener Stadtrodel der Stadt Bremgarten, im dortigen Archiv, ohne Datum, jedoch nach Schrift und Sprache mit Sicherheit dem Anfange des 14. Jh. angehörend, zählt diejenigen Plätze der Stadt auf, wo Wachten aufzustellen sind:

Dis sind der burger wachte.

no. 4: Ovch ist ein wachta vf dem alten turne vnd ein weg darzů, den nieman bekümberren sol, vnd vf der gesleren hvs sol ŏch ein wachta sin vnd ein weg, den nieman beschliessen sol. vf dem nůuuen turne zun tor sol ŏch ein wachte sin.

Die genannten Thürme und Häuser lagen alle an der Umfangsmauer der Stadt. Der Alte Thurm ist der i. J. 1802 eingestürzte Hochwacht- oder Platzthurm; der Neue ist der sg. Spitalthurm, früher oberes Thor, gegenüber der Post gelegen. Also muss der Gessler Haus zwischen diesen beiden Thürmen gestanden haben, nemlich an der Ringmauer zwischen der Grabenbrücke, welche aus der Stadt in die Zürcher Landstrafze führte, und dem oberen Thore. Diese ganze Häuserreihe ist verschwunden, ebenso die Ringmauer, seitdem die neue Zürcher Landstrafze im Beginne der Dreissiger Jahre gebaut wurde, und an der Stelle der Häuser befinden sich nun Gärten.

Vom gleichen Rodel sind im dortigen Archive zwei Abschriften aus dem Ende des 15. und Anfange des 16. Jh. vorhanden; sie geben obige Stelle wörtlich copiert und ohne Aenderung der Localnamen wieder, obwohl die Besitzer der genannten Häuser »Zum Thore« damals sicherlich längst gewechselt hatten.

Brieflich mitgetheilt am 9. Dec. 71 durch Hrn. Fürsprech Plac. Weissenbach v. Bremgarten, Präsidenten des aargau. Gr. Rathes.

1315, 23. Mai, Basel.

Herzog Lüpolt von Oesterreich [der Alte, hier urkundend unter seinen achterlei Titeln] gelobt, dreien Basler Bürgern 100 ₰. Pfenninge schuldig geworden zu sein und dieselben innerhalb vier Monate auf nächstfolgenden Frauentag im Herbste zu bezahlen; wo nicht, so haben für ihn am gleichen Tage zu Basel sich in Geiselschaft zu stellen: Ulrich v. Büttikon, unser Hofmeister; Hartman v. Tegerfeld, unser Marschal; Ulrich v. Schalkon, unser Schenke; Johann v. Tor, unser Kammermeister; Peter v. Regensheim, Ritter; und

Johans Geʒſeler, vnſer Kvchinmeiſter. Die Genannten hängen ihre Siegel an die Urkunde.

Urkundio: Beitr. zur vaterl. Gesch., Solothurn 1854. 1, 182. — Kopp, Eidg. Bünde IV. 1, 265 und 2, 91.

1316, 24. März, Strassburg.

›Item aber Herʒog Lüpolt ſolt gelten Heinrich dem Geſſler ɪɪ Mark ſilbers vmb ʒwey pherit, vnd da für verſaſt er jm daʒ Hvſ ʒe Lvtʒern an dem viſchmargt. Geben ʒe Straſburg, an vnſer Frowen abent ʒe Mertʒen, *anno Domini M. CCC. XVI.* Diſen brief hat Heinrich Geſſler.‹

›Copyen‹ Va, 4. Kopp, Gesch.-Bl. 2, 151. Stadlin, Gesch. von Zug, Bd. 4 (Luzern 1824),. nennt obigen Gessler fälschlich Hans und setzt dessen Pfandschaft durch Schreib- oder Druckfehler in's Jahr 1326.

1317, nach 2. Weinm.

Geslaria (dedit) sol. j. Aus einem von 1316 bis 1320 reichenden Zinsrodel im luzern. St. Leodegars Stift.

Kopp, Eidg. Bünde IV. 2, 298.

Nach 1317.

Domina Gutta Gesslerin. Ex Necrologio Monasterii in Eschenbach, ditione Lucernatum.

Zurlauben: *Miscellanea hist. Helvet.*, tom. *3, pg. 896*, Hf. auf der aargau. Kt.-Bblth. — Rennw. Cysat in seinen auf der luzern. Burger-Bblth. liegenden Collectaneen giebt obiges Exzerpt mit der beigefügten Notiz: ›anno 1294, Conventualin in Kloster Eschenbach.‹ (Mitthl. durch Hn. Th. von Liebenau). Gegen beides stimmt, ausser der spät (1285) fallenden Stiftung des genannten Klosters, besonders das Gessler-Epitaphium in Kloster Cappel, auf welchem stand: *Joannes Grislerus et Guta, uxor.* (Vgl. Regest 1480.) Joannes aber lebte 1315.

1318, 23. März, Baden.

›Herʒog Lüpolt ſolt gelten Heinrich dem Geſſler viij Mark ſilbers für ʒwen Meiden (Hengste), vnd da für hat er im verſatʒt ¹/₈ Mark geltʒ vf der Herbſtſtü'r ʒe Rigoltʒrüti. Geben ʒe Baden, an Donrſtag nach Benedicti, anno M. CCC. XVIIj. Diſen brief hat Heinrich Geſſler.‹

Staatsarchiv Luzern. — ›Copyen‹ Va, 5. Kopp, Gesch.-Bl. 2, 151; Desselben Reichsgeschichte IV. 2, 264.

Rigoldsrüti lag, laut Concept des luzern. Rathsprotokolles von 1547, ›an der ſtraſʒ ob dem Krſimelbach ʒu Inwyl;‹ es ist der jetzige Rütihof bei Giebelflüh an der aargau. Grenze und bildete einen Bestandtheil des hrzgl. österreich. Amtes Richensee. Briefl. Mitthl. von Hn. Theodor v. Liebenau.

1318, 23. März, Kloster Gnadental.

Ulrich der Meier von Rordorf stattet seine drei Töchter aus: Margret, Katharina und Richenza, zum Eintritt in's Kloster Gnadental mit mehrfachen, ihnen zu lebenslänglicher Nutzniessung dienenden und nach ihrem Tode dem Convente zufallenden Liegenschaften; darunter: »ein acher, lit ʒe Degrang, den **Heinrich Geſler** bûwet, gilt ein halben müt Roggen.«

Klosterarchiv Gnadental.

Zeitschr. Argovia V, S. 34, no. XIX. Vgl. Regest 1315, 13. Juni, Mellingen. **Degrang** ist die Ortsbürgerschaft Tägerig, aargau. Pfr. Niederwil, Bez. Bremgarten.

1319, 14. Mai, Kolmar.

Item aber Herʒog Lüpolt solt gelten **Heinrich dem Geſſler** ʒl Mark ſilbers vmb zwey Roſ. da für uerſatʒt er im ij Mark geltʒ vf der vſſern Stü'r ʒe Wolhvſen. Geben ʒe Kolmer, an dem Mentag vor dem Vffart tag M. CCC. XVIIIj. [Diſen brief hat Heinrich Geſſler].

Staatsarchiv Luzern: »Copyen» V a, 6. — Kopp, Gesch.-Bl. 2, 151.

Die Herrschaft und spätere Grafschaft Wolhusen, mit dem gleichnamigen Burgflecken im luzern. Amte Sursee, umfasste hauptsächlich die nachmalige Landschaft Entlebuch und steht so als Offitium Wolhusen verzeichnet im Habsburgösterreichischen Urbarbuch. Die Einheit der Adelsgeschlechter Wolhusen und Rotenburg ist wahrscheinlich. Die Herrschaftsrechte waren getheilt unter den Inhabern der Innern und der Aeussern Burg zu Wolhusen, rechts und links der Emme. Daraus bildete sich das Innere Amt, welches das Land Entlebuch umfasste, und das Aeussere Amt mit dem Hauptort Ruswil und mehrfachen Gütercomplexen, die in den Orten und Vogteien Willisau, Sursee, Rotenburg und Münster zerstreut lagen. Letzterer Theil war zu Anfang des 14. Jh. herzoglich österreichisches Lehen geworden und auf die dorten fällige Steuer ist Heinr. Gessler angewiesen; seit 1370 sind dann beide Aemter in der Hand Oesterreichs vereinigt. Vgl. Segesser, luzern. Rechtsgesch. I. 521, 565.

Schaffhausen, Ulrichstag, 4. Juli 1319.

*Vom Schaffhauser Kloster Allerheiligen haben der gestrenge Ritter *(strenuus Miles)* Herr **Heinrich Geffeler**, und **Uolricus** und **Ruodolf**, zu dritt Gebrüder, den Laienzehnten im Kirchspiel zu Stouffen (Staufen bei Lenzburg) zu Erblehen getragen um den jährlichen Zins von 16 Mütt Weizen, 1 Mütt Bohnen und 30 Pfennig landläufiger Münze, sie senden denselben dem Abt Conrad und dem Convente obigen Benedictinerklosters freiwillig auf, worauf er dem Klarissenkloster Königsfelden verliehen, durch den Herrn Walther, Dekan zu Windisch, in Empfang genommen und die Einbedingung mit zugesagt wird, dem jährlich am Gallustage erscheinenden Steuerboten das herkömmliche Botenmahl vorzusetzen.

Perg.-Urk., aargau. Staatsarchiv, Abthl. Königsfelden K. H., 19. Beide Siegel hangen. Dorsalüberschrift: Über des geſſelerſ zehenten.

Neugart C. D. II, no. 1099. Kopp, Gesch.-Bl. 2, 44. Desselben Eidg. Bünde IV. 2, S. 268. — M. Kirchhofer, Schaffhaus. Neujahrsgeschenke no. VII, S. 4.

Königsfelden, *Campus Regius*, ein Clarissen- und Franziskanerkloster, gegründet von den Hinterlassenen des ermordeten Königs Albrecht am Michaelistag 1311, secularisirt und in eine Berner Hofmeisterei umgewandelt 1528, heute das aargau. Kantons-Spital. Ueber den von den Gesslern an das Kloster abgetretenen Staufener Laienzehnten vgl. die Regeste 1311, 18. Febr., und 1482, 29. Mai.

1320, 13. Nov., Kloster Muri.

Abt Heinrich und der Convent des Gotteshauses Muri verkaufen zwei Höfe, die ʒe Arne ligent, und eine Schuposse daſelbſt: dem erberen manne Walther dem Kelner von Lunghoft um 140 ℔. Zürcher Pfenninge, minder 10 Schillinge. Da ʒe gegen waren der Lûpriester von bûnzenach; Wernher von Wile, burger ʒe bremgarten; der groſe Magne von Mure, der Snider von Werde, d e r G e s s e l e r v o n M e i e n b e r g, Jegli Glugde vnd ander erber lûte.

Perg.-Urk. im Archiv des Klosters Frauenthal, *Vallis St. Mariae*, im Zugerlande. Abschrift in Zurlaubens Helvet. Stemmatogr., Bd. 80, S. 269, Hf. auf der aargau. Kt.-Bblth.

Der hier und in mehreren folgenden Regesten genannte Murenserabt H e i n r i c h II. stammte aus dem Edelgeschlechte von Schönenwerd, dessen Burg in dem hier mit aufgezählten aargauer Dorfe W e r d an der Reuss gegenüber dem Pfrd. Ober-Lunkhofen lag. Er stand seinem Kloster vor von 1309 bis zu seinem Tode 1333. A r n e ist eine Ortsbürgerschaft der Pfarre Lunkhofen; Bünzenach ist das jetzige Pfrd. B ü n z e n, Bez. Muri; Wile ist Dorf O b e r w i l ob Bremgarten.

Ca. 1320.

»H e r V o l r i c h G ä ſ ſ l e r, Ritter, ſtiftet j mütt weiʒen beiden, der kilchen vnd dem lütprieſter«.

Auszüge aus dem Jahrzeitbuch der Kirche von Rüeggeringen, verzeichnet in R. Cysat's auf der luzern. Stadtbiblioth. liegenden hf. Collectaneen A, pg. 176 b. Das Prädikat R i t t e r wird hier lediglich eine willkürliche Beifügung Cysats sein.

Mitthl. vom luzern. Staatsarchivar Th. v. Liebenau.

Ca. 1321.

In einem defecten Habsburgischen Lehensrodel sind unter den gräflich- und den herzoglich-habsburgischen Lehensträgern aufgezählt aus dem Zürichgau: Rud. Müller, der Jüngere und Aeltere, Ber. Swende, Hug·Biber, die Manessen; sodann aus dem Aargau: von Wolen der Ritter, Wernher v. Liebegg, Hartmann von Baldegg, der Geffeler.

Erzherzogl. Archiv Innsbruck. Herrgott Gen., no. 736.

1322, 20. Juni, Zürich.

Heinricus, dictus Geffeler, Conventuale des Stiftes Muri, sodann der Klostercustos daselbst und mehrere Bürger Zürichs sind urkundliche Zeugen eines Verkaufes von Fruchtzinsen des Stiftes Muri an dasjenige von Wettingen.

Archiv defz Hochlobl. Gottshaufzes Wettingen, Fol., gedruckt 1694, S. 1033.
Das Cisterzerstift W e t t i n g e n gründete Heinrich Graf zu Rapperswil 1227; es ist in's jetzige aargauer Lehrer-Seminar umgewandelt.

1323, 30. Jan., o. O.

Item Herzog Lüpolt folt gelten etwen H e i n r i c h d e m G e ff l e r vnd Volrich, finem brvoder, ȝȝvj Mark filbers vmb einen Hengft vnd hat iñ da für verfaft 2¹/₂ Mark geltȝ vf der Stü'r ȝe Bvtwil vnd anderfwa, nach ir brief fag. Datum an Svnnentag vor Vafnacht, anno ℳ. ℭℭℭ. ȝȝiij. [Difen brief hat Heinrich Geffler.]

»Pfandschaften der Herrschaft Oesterreich« im luzern. Staatsarchiv. — »Copyen« Vª , 1. — Kopp, Gesch.-Bl. 2, 150.
B u t t w i l , aargau. Dorf am Lindenberge, Pfr. Muri.

1325, 22. April, Luzern.

Johannes Bokli, Burger von Luzern, verkauft vor dem Schultheissen Walter von Malters an die Propstei Zürich durch deren Kuster Meister Ulrich Wolfleibsch seinen Hof zu Höri um 100 Pf. Zürcher Pfenninge. Unter den vielen angesehenen Zeugen als erste: die Ritter Herr Walther von Hunwile und Herr H e i n r i c h d e r G e ff l e r.

Staatsarchiv Zürich. — Kopp, Eidg. Bünde V. S. 56, Note 2.
Ober-, Nieder- und Ennet-H ö r i, drei kleine Dorfschaften an der Glatt, Zürcher Gem. Bülach.

1325, 20. Dez., Luzern.

Abt Heinrich von Muri und dessen Convent verkaufen dem Frauenkloster Rathausen um vierthalb und siebenzig Pfd. Pfenninge Zofinger-Münze einen Hof ȝe Owe, des Gotteshauses Muri freies

Eigen, mit einem jährlichen Erträgnisse von sieben Malter beiderlei Kornes, Zürchergemäße. Unter den Zeugen als erster: Herr Heinrich der Geſſeler, Ritter; nach ihm: Ritter Ulr. v. Efchenbach, sodann 3 Bürger von Luzern und 2 von Rathausen. Das Siegel des Abtes und des Conventes hangt.

Archiv Rathausen, jetzt luzern. Staatsarchiv. Kopp, Eidg. Bünde V, S. 56, Note 3. — R a t h a u s e n , Cisterzer-Frauenkloster, rechts der Reuss, eine Stunde von Luzern, ist von den Edeln v. Heidegg und Schauensee gestiftet. Die Bestätigungsbulle von Innocenz IV. ist 1254 abgefasst. Geschichtsfreund der V. Orte II, 48.

1326, 13. Nov.

Abt Heinrich von Muri verkauft zwei Höfe in Arne an Walther den Kellner von Lunkhuft. Zeuge: d e r G e ß l e r v o n M e i e n b e r g .

Klosterarchiv Frauenthal. — Mitthl. v. Hn. Th. von Liebenau, Archivar in Luzern. — Lunkhuft ist das aargau. Pfrd. L u n k h o f e n an der Reuss im Ob- Freienamte.

1328, 10. Nov., Muri.

Ritter H e i n r i c h G e ſ f l e r und dessen Bruder U l r i c h , Kirchherr zu Engstringen, erkaufen von Abt und Convent des Klosters Muri das Gut zu Göslikon, genannt Zum Brunnen, sammt dem dazu gehörenden Göslikoner Kirchensatze um 40 Mark Silbers Züricher Gewichtes.

Reding, Badener-Regesten, im Archiv f. schweiz. Gesch. II, S. 32. Ober- und Unter-E n g s t r i n g e n , Dörfer der zürcher Gemeinde Höngg, ehemals der Pfr. Winingen. G ö s l i k o n , aargau. Pfrd., Bez. Bremgarten.

1329, Wien. Heinrich Gesslers Schreiben an die Räthe der Stadt Luzern.

Dien êrbëren vnd befcheiden lütten, dem rate vnd dien burgeren ʒe luʒerne, enbüt ich H e i n r i c h d e r g e ſ ʒ l e r , ritter, min dienſt an allen fachen. Ich tûn vch ʒe wiffene, daß der pharrer von wien [Meister Heinrich aus luzernisch Freienbach] vnd ich mit ganʒʒem Erenst guworben han, alß ir vnß gefchriben hant. Doch kan ich vch kein ander antwurt enbieten, wan alß [in] minf hêrren [Herzog Otto's] brief ſtat vnd daß wir beide warben erenftlich, daß vch der brief [um die Bestätigung der eigenmächtig getroffenen luzerner Schultheissenwahl] befigelt werde, den ich har ab furta, vnd daß vnß min hêr guotlich antwurt vmb denfelben brief. Wiffent, daß ich vch bitte, daß ir vch keiner dinge mer vnderwindent, vnʒ ir verfehent, wie dis ein ende neme, daß ir jez vnder henden hant, vnd entthalttend vch vnz an mins hêrren kunft. Wiffent, daß man heimlich tegedinget zwifchent dem [Könige] von bêhem vnd vnferm hêrren, vnd daß man fich vorficht einer richtung [Einigung]. ich weiß nich funders mer. gott fi [mit] üch.

Zusammengelegter Brief mit abgebrochenem Siegel und der Adresse: »Dien erberen lütten dem rate vnd dien burgeren ze luzerne.« Aufgefunden im luzern. Staatsarchiv von dem † eidgenöss. Archivar Dr. Krütli, und aus dem Original abermals abgedruckt: Briefe denkwürdiger Schweizer (Luzern, Räber 1875, S. 49) durch Th. von Liebenau.

1334, 21. Brachm., Rotenburg.

Der ehrbare Her Herman (wahrscheinlich verschrieben für Heinrich) der Geffler, Kirchherr zu Rüeggeringen, .trifft mit den Leuten dieses Kirchspiels, mit eingeschlossen die Bürger der Stadt Rotenburg, ein gütliches Verkommniss, welches die dazu Erbetenen: Junker Herman von Meggen und Andreas der Ammann von Rotenburg (beide österreichische Dienstleute und Edle) errichten und für die Kirchgenossen inner- und ausserhalb der Stadt besiegeln. Der Vertrag enthält nachfolgende zehn Punkte. Des Bannes, womit die Kirchgenossen wegen Verweigerung des jährlichen Frucht- und Fleischzehntens durch den Kirchherrn und den Bischof von Konstanz belegt sind, sollen sie ledig sein, so fern sie sich selbst und ohne des Kirchherrn Einbusse daraus lösen, sie haben aber dem Kirchherrn den von ihm an den Bischof entrichteten Bannschatz zu ersetzen. Wer dies versäumt, wird abermals gebannt und vor den Bischof geladen werden. Den Zehnten ist man dem Kirchherrn schuldig von Früchten, als von: Korn, Haber, Fassmus, Heu (Emd bleibt ausgenommen), Hanfstengel, Hanfsamen, Weinreben, Obst und von Gartenland; sodann Fleischzehnten von Jungvieh, als: Kalb, Fohlen, Ferkel, Lamm, Gitze und von Bienen. Jeder, der zehn Garben zu schneiden hat, ist dem Kirchherrn eine Lesegarbe schuldig. Jede Wohnstatt giebt ein Fasnachthuhn. Von letzterem sind die in der Vorburg zu Rotenburg Wohnhaften befreit, dagegen hat auch der Kirchherr keine Verpflichtung, für sie den Heerdfarren zu halten. Der Unterhalt der Leutkirche wird von ihm am Chor und an einer Dachseite, von ihnen auf der andern Dachseite bestritten; von ihnen ebenso die ganze Kapelle „zu Bertenswile, die eine Tochter heisset" (Filiale). Diejenige Kapelle, welche sie in der Vorburg zu errichten gedenken, haben sie gleichfalls auf ihre Kosten in Bau, Geläute und Kirchengeräthe zu erstellen. Im Kirchenwalde darf nur zu Kirchenzwecken Holz geschlagen werden, der dagegen Handelnde büsst jeden gehauenen Stumpen mit drei Schilling. Wer Zehnten oder Zins nicht zahlt, soll vom Kirchherrn ans Kanzelgericht genommen und nach Konstanz geladen werden. Versagen ihm die Unterthanen das gemeine Recht, so mag er die Widerstrebenden laden und bannen »one Zorn«, und der Bannschatz, welchen er deshalb dem Bischof geben muss, soll ihm ersetzt werden. Wer unrecht bei der Ehe sitzt (in Concubinat) wider den Christenglauben, den mag er gleichfalls laden und bannen, dass derselbe »recht sitze«. Den Sigrist setzt der Kirchherr mit der Unterthanen Wahl und nützt, wenn er selber ihn behaust, die Sigristen-Schupoße oder leiht sie in Zins.

Dienstag vor St. Joh. Bapt. 1334. Es siegeln die Burger von Rotenburg mit ihrem eignen Stadtsiegel, und für die kirchhörigen Ausburger: Herman v. Meggen und Andreas v. Rotenburg.

Die Urkunde in Original verloren. Die Copie in der Kirchenlade zu Rotenburg ist von Zurlauben eigenhändig abgeschrieben und seiner Helvet. Stemmatographie Bd. 27, S. 189 einverleibt worden. Fernere Copien v. J. 1613 sind im Stiftsarchiv Beromünster und im luzern. Staatsarchiv. Des weiteren handeln über diese Urkunde: Felix v. Balthasar, Luzern. Merkwürdigkeiten 1725. 2, 115. — Kopp, Urkk. II, pag. 44. — Anzeig. f. schweiz. Gesch. 1862, 36. — Segesser, luzern. R.-G. I, 423.

Das Urkundenverzeichniss des Stiftes Beromünster, copiert in Zurlaubens *Miscellanea hist. Helvet. III, 875* (MS. der aargau. Kt.-Bblth.), besagt über vorstehenden Vertrag: *Ecclesia parochialis in Rügeringen, hodie Rottenburg in ditione Lucernensi, donatione Nobilium de Lütishofen anno 1479 ad Ecclesiam Beronensem pervenit. Exstat compositio inter Rectorem Hermannum gessler et parochianos facta anno 1334.* Das österreich. Urbarbuch v. 1303: diu herſchaft lihet die kirchen ʒe Riggeringen, diu gilt vber den pfaffen ʒiiij march ſilbers. Das konſtanʒiſch biſchöfliche *Liber Marcarum* v. J. 1353 schreibt: *ecclesia Rûdgeringen, cum filia Rotenburg.* Freiburger Diöcesan-Archiv 5, 82.

Rotenburg, Flecken im luzern. Amte Hochdorf, einst ein Burgstädtlein, das von den Luzernern 1385 zerstört wurde. Im Nachbardorfe Rüeggeringen war die Pfarrkirche Rotenburgs; sie wurde erst 1729 wegen Baufälligkeit abgebrochen. Die Kapelle zu Bertenswil (Berchtiſwile) stand in einem Dinghofe, der sein eignes Hofrecht hatte. Segesser R.-G. I, 430. Das in der Urk. erwähnte Kanzelgericht war ein örtliches Bussengericht, das gegen die ihrer Kirchenpflichtigkeiten sich Weigernden ursprünglich vom Kirchherrn, späterhin vom Kirchenrichter oder Untervogt in der Kirche vor der zur Versammlung gebotnen Gemeinde abgehalten wurde. Die Berufung gegen den Entscheid gieng von des Kirchherrn Seite an den Bischof, von des Laien Seite an die weltliche Obrigkeit. Ist das Recht des Kirchherrn an der streitigen Ansprache ausgemittelt, so verurtheilt derselbe den Widerspenstigen unter Zulassung der weltlichen Obrigkeit in die kleine Excommunication, welche die Ausschliessung von den Sacramenten ist. Eine nächste Folge dieses Bannens ist das Laden vor das bischöfliche Gericht. Will der Gebannte auf eine Rechtfertigung vor diesem Gerichte verzichten und sich aus dem Banne lösen, so bezahlt er die Taxe des Bannschatzes, die zwischen dem Kirchherrn und dem Bischof getheilt wird. Hierüber handelt eingehend das Kirchenrecht von luzernisch Escholzmatt; Grimm Weisth. IV, 379. Das Kanzelgericht erscheint noch im 15. Jahrh. im Luzernerlande vielfach; die dortige Regierung hatte den Pfarrherren noch i. J. 1732 den berechtigten Bezug des Bannschatzes garantirt. Segesser R.-G. II, 818 bis 821. IV, 665.

1334, Brugg im Aargau, o. T.

»Item deſ alten Herʒog Lüpoltʒ witwe (Hrʒgin Katharina von Savoyen) gab Annen von Mülinen, ir Hof Jvngfrow, ʒvo rechter Heinſtü'r ʒvo Volrich dem Geſſler ₵ Mark ſilbers vf dem ampt Zvg, da von nam ſi alle Jar în vj Mark geltʒ. Daſ hat aber Herʒog Ott mit ſinem brief beſtêt. Diſ gült hat inne Heinrich Geſſler. Datum ʒe Brvgg, anno M. CCC. XXXIIII.

Staatsarchiv Luzern. — »Copyen« IV b, 4.
Kopp, Gesch.-Bl. 2, 150. — Hormayr, Archiv f. Gesch., Bd. 10, 464. Desselben Taschenbuch, Jahrg. 1821. — Lichnowsky III, Regesten no. 1001. — Familiengesch. und Genealog. der Grafen v. Mülinen, Berlin 1844, S. 7 u. 10. — Stammbuch des Hauses v. Mülinen, MS. in 4°, in der Mülinen'schen Familien-Biblth. zu Bern, pag. 55. Ergänzende Mittheill. durch Hrn. Th. v. Liebenau.
Vgl. in Regest v. 12. Mai 1315 die dem Hans Geſſler auf den Hof zu Zug bereits verschriebene herzogliche Steuer.

1336, vor dem 12. Mai, Zofingen.

Johann von Liebegg, der Jüngere, meldet an Schultheiss und Räthe Luzerns:

Dem Vernehmen nach hat ihnen ihr Bürger Johann von Greppen angezeigt, als habe derselbe im Hause des Heinrich von Luternau zu Zofingen ihn, den berichtenden Joh. v. Liebegg, es als eine angeblich von Johann v. Malters gemachte Mittheilung erzählen hören: es seien in ganz Luzern nur Sechse, welche bisher verhinderten, dass Herr Heinrich der Gaeſſler dorten ins Bürgerrecht aufgenommen werde, und die Allem, was unserer Herren der Herzoge Nutzen sein würde, sich widersetzten. Weder habe er, der Schreibende, solches jemals selbst geredet, noch Johann von Malters es ihm gesagt, und zum Erweise, dass Johann von Greppen es auf ihn nur erlogen habe, erbietet er die drei mit ins gleiche Gerücht Gezogenen als rittermässige Zeugen stellen zu wollen: Die Junker Jak. von Trostberg, Ulr. von Buttinkon und Heinr. von Luternaue.

Missiven im Staatsarchiv Luzern. Zeitschr. Argovia, Bd. V, S. 66.

Die genannten Adeligen von Liebegg und von Trostberg waren sesshaft auf den gleichnamigen Bergschlössern im aargauer Kulmerthale; die Edelknechte von Luternau stammen von ihrem Burgsitze im luzerner Luterthal, in der ehemaligen Grafschaft Willisau, ob dem Dorfe Lutern, und gehen nachmals in das Berner Patriziat über.

1337, 2. Sept., apud Turrim London.

König Edward III. von England schreibt an die Herzoge Otto und Albrecht von Oesterreich: dass es wegen Seeräuber gefährlich wäre, jetzt über See zu gehen, weshalb der herzogliche Gesandte, Ritter Heinrich Geffeler, seine Reise nach England noch verschieben möge; die zur herzoglichen Braut begehrte Prinzessin Isabella (lies: Johanna) werde er dem Gesandten übergeben, man solle diesen Aufschub entschuldigen.

Rymer Fœdera II. 3, 189. — Lichnowsky, Gesch. Habsburgs III, Urkk. no. 1113.

1337, 7. Okt., Westminster.

König Edward III. von England zeigt dem herzoglichen Hofe zu Wien an, dass er selbst über Meer kommen und seine [in Wien zur Braut begehrte] Tochter mitbringen werde, weshalb Heinrich Geffeler, den man an ihn abzusenden Willens sei, noch zuwarten möge.

Rymer Fœdera II. 3, 193. — Lichnowsky, Gesch. Habsburgs III, Urkk. no. 1119.

1341, 12. Juni, apud Turrim London.

König Edward III. von England an Herzog Albrecht von Oesterreich: Der König habe das durch den Ritter Heinrich Getzler überbrachte herzogliche Schreiben in Betreff einer Terminsbestimmung zur Auszahlung der Heimsteuer seiner mit dem Herzog Friedrich von Oesterreich zu verlobenden Tochter Johanna empfangen und habe hierüber mit den Reichsbaronen und Edeln verhandelt. Inzwischen aber sei die Kunde gekommen, dass König Friedrich der Schöne, Herzog von Oesterreich, ein Bündniss mit Frankreich geschlossen habe, weshalb es die englischen Lords nicht für rathsam erachten, ihre Königstochter zum Herzoge zu senden und die Heimsteuer zu bewilligen, bis sie nicht zuverlässige Nachricht von dem bestimmten Entschlusse König Friedrichs des Schönen hätten.

Rymer II. 3, 103. Lichnowsky III, Urkk. no. 1270.

1342, 26. April, Wien.

»Wîlend Hertʒog Lüpolt folt gelten Chvonraten von Geltwyler ʁʋij Mark filbers Zûricher gewichtes. Dafür hat er jm verfatzt j Mark geltʒ vff der Herbſt ſtü'r ʒe Hermanſwile. Die felben gült erlovbt darnach Hertʒog Albrecht ʒe lœfen **Heinrich dem Geffler**. Geben ʒe Wien, an Fritag nach fant Gœryen tag anno 𝔐o. ℭℭℭo. ʁlij. Difen brief hat Heinrich Geffler.«

Staatsarchiv Luzern. »Copyen« Vᵃ·, 2. Kopp, Gesch.-Bl. 1, 243 und 2, 150.

Hermanſwyl ist das aargau. Frauenstift Hermetswil ob Muri an der Reuss, Benediktinerordens. Konrad von Geltwiler ist 1324 Stadtschultheiss zu Bremgarten. Leu, Supplement I, b. l. B.

1342, Sonntag nach Laurenz, 11. Aug., Rotenburg.

Vor dem Rotenburger Vogt Berchtold ab dem Hufe vergleichen sich die Johanniter von Hohenrain mit Heinrich von Hemikon von Liela über Bezug von Einkünften verschiedener Liegenschaften. Zeugen sind: Joh. von Galmeton, Vogt zu Richensee; Joh. ab dem Hufe, Walther Schenk von Hochdorf, Ulrich Eschibach, Schultheiss zu Meijenberg; **Walther Geffeler von Meijenberg** u. A.

Archiv Hohenrain, jetzt luzern. Staatsarchiv. Kopp, Gesch.-Bl. I, 242.

Dorf Hämikon und Liele liegen in der luzern. Pfr. Hitzkirch, Amt Hochdorf; Galmet in der luzern. Pfr. Grosswangen.

1343.

Dominus Ulricus gesler, Miles, in charta Beroviensi testem fe fubstituit.

Stanislaus Wülberz, Analecta Geneal. Helvet. MS., als Apograph Trutpert Neugarts in Zurlaubens Stemmatographie, Bd. 69, Bl. 14ᵇ.

Die Geschichte des Benediktiner-Frauenklosters Berau, im Schwarzwälder Amte Bondorf, schrieb der Archivar von St. Blasien Stanislaus Wülberz (geb. 5. Nov. 1695 zu Esslingen, gest. 2. Juli 1755 zu Bondorf mitten im Mess-Dienste); sie ist enthalten in seinem Hf.-Hauptwerke: *Analecta ad historiam San-Blasianam*, bestehend aus 7 Folianten, deren 3. und 7. Bd. das Stift Einsiedeln besitzt, die übrigen sollen zu St. Paul in Kärnthen sein. Er ist der Fleissigste unter den St. Blasianer Geschichtsforschern und hat das Meiste geschrieben; nichts von ihm wurde gedruckt. Mone, Quellensammlung zur Bad. Landesgesch. I, Einleitung S. 69 und 70. Das alpgauische Edelgeschlecht Berau führte einen Bären im Wappen, es erlosch seit dem 12. Jahrh. Freiburger Diöcesanarchiv VIII, 114.

1344, 1. März, Westminster.

König Edward III. von England an Herzog Friedrich von Oesterreich. Der Ritter **Heinrich Corzeleyn** [verschrieben oder verlesen statt Coezeleyr, d. i. Gößlär], des Herzogs Gesandter und Schenke, habe Friedrichs Schreiben, betreffend dessen Braut- werbung um des Königs Tochter Johanna, überreicht. Unerachtet die durch des Herzogs Verwandten versprochne (Kriegs-) Hilfe nicht erschienen, auch die eingegangenen Verbindlichkeiten nicht erfüllt worden seien, wie dies offenkundig, so werde der König doch, sobald seine Tochter zu ihren mannbaren Jahren komme und ihre Zustimmung geben werde, den Herzog von ihrem Ent- schluss in Kenntniss setzen.

Rymer Fœdera II. 3, 160. Lichnowsky III, Urk. no. 1360.

1344, 7. März, Sins.

Burkart, Leutpriester zu Sins, urkundet und besiegelt, dass Elsbeth und ihr Ehemann Joh. Hartmann von Reußegg eine Schupoße, gelegen zu Winterswil und zu Beinwil, dem Gottes- hause Kappel um 10 Pfd. Schillinge und 20 Pfd. Pfenninge ver- kauft haben. Als die erstgenannten der anwesenden Zeugen: »Markwart und Ludwig Geßeler, junckerren.«

Archiv Muri, Dokumentenbuch G. III und IV, pag. 602, im aargau. Staats- archiv. — Stanislaus Wülberz, Genealog. Analecten MS., in Zurlaubens Stemmato- graphie Bd. 69, Bl. 14bb. Vgl. Kopp, Gesch.-Bl. 1, 242.
Kloster Kappel, Bernhardinerordens, im Kt. Zürich, ist 1185 von Walther von Eschenbach gestiftet, und laut Regest von 1480 der Gessler Erbbegräbniss. — Sins, Pfrd. links der Reuss; Winterswil, Gemeinde in der Pfr. Beinwil, sämmtlich im Bez. Muri.

1350, 16. Nov. (Otmarstag), Bremgarten.

Ulrich Geßler als Zeuge.

Meiss: Lexikon, MS. in Zürich.

1354, 24. Mai (St. Urbansabend), Erzingen.

Vor Heinrich von Höri, dem Untervogte zu Erzingen, und vor dem im Amte daselbst Namens »Herrn Ulrichs des Gef- felers, der zu der nüwen Krenchingen feßhaft ift«, versammel- ten Gerichte übergab »Adelhait, Hermans des Bollers von Erzingen ehliche Wirthin, alles das varende gût, dz fi do hette oder gehaben möcht han, wie man das benemmen kan oder mag, Johanfen dem Müller von Bulgenbach, irem tochtermann. Wand ich (Unter- vogt) aignens Ingesigels nicht enhan«, fo trägt die Urkunde Ulrich Gesslers noch hangendes Siegel; ein nach links gestellter Wappenschild mit den 3 Sternen, rechts an der oberen Schildecke der Ritterhelm mit der Helmzier der Pfauenbüste; in der Umschrift: S: GESSLER: MILIT:

Staatsarchiv Schaffhausen: AA. 93, 1. — Unterm 2. Januar 1871 mitgetheilt durch Director H. W. Harder in Schaffhausen, † 5. Sept. 1872.

Die Stammburg des Freiherrengeschlechtes v. Krenkingen liegt ob dem Dorfe Nieder-Krenkingen im Steinachthale, im Bad. Amte Waldshut, und war schon 1361 eine Ruine. Von dieser »alten« Burg ist zu unterscheiden die Neue Krenkingen bei Riedern im Kletgau: *Nova Krenkingen in Cleggovia:* Herrgott I, pag. 77. Sie wurde 1299 an König Albrecht verkauft und in ein österreichisches Amt, *offitium Krenkingen* umgewandelt, von welchem das Habsb.-österreich. Urbarbuch, S. 59 handelt.

1357.

»Her Ulrich Gefzler (*solvit*) ɼɼ ℳ. S., ɼ. ß.«

Luzern.-Bürgerbuch. Mittheilung von Herrn Staatsarchivar Th. v. Liebenau.

1358, 8. Sept.

Gotfrid, Graf von Habsburg, verkauft unter Beistimmung seiner beiden Brüder Johannes und Rudolf an die herzoglichen Brüder von Oesterreich Rudolf, Friderich, Albrecht und Lüpold: Schloss und Burgstal »ze der Alten Raprehtʒwile«; die zwei Landschaften, genannt »die March vnd die Wegi«; die Dinghöfe zu Pfeffikon, Wolerau und Beche; alle anderen Dinghöfe und Einzelhöfe daselbst; sodann die zur Burg, in die March und die Wegi gehörenden Kirchensätze, Dörfer, Leute und Güter, mit ganzer Grafschaft, mit Hochwäldern, Wildbännen, der Oberherrschaft auf Wasser und Land und mit allen grossen und kleinen Gerichten, soweit dies seiner Vordern, sein eignes Lehen von Oesterreich und sein von dem der beiden Brüder gesondertes Erbe war — um 11,000 Mark Silbers Zofinger Währung. Zeugen und Mitsiegler: Graf Imer von Strassberg; sodann die Ritter Wolfgang von Winiden; Wernher der Alte, Truchsess von Rinfelden; Cuonrad von Bärenfels; Hans von Schönau; Uolman von Pfirt; Uolrich der Geʒʒeler; Hans Böklin; Heinzman und Hamman von Hagenbach, Gebrüder.

Archiv Schwyz. Herrgott, Gen. II, 696. Kopp, Gesch.-Bl. 1, 242.

Die im Verkauf genannten Bezirke und Orte zusammen erscheinen in den nachfolgenden Regesten als herzoglich österreichische, von den Gesslern getragne Lehen und Pfandschaften wieder.

1359, 9. März, Bremgarten.

Ritter Ulrich der Geffler und sein Sohn Heinrich verkaufen dem Gerung von Altwis, genannt Vilmaringen, der Königin Agnes Vogt auf dem Bözberge und im Eigen, zu der Königin Handen das Gut Zum Brunnen, den dazu gehörenden Kirchensatz von Göslikon und die Kirche daselbst um 60 Mark Silber Zürcher Gewichtes. Siegler: Johann von Eichiberg, Schultheiss der Stadt Bremgarten, und die beiden Gessler.

Reding, Badener Regesten no. 57, im Archiv f. Schwz. Gesch. 2, S. 40.
Vergl. Regest vom 6. Aug. 1279, Note. Altwis, ein luzern. Dorf im Hitzkircherthal, gab einem Adelsgeschlechte den Namen, das sich nach seinem spätern Schlossbesitze zu Vilmergen im Freienamte Vilmaringen zubenannte. Dorf Altwis war eine der 26 Ortschaften, welche zusammen seit 1303 das herzogliche Amt Richensee ausmachten (vgl. Pfeiffer, Habsb.-österreich. Urbar, S. 196 und 317) und seit 1400 unter der herzoglich landvögtischen Verwaltung der Gessler standen.

Dorf Richensee, sowie die Schlösser Baldegg und Heidegg, sämmtlich im Luzernerlande, haben zu dritt dem See, an welchem sie liegen, abwechselnd ihren Namen gegeben; derselbe heisst nun Baldeggersee.

1359, 1. Brachm., Königsfelden.

Königin Agnes von Ungarn urkundet über den Hof zu Gösslikon und den Kirchensatz der Kirche von Gösslikon, welcher in denselben Hof gehört, »den wir gekouft haben vmb vnsere getrüwen Uolrichen den Gefler vnd Heinrichen sin Sun vmb Sechzig march silbers«, und schenkt denselben, zu ihrem und ihrer Vorderen Seelenheile und den armen Leuten zur Notpfründe, an das hl. Geist-Spital der Stadt Baden.

Stadtarchiv Baden. Zeitschr. Argovia V, S. 152.

1359, 5. Herbstm.

»Ein brieff, wie etlich miner herschaft Rät vertrosten (Bürgschaft leisten dem) Ulrich Geffeler für die nüwen Krenkingen, die er jnne hat(te) vnd sü lidig ließ; daz Jm da für solt inwerden Meienberg mit vil andern guetern.«
Briefe der Veste Baden XIX a, 5.

Kopp, Gesch.-Bl. 1, 242.
Schloss Neu-Krenkingen oder auch Weissenburg im Kletgau mit einem Adelsgeschlechte, das sich nach diesem doppelten Namen in zwei Linien schied, hat seinen Geschichtschreiber in Moriz Hochenbaum van der Meer gefunden, dem berühmten Archivar des Klosters Rheinau, gestorben daselbst 18. Dez. 1795.

Sein handschriftlich hinterlassenes Werk wurde jedoch in der Rheinauer Bibliothek 1848 vermisst. Mone, Quellensammlung zur Bad. Landesgesch. I, Einleitung 84 b.

1359, 5. Sept., Wien.

Rudolf (IV.), Herzog von Oesterreich, verpfändet an Ulrich den Gesslar und dessen Sohn Heinrich um 157 Florentiner Gulden, 225 Mark Silbers, 579 Pfd. Zofinger Pfenninge, die Stadt Meygenberg· im Aargau und mehrere Güter im Amte Kyburg, zum Ersatz für die von den Gesslern aufgesendete Veste Neu-Krenkingen.

Kaiserl. Archiv Wien. Lichnowsky, Gesch. des Hauses Habsburg IV, Urkk. no. 86, S. 586 römisch.

1360, 28. Sept., Bremgarten.

Her Uolrich Geßler, Ritter, ist urkundlicher Zeuge, da Güter aus der Erbschaft des Herrn Johannes von Hedingen, gelegen zu Hemmbrunn, Staretswil und Remetswil, dem Ritter Johann von Trostberg ab- und dem Kloster Wettingen zugesprochen werden.

Kloster Wettingen Dokumentenbuch A. no. 6, fol. 159 b. im aargau. Staatsarchiv. — Archiv defz Hochlobl. Gottshaufz Wettingen, gedruckt 1694, fol. S. 1127.
Hemmbrunn, Vorder- und Hinter-, zwei sog. Jägerhöfe, in der Pfr. Vilmergen, Bez. Bremgarten. Staretswil und Remetswil, zwei Ortsbürgerschaften der Pfr. Rordorf, Bez. Baden. Johann von Trostberg, Nachkomme des Ritters Rud. v. Trostberg, der mit Verena von Hedingen verehelicht gewesen, hat die durch diese Verwandtschaft ererbten, oben genannten Lehens-Güter am 17. Jan. 1366 dem Herzog, seinem Lehensherrn, aufgesandt. Gesch.-Freund Bd. 9, 215.

1362, 26. Okt.

Ulrich Geßler, Ritter. (Die Original-Urkunde im Züricher Staatsarchiv hat sich in Folge von Lokalveränderung daselbst neuerlich noch nicht wiedergefunden).

Briefliche Mittheilungen durch Herrn Archivar Dr. J. Strickler.

1368, 2. Sept., Samstag nach St. Verena, Kloster Kappel.

Ulrich der Geßler, Ritter, und Her Johanns Böcklin, Ritter, bezeugen und besiegeln, dass ihre drei Muhmen: Elisabeth, Margareth und Catharina von Cham, Töchter Hartmanns von Cham sel., dem Abt und Convente des Gotteshauses zu Kappel zu ihrem und ihrer Vorfahren Seelenheile aufgegeben haben ihr väterliches Erbe, nemlich den Meierhof und den Kirchensatz zu Wipprechtswile sammt dessen sämmtlichen einzeln benannten Gütern, Schuppoßen, Wäldern, Zinsen, Zehnten, Stiftungen und Niedern Gerichten.

Zurlauben, *Monumenta Tugiensia*, tom. *VII, 297.* MS. der aargau. Kt.-Bibliothek. Wipprechtswil, jetzt Wyl, liegt bei Cham; vgl. Stadlin, Gesch. des Kt. Zug II, 82; Geschichtsfreund VIII. 172, Note 3; G. Meyer von Knonau: Regesten der Cistercienser Abtei Cappel, no. 240.

1369, 9. Aug.

Vlrich Geffler, Ritter, der Herzoge von Oesterreich Vogt auf Meïenberg, gelobt der Stadt Luzern, nachdem deren Burger Heinrich zer Linden drei Meienbergische Vogtleute: die drei Brüder Wernher, Arnold und Jak. Sachs von Illau, alle drei von Wiggwil, mit Beihilfe anderer Luzerner angegriffen und gefangen genommen hatte: Diese Gewaltthat weder an den Angreifern, noch an deren Mitbürgern oder deren Miteidgenossen rächen zu wollen. Samstag vor St. Lorenz.

Staatsarchiv Luzern.
Vgl. Arnold Winkelried, von Dr. Hermann v. Liebenau. Aarau 1862, 198. — A. Ph. v. Segesser, Luzern. Rechtsgesch. 2, 64. — Anzeiger für Schweiz. Gesch. und Alterth. 1862, 37.

1370, 18. April (Phinztag in der Osterwoche), Meran.

Heinrich Geßler erhält durch die Herzoge Albrecht und Leopold für seine treuen Dienste die Vesten Guren und Stainecke mit Gericht zu Wulscherve (sämmtlich in der Grafschaft Tirol), sammt Leuten, Gütern, Vogtei, Mannschaft, Ehren und Würden zu Lehen, die durch Absterben Heinrich des Welsers erledigt worden sind.

Archiv Zenoberg (bei Meran).
Joh. Jak. Staffler: Geschichte, Statistik und Beschreibung von Tirol und Vorarlberg (Innsbruck 1846, 8o) II, 916. Die genannten Orte sind Karneid, Steineck und das Gericht Wälschenoven; dies ergiebt der Abdruck obiger Urkunde bei: Dr. Jos. Egger, Gesch. Tirols (Innsbruck 1872) I, 424; sowie ein Gerichtsspruch v. J. 1381 zu Stainegk durch den Hauptmann Hans Mareider auf Kurneid. Mairhofer, Urkundenbuch von Neustift in Tirol (1871) no. 596, S. 354.

1371, 21. Nov., Wien.

Die Herzoge Albrecht und Leopold belehnen, nach Aufsagung Heinrich des Gefflers, den Friedrich v. Greifenstein und

Hans den Laßberger, Herzog Leupolds Hofmarschal, mit den Vesten Gurneit*) und Steinegg und mit dem Gerichte im welschen Nöf, an der Etsch in der Grafschaft Tirol.

Baierisches Staatsarchiv. Lichnowsky, Gesch. Habsburgs IV, Urkk. no. 1063, S. 676 röm.

1372, 8. Sept., Schloss Tirol.

Herzog Leopold bestätigt der Frau Ursula Trautensohn ihre Pfandschaften und Lehen: die halbe Veste Reifenegg und das Geleit von Säken, und ertheilt ihr und ihrem Gemahl die Zollfreiheit für Bezug von Trinkwein und Salz. *Dominus Dux per se, presentibus Magistro Curie Wehinger, Marfalco de Lazperg et Gefflario, Pincerna.*

Archiv Innsbruck. Mittheilungen durch Hrn. Th. v. Liebenau, Staatsarchivar zu Luzern.

Reinhart de Wehingen erscheint seit 1386 als Herzog Albrechts III. mitunterzeichnender Rath, urkundet als dessen aargauer Landvogt zu Baden 1. März 1390 (Gesch.-Freund III, Regest no. 32), am 8. Febr. gl. J. als breisgauer Landvogt (Schreiber, Freiburg.-Urkundenb. II. 1, 74), dann 1391 Sonntag vor Maientag zu Winterthur und giebt da den Kelnhof zu Ober-Embrach um 60 M. S. in Lehen und Pfand an Heinrich den Hettlinger und dessen Hausfrau Adelheit. Embracher Urkk.-Abschriften tom. I, pag. 265, im zürcher Staatsarchiv. — Er verleiht am 7. April 1391 als Landvogt zu Baden dem Peter von Meggen die Vogtei, das Meier- und Kelnamt zu Littau, nebst mehrfachen Zinsen zu Malters und Rotenburg; und erneut am 7. Horn. 1392 dem Genannten obiges Lehen. Segesser, Luzern. R.-G. I, 493.

1372, 30. Okt., Wien.

Albrecht, Herzog von Oesterreich, belehnt den Ottokar von Wolfenstein mit Zinslehen zu Steinbach; unterzeichnet: Gefner**) *Mr.* camere.

Urkunde no. 762 des Diplomatischen Apparates, einer Sammlung von Facsimiles, Abschriften und 4136 Originalurkunden, welche weiland Joh. Christoph

---

*) Gurneit, dasselbe wie das in Urk. von 1370, Phinztag in Ostern, genannte Guren, ist das heutige eine Stunde östlich von Bozen gelegene Karneid. Welschen Nöf ist Welschenoven. — Friedrich v. Greifenstein ist 1372 Herr zu Fürstenberg in Graubünden und begütert im Vintschgau (Kaiser, Gesch. des Fürstth. Liechtenstein, 186 ff.), er kehrt wieder in unserm nachfolgenden Regest 1376, 9. Nov.

**) Obiges ist das einzige bekannte Beispiel, dass Heinrich Gesslers Name in einer von ihm selbst ausgestellten Urkunde verschrieben wäre.

Gatterer aus Lichtenau bei Ansbach, Professor in Göttingen, theils angelegt, und theils dessen Sohn, Oberforstrath und Professor zu Heidelberg, aus den Urkunden der ehemaligen Geistlichen Administration zu Heidelberg dazu erworben hat. Die Sammlung wurde aus der Bibliothek der 1848 aufgehobenen Abtei St. Urban an die luzern. Kt.-Bibliothek und von dieser seit 1871 an das dortige Staatsarchiv abgegeben.

Nach 1373.

IV. Non. Septembris (2. September) *obiit Dominus Henricus Gessler, amicus et benefactor domus.*

›*Excerpta ex Necrologio Wettingensi. Primigenia scriptura est Saeculi XII, reliqua diversae manus addiderunt.*‹ *Zurlauben, Acta Helvetica* (MS. fol. I, aargau. Staatsbiblth.), *tom. 117, pag. 295.*

Obiger Heinrich Gessler vermacht gleichzeitig jedem Wettinger Conventualen drei Solidi. Herrgott, *Geneal. II, pag. 846.*

Nach 1373.

Henricus Gefsler, M(onachus) M(urensis), steht eingeschrieben im »*Archivium Murense*«, einem Wappenbuche sämmtlicher Aebte und Conventualen des Stiftes Muri, als daselbst unter dem Abte *Henricus de Eschenz* lebend, welcher 1373 installirt worden und 1380 starb. Der beigemalte Gesslerische Wappenschild, ersichtlich aus einer älteren Wappensammlung copiert, zeigt zwei kornblaue Querfelder, durch ein silbernes geschieden, das obere mit zweien, das untere mit einem silbernen Sterne; als Helmzier eine Pfauenbüste.

Handschriftenband A, fol. 8 des Klosterarchivs Muri, im aargau. Staatsarchiv.

VII. Id. Decembris (7. Dec.), her heinrich geffler, m(onachus).

Nekrolog des unter dem Stifte Muri gestandenen Benediktinerinnen-Klosters Hermetswil, an der Reuss ob Bremgarten gelegen. In der Anniversarien-Abtheilung derselben Perg.-Hf. steht unter obigem Tage: *her heinricus gessler, m[onasterii] n[ostri] c[onventualis].*

Zurlauben, Helv. Stemmatographie tom. 84, S. 291 und 297; tom. 99, S. 259 b.

Nach 1373.

Maius Jdus: Heinrich Gessler der elter hått geordnet iårlich VI. denr. dem lütpriester von dem acher Merienhaltun. *Necrologium Parrochialis Ecclesiae in Beinwil, in Superiori*

Libera Argovia apud Helvetios, Codex pergameneus in fol., cujus primaeva Scriptura redolet Saeculi XIII finem vel Sequentis initium. — Jnscriptio ibidem IV KL. Septembris: meister Hans, Hertzog Lůpolts .von Österich artzet, het gên ein messachel. — *Jnscriptio IX KL. Decembris: Dns. Berchtoldus de Schnabelburg.*

Apographum Baronis de Zurlauben, Monumenta Helvetico-Tugiensia, tom. VII, pag. 573 und 574.

Obiges Mariähalden ist ein Weiler der Pfr. Beinwil, Bez. Muri.

»Her Hemman von Grünenberg vnd Her Heinrich Geffler, beid Ritter, gabent j . . ., fo fy von den Clofterfrawen von Nüwenkilch erkoufft.«

Auszüge aus dem verlornen Jahrzeitbuch der Kirche von Rüeggeringen-Rotenburg, in Cysats Hf. Collectaneen A, pag. 176 b, auf der luzern. Stadtbibliothek. Vgl. Balthasar, Merkwürdigkeiten Luzerns 2, 113.

Dns. Hermannus de Grünenberg et Dns. Henricus Gessler, Milites, Benefactores.

So wird obige Stelle aus dem Rotenburger Jahrzeitb. citiert von Zurlauben: *Miscell. hist. Helvet., tom. III, pag. 901 b.*

Nüwenkilch ist das luzern. Pfrd. Neukirch, i. A. Sursee. Das hier gewesene Dominikanerinnenkloster wurde 1588 mit dem Frauenstifte Rathausen vereinigt. Geschichtsfreund, Bd. 21, S. 51. Kas. Pfyffer, Der Kt. Luzern II, 334. Der an jenes Kloster nebst Heinr. Gessler mitvergabende Hemman v. Grünenberg ist sesshaft auf der gleichnamigen Burg im Amte Hitzkirch, Kt. Luzern. Er oder sein Sohn Hanman erscheint als Besiegler einer herzogl. österreich. Belehnung zu Baden 1391, Mittw. nach Misericord.; vgl. unsre Regesten. Hemman v. Gr., Ritter, und seine Tochter Margarethe, »Clofterfrow ze küngfueld«, übergeben gegen ein Leibgedinge den Widemhof und Kirchensatz von Rickenbach an das Gotteshaus Beromünster, 1400, Freitag vor U. Frauen Tag im Herbst; Perg.-Urk. im Kanzleiarchiv des Kl. Muri. Die Burg Grünenberg gieng zwischen 1400—1423 käuflich über an Lüpolt Buosinger, Burg- und Twingherr zu Lieli (bei Wangen, luzern. Pfr. Hohenrain), darauf an dessen Sohn Heinrich, Schlossherrn zu Heidegg. Bei der Eroberung der österreich. herzogl. Besitzungen im Aargau durch die Eidgenossen 1415 huldigte die Burg diesen und wurde dann zu einem Mannlehen der in den O. Freiämtern gemeinsam regierenden VI. Orte gemacht; laut dem Alt. Urbar der Fr. Aemter.

Die Grünenberge erscheinen in unsern Regesten: 1392, 24. Dez. — 1393, 3. Okt. — 1394, 10. April; und nächster Mittwoch vor Maitag. — 1395, 19. Juni. — 1400, Samst. vor St. Thomas. — 1400, 19. Dez. — 1432, 13. Nov. — Schliesslich i. J. 1479.

1374, 26. März, Bozen.

Urkunde für Eberhard von Wald, unterzeichnet: *dominus dux per se et Gessl., Mr. camere.* Hierin bekennt Herzog Leopold, dem genannten von Wald 500 Gl. zu schulden und ertheilt ihm hiefür die Zollfreiheit für 3 Fuder Wein an der Töll, und Steuerfreiheit für seinen Hof im Gericht Petersberg.

Chmel, Oesterreich. Geschichtsforscher I, 584 f. — Ueber die herzogl. Zollstätte In der Tell in Tirol vgl. Chmel, Materialien I, Erste Paginatur, S. 87.

1374, 17. Mai (Mittw. vor Pfingsten), Baden im Aargau.

. Herzog Leopold urkundet für sich und seinen Bruder Albrecht, dass unser getreuer lieber Kammermeister Heinrich der Gezzler 4000 gute Gulden an Gold für uns dargeliehen und bezahlt habe an Rudolf und Lütold von Arburg, denen diese Summe noch an der Lösung der Stadt und der Veste Grüningen ausgestanden, wofür dem genannten Gezzler und dessen Erben genannte Stadt und Veste mit allen Leuten, Gerichten, Gütern und Nutzungen etc. als rechtes Pfand versetzt worden. Falls dasselbe nicht so viel ertrüge als sich an den 4000 Gulden gebürte, so werden zur Beihilfe ihm dazu versetzt die Höfe Mönchaltorf, Stäfa, Männedorf und Hombrechtikon, sammt allen dazu gehörenden Gülten. Damit sollen Gezzler und seine Erben und Nachfolger den Herzogen und deren Erben gehorsam sein.

Staatsarchiv Zürich, Abthl. Grüninger Amt, Bündel 2, no. 12.
Vgl. Hormayr, Archiv f. Gesch. X, 512. Gerold Meyer v. Knonau, Der Kt. Zürich I, 94.
Grüningen, nun ein Pfrd. im zürch. Amte Hinwil, war ein Burgstädtchen mit zwei Schlössern, deren eines jetzt noch dem Ortspfarrer zur Amtswohnung dient. ›Der Landvogt zu Grüningen setzt zu (Mönch-)Altorf in der Dingstatt seinen Untervogt. Dieser verbannt hier an einem jeden Landtage das Malefizgericht, legt hernach das Schwert dem Herrn Richter auf den Tisch, und wenn es in seinem Hofe zu einem Rechtsfall kommt, so hat er den Sitz unten bei den Zwölfen. In das Gebiet dieser Dingstatt gehören 14 mit Namen aufgezählte Ortschaften und Höfe‹. Grüninger Amtsrecht, auf der aargau. Kt.-Bblth.: MS. Bibl. Nov., 33 fol., pag. 62.

1374, 5. Brachm., Brixen.

Herzog Leupolt giebt in seinem und seines Bruders Albrecht Namen den Kelnhof zu Malters (Pfrd. im Amte Luzern, mit einem Burgstal) an Hartmann Andres von Rotenburg und an dessen Ehefrau Clara zu einem Erblehen. Unterzeichnet von *Hainricus Gezzler, Magister Cammere.*

Geschichtsfreund der V Orte, 20, 184.

1374, November.

›*Dñs Dux per se et Comes Rudolphus de Habesperg, advocatus provincialis, presentibus Magro. Curie de Torberg et vice camere (sic) Gessler et Burchardo Münch. (Littere in Hagenow.)*‹

Kaiser Maximilians I. Memorialbuch von 1515. — Hormayr, Histor. Taschenb. IV, 166.

1375, 4. Januar, Donnerst. vor der Zwölften zu Weihnachten, Rheinfelden.

Herzog Leopold entscheidet einen Eigenthumsstreit zwischen seinem Kammermeister Heinrich Gezzler, Vogt zu Grüningen und Langenhard, und dem Vogte zu Rapperswil, ihre beiderseits innehabenden Pfandgüter und Hörigen betreffend. In das Eigenthum Gesslers werden gesprochen: Die Leute genannt Bruchen zu Grüningen. Der Eigenmann Einsidler auf dem Einsidlerhof. Die Eigenleute auf den Höfen Mönchaltorf, Dünrton und auf der freien Dingstatt zu Wynzikon geboren, Mann und Weib, mit Erb- und Fallzins. Ein Mann, genannt Her am Boll. Die Hinterlassenschaft des zu Grüningen verstorbenen Münch. Das Erbe Heinrichs des Hodels, eines Bankharts.

Staatsarchiv Zürich, Abthl. Grüningeramt, Bündel I, no 47.

1375, 11. Jan.

Heinrich Geßler, Ritter, Kammermeister Herzog Leopolds, Vogt zu Grüningen, Langenhard und Rapperswil, erwirbt zu Lehen die ihm von den Herzogen Albrecht und Leopold verpfändet gewesne Grüninger Herrschaft, sammt der Grüninger Burg und dem Burggesässe daselbst, welches der Landenberge Eigen gewesen.

Scheuchzer, Hf. Urkk.-Sammlung in der v. Mülinen'schen Bblthk. zu Bern. Vgl. Histor. Ztg. der schweiz. geschichtsforsch. Gesellsch. 1854, S. 17 und 66. Langenhard, Burgstal, zürich. Gem. Zell.

1375, 3. Juni (Sonntag nach der Auffahrt), Baden.

Herzog Leopold giebt seinem Kammermeister Heinrich Geßler, wegen dessen emsiger und getreuer Dienstleistung, und dessen ehelicher Wirthin, der ehrbaren Margarethen von Erlibach (lies Ellerbach) zu Heiratsgut 100 Mark Silbers Zofinger Währung, die er ihnen auf den Satz und die Behausung zu Grüningen schlägt.

Staatsarchiv Zürich, Grüninger Amt, Bündel 2, no. 13. Vgl. Hormayr, Archiv f. Gesch. X, 516: woselbst jedoch Scheuchzers hf. Sammlung, nun in der v. Mülinen'schen Bblth. zu Bern, die Quelle ist.

1375, 4. Juni (Montag nach Erasmus), Baden.

Herzog Leopold von Oesterreich befreit die Leute in der March von allen auswärtigen Gerichten. Unterzeichnet: *magister camere Gessler.*

Bezirksarchiv March.
Mitgetheilt durch Th. v. Liebenau.

1375, 8. Juni (Freitag vor Pfingsten), Baden.

Herzog Leopold erlaubt dem Heinrich Geßler, die aus
dem Grüninger Amte etwa noch versetzten einzelnen Höfe sammt
den Pfandbriefen zu erledigen und an sich zu nehmen um die gleichen
Summen, um welche sie verpfändet sind. Die Pfandinhaber sollen
ihm diese Auslösungsweise gestatten. Hiemit soll er die Höfe sammt
dem Amt und der Veste Grüningen zum Pfande haben also, dass
deren eines ohne das andere unablösbar ist.

Staatsarchiv Zürich, Abthl. Grüninger Amt, Bündel 2, no. 14.

1376, 6. Januar (am hl. Berchtentage), zu Wallsee.

Herzog Leopold hat seinem lieben getreuen Kammermeister,
dem Heinrich Geßler, Veste und Amt Grüningen sammt den
Höfen Stäfa, Hombrechtikon und Mönch-Altorf versetzt; des Her-
zogs Bruder Albrecht bestätigt dem Gessler und dessen Erben den
Besitz und die Nutzniessung dieses Satzes im Umfange der darüber
ausgefertigten Pfandbriefe.

Handschriftliche Urkundensammlung, betitelt »Grüningen, Bd. 44«, 8⁰,
S. 97, in der Bblth. des aargau. Histor. Vereines.

1376, 30. März (Sonntag Judica), Schaffhausen.

Herzog Leopold, Namens seines lieben Bruders Herzogs Albrecht,
gewährt seinem Kammermeister Heinrich Geßler die Gnade,
dass dieser die aus dem Amte Grüningen versetzten Güter und die
mit ihnen verpfändeten Höfe, sammt den Pfandbriefen an sich lösen
und die Nutzniessung ohne Abschlag innehaben soll, bis die Wieder-
einlösung Aller zusammen erfolgt sein wird.

Zürch. Staatsarchiv, Grüningeramt, Bündel 2, no. 17.

1376, 16. April (Mittw. nach Ostertag), Schaffhausen.

Heinrich Geßler, *magnus camerarius*, ist Mitunterzeichner
der Urkunde, laut welcher Herzog Leupolt von Oesterreich der
ehrbaren Verena Zum Tor, Tochter Lütolts des Busingers, 60 Mark
Silbers auf die Veste Freudenau, und 20 Mütt Kernengeldes auf
die Güter zu Eradingen schlägt, beides herzogliche Lehen.

Ex scriniis Castri Heidegg. Zurlauben, *Monumenta Helvetico-Tugiensia VII,*
308; Hf. auf der aargau. Kt.-Bblth. — Die Urkunde ist nun im luzern. Staats-
archiv, laut briefl. Mittheil. Hrn. Archivars Th. v. Liebenau.

Der Thurm **Freudenau**, Ruine an der Aare ob dem aargau. Dörflein Stilli, diente zum Schutze einer dortgewesenen Aarbrücke und zweier Mühlen, und war eine herzogl. Zollstätte. Habsburg-österr. Urbar, pag. 71; Lichnowsky I, Urkk. no. 69. — **Erendingen**, Unter- und Ober-, Pfrd. im Bez. Baden.

1376, 24. April (Dienstag vor Philipp und Jakobi), Schaffhausen.

Herzog Leopold übergiebt das Burgsäss zu Grüningen, das deren von Landenberg Lehen gewesen, dem **Heinrich Geßler** unter der Verpflichtung, dasselbe so zu bauen, dass dem Lande daraus kein Schaden erwachse; was daran verbaut wird, soll auf die Pfandsumme des Grüninger Satzes geschlagen und kein Theil ohne den andern abgelöst werden.

Staatsarchiv Zürich, Grüninger Amt, Bündel 2, no. 17. — Histor. Ztg. der schweiz. geschichtsforsch. Gesellsch. 1854, S. 17, da nach Scheuchzer's Hf.-Samml. in der v. Mülinen'schen Bblth. zu Bern.

1376, 29. Mai, Grüningen.

Heinrich Murer, Vogt zu Grüningen an Statt **Herrn Hainrichs des Gäßlers**, Ritters, Kammermeifters Hrn. Lüpoltz, Herzogs von Oefterreich, giebt ein Atteftatum, daß Frau Margareth fel., Lüthold Einfidlers fel. von Langenrieth eheliche Tochter, Heinrich Zehenders von Berliken Wittib, zu einem Seelgeräthe gefetzt hatte: 1 Mütt Kernengeldes gen Rüti dem Convente über Tifch und 1 ℔ Wachsgeldes an die Kilchen gen Dünriton, verfchrieben auf der Stifterin halben Hof zu Hadlikon, und diefes Vermächtniß urgiert nun Rud. Zehender gegen Hrn. Götz Schultheßen, Schaffner des Klofters Rüti, daß daffelbe zu Kräften ftan folle. Donftag vor ausgehendem Meyen.

Staatsarchiv Zürich, Amt Rüti-Dokumentenbuch tom. II, 265. — *Monumenta Rutinensia*, in Zurlaubens *Monum.-Tugiens. tom. VI, 193;* und in desselben Stemmatographie tom 69, Blatt 14 b.

Dunriton ist das Kirchdorf **Dürnten**, im Amte Grüningen, das nach dem zu Ober-Dürnten gelegenen Burgstal früher Dürnroten hiess (Leu, Helv. Lex. VI, 173), und in frühester Namensform v. J. 744: *Tunriude.* Meyer, Zürch. Ortsnam. no. 1393. Die Prämonstratenser Abtei **Rüti**, zwischen Rapperswil und dem vormaligen Johanniterhause Bubikon gelegen, wurde 1208 durch Lütold Freiherrn von Regensberg gegründet, ist die Grabstätte der Grafen von Toggenburg und ist seit 1520 secularisirt. F. Salom. Vögelin, Das Kl. Rüti. Zürich 1862. 4⁰.

1376, 17. September (Mittw. nach hl. Kreuzestag im Herbst), Wien.

Die Herzoge Albrecht und Leopold erlauben dem **Heinrich Gessler**, an den Bau der sehr zerfallenen Burg Grüningen 400 Gl., an denjenigen der Stadt daselbst 200 Gl. zu wenden und diese Summen gleichfalls auf die ihm gemachten Pfandschaften zu schlagen.

Staatsarchiv Zürich, Grüninger Amt, Bündel 2, no. 8. — Vgl. Lichnowsky IV, Urk. no. 1301, S. 698.

1376, 2. Nov., Sybidat*).

Herzog Leopold von Oesterreich schlägt dem Conrad Chrieg, Hauptmann in Krain, 1960 Gl., welche er ihm für dessen gegen die Venetianer geleisteten Dienste schuldet, auf die Veste Ze dem Lug; unterzeichnet: *Geggler. magister camere.*

E. Melly, Vaterländ. Urkk., Wien 1846 (4o) pag. 57; übermittelt durch Th. v. Liebenau.

1376, 6. November (Donnerstag nach Aller Heiligen).

Hermann von Landenberg von Greifensee, genannt Pfaff, verkauft an Ritter H e i n r i c h   G e ß l e r den Burgsitz zu Greifensee und das Dorf Bertschikon.

Archiv Zürich. — Mitthl. durch Th. v. Liebenau, Archivar zu Luzern.

Das zürcher Städtchen G r e i f e n s e e hatte einst eine Veste und dazu eine sehr ausgedehnte Burg, von welcher ein Neubau noch übrig ist. Das zürch. Dörflein B e r t s c h i k o n ist pfarrgenössig in thurgauisch Gachnang, Kreis Frauenfeld.

1376, 9. Nov. zu Trient; Freitag vor Nikolaus, 5. Dez., zu Bozen.

Bischof Albert von Trient belehnt den Edeln Friedrich von Greifenstein, Ritter, in Gegenwart Herzog Leopolds von Oesterreich und verschiedener Grafen und Ritter, unter denen H e i n r i c h, g e n a n n t   G e s s l e r.

Gubernialarchiv Innsbruck.

Schweiz. Anzeiger f. Gesch. und Alterth. 1864, S. 11, Regesten no. 57. Ergänzende Mitthl. durch Th. v. Liebenau. Ueber den belehnten Fr. v. Greifenstein s. d. Regest 1371, 21. Nov.

1377, 7. April (Dienstag nach ausgehender Osterwoche).

Konrad Pfister, Bürger zu Grüningen, verkauft dem H e i n r i c h G e ß l e r die Matte unter der Burg daselbst, worin die Weiher

---

*) Sybidat ist C i v i d a l e unweit Udine in der Provinz Aquileja; dies und Feltre in der Mark Treviso, damals österreichische Gebietstheile, waren die Sammelplätze, wohin die Herzoge Leupolt von Oesterreich und Stephan von Baiern, laut Vertrag v. 2. März 1374, ihre beiderseitigen Truppen im Kriege gegen Verona und Venedig zu stellen sich verpflichtet hatten. (Quellen und Erörterungen zur baier. u. deutsch. Geschichte, VI, S. 515). Am 7. Nov. obigen Jahres wurde zu Belluno Waffenstillstand geschlossen.

gemacht sind, um 5 ℔ Zürcher Pfg. zu ledigem Eigen; mit einbedungen die an die Kirche zu Gossau bestimmten Grundzinse etc. Jose Ammann, Burger zu Grüningen, besiegelt.

Staatsarchiv Zürich, Grüninger Amt, Bündel 4, no. 94.
Die Kirche zu Gossau, zürch. Bez. Hinwil, wurde gegründet i. J. 1274. Gerold Meyer-Knonau, Der Kt. Zürich II, 363.

1377, 27. Juni (Samst. nach St. Johanns zu Sonnewenden), Wien.

Die Herzoge Albrecht und Leopold »empfehlen« dem Heinrich Geßler die »fast zergangene« Burg zu Grüningen zu bauen wo es am allernöthigsten ist, und gestatten, die 400 Gulden, die er daran wenden soll, auf die Pfandsumme zu schlagen.

Staatsarchiv Zürich, Grüninger Amt, Bündel 2, no. 19. Vgl. Hormayr, Archiv f. Gesch. X, 516, nach Scheuchzers hf. Urkk.-Sammlung in der v. Mülinen'schen Bblth. zu Bern. — Histor. Ztg. der schweiz. geschichtsforsch. Gesellsch. 1854, S. 17. — Lichnowsky IV, Urkk. no. 1344, S. 701.

1378, 19. Febr.

Heinrich der Geʒʒler, Herzog Leopolds Kammermeister, bestätigt seines Herrn für die Templeisen-Kapelle in Wien ausgestellte Freiheitsurkunde.

Schmidt, Oesterreich. Blätter f. Lit., Kunst und Gesch. 1848, 228. — Berichte und Mitthll. des Alterth.-Vereins von Wien IV, 162. — Mitgeth. durch Th. von Liebenau. — In Beziehung auf diese Kapelle der von Papst Clemens V. durch Bulle von 1311 aufgehobenen Tempelherren, die unsre Urkunde *templeis*, d. i. Gralsritter, nennt, erklärt sich nachfolgende Notiz aus dem Convent der Augustiner-Barfüsser zu Wien; sie steht bei Marian *Austria Sacra, tom. IX, pag. 319: »Anno 1341. Otto Dux Austriæ suis et Equitum S. Georgii de Templois dictorum sumptibus eodem tempore Majori annexam ædificavit Ecclesiam Ord. Milit. Equitum S. Georgii designatam, et eidem Sancto consecratam.«*

1378, 27. April (Dienst. nach d. Osterwoche).

Rudolf Schneweli, Burger zu Grüningen, verkauft dem herzogl. Kammermeister Heinrich Geßler, Ritter, die vor der Stadt Grüningen gelegnen, Burgenrain genannten Aecker »als ein rechtes Lehen von Oesterreich« um 54 ℔ Züricher Pfennige. Junker Heinrich von Kempten besiegelt. Unter den 5 Zeugen: Herr Rüedger von Mandach, Ruman von Küngstein.

Staatsarchiv Zürich, Abthl. Grüninger Amt, Bündel 4, no. 95.

1378, 5. Juni, Wien.

Herzog Leopold von Oesterreich ertheilt Vollmacht für H e i n - r i c h d e n G e s s l e r, Ulman von Pfirt und Gottfried Müller von Zürich, mit dem Herzog Philipp von Burgund einen Ehevertrag abzuschliessen, betreffend dessen Tochter Margaretha und des Obigen Sohn Herzog Leopold IV.

Kaiserl. Geh. Archiv Wien.
Lichnowsky, Habsb. IV, Urkk. no. 1361 und 1368, S. 703 röm.

1378, 7. Juli, Abtei Remiremont.

Heiratsvertrag zwischen Herzog Leopold IV. dem Jüngeren von Oesterreich, und Margaretha, Tochter Herzog Philipps von Bur- gund, geschlossen durch beiderseitige Bevollmächtigte. Herzogl. österreich. Seits: Ulman von Pfirt, Gottfried Molitor (Müllner von Zürich) und H e i n r i c h G e ß l e r. Burgundischer Seits: Joh. de Monteacuto; Nicol. de Tholone, Kanzler von Burgund; Guido de Ponteciso; Joh. Herr von Rayaco; Oliverius de Jussiaco und Joh. Blancheti.

K. k. Geh. Archiv.
Lichnowsky IV, Urkk. no. 1386, S. 703 röm.
Margaretha v. Burgund wird in obiger Ehe 1411 Wittwe, wohnt als solche zu Ensisheim im Elsass auf ihren Herrschaften und heiratet in ihrem achten Wittwen- jahre den reichen Maximin Smasman von Rappoltstein, einen elsässer Reichsfreien.

1378, 8. November (Mont. vor Martini).

Fridrich von Hünwyl, Ritter, verkauft dem H e i n r i c h G e ß l e r, herzogl. Kammermeister, die Hälfte des Lützelsees und einen Weiher daran, der zwischen Grüningen und Rapperswil gelegen ist, um 110 Gl. zu ledigem Eigen und besiegelt die Urkunde.

Staatsarchiv Zürich, Abthl. Grüninger Amt, Bündel 4, no. 90.
Vgl. Histor. Zeitschr. der schweiz. geschichtsforsch. Gesellsch. 1854, S. 17.
Lützelsee (anno 826 Luzzilunfea, bei Neugart 224), ein Seelein mit einem gleichnamigen Bauernhofe, zürch. Gem. Hombrechtikon. Das zürch. Pfrd. H i n - w i l mit einem Burgstal, heisst urk. 1044 Hunewilare. Meyer, Zürch. Ortsn. no. 1673.

1378, 8. November (Montag vor St. Martinstag).

Heinrich Bidermann von Ürikon und Rudolf Grab, seines Bruders Sohn, verkaufen gemeinsam die Hälfte des Lützelsees, der zwischen Grüningen und Rapperswil gelegen, mit allen Rechten an den festen frommen Ritter, Unsern L. Herren, H e i n r i c h d e n G e ß l e r, Kammermeister Unsrer Gn. Herrschaft von Oesterreich, um hundert Goldgulden und erklären baar bezahlt zu sein. Bidermann siegelt.

Handschriftliche Urkundensammlung, betitelt »Grüningen, Bd. 44«, 8º. S. 105, in der Bibliothek des aargau. Histor. Vereines.

1379, 11. März, Schaffhausen.

Item yetz Herzog Lüpolt folt gelten für sich vnd Herzog Albrecht sin Brvoder: Chvonrat dem Meyer von Bremgarten **CC** guldin für die Schatzvng, so jm die von Egri datten; vnd da für hat er jm versatzt dz ampt ze Mvre vñd ze Hermanswil mit den Bvossen, ân den tod. Den selben Satz hat aber nv Herzog Lüpolt erlovbt ze loesen **Heinrich dem Gessler**, vnd hat jm sinen brief dar vmb geben. Geben ze Schafhvsen, an Fritag vor Oculi **M. CCC. Lrrviiij.**

»Pfandschaften der Herrschaft Oesterreich«, im Staatsarchiv Luzern. — Copyen Vb, 1.

Kopp, Gesch.-Bl. 2, 151.

1379, 19. April, Dienstag vor St. Jörgen, Rheinfelden.

Da **Heinrich Geßler** nachweist, dass er mehr als 2300 Gulden an Burg und Stadt Grüningen verbaut habe und die Ringmauer der Burg noch einer Besserung wohl bedürfe, so schlägt ihm Herzog Leopold fernere 1200 Gulden auf das Pfand mit dem Beding, die Ringmauer vom vordern Haus und vom Thurme hinweg bis an das Landenberg genannte Burgsäss mit einem verdachten Umlauf (Galerie mit Dachung) zu versehen.

Staatsarchiv Zürich, Grüningeramt, Bündel 2, no. 20. Histor. Zeitung der schweiz. geschf. Gesellsch. 1854, S. 17. Meyer-Knonau, der Kt. Zürich I, 94.

1379, 30. April, o. O.

Graf Rudolf von Montfort entschlägt sich gegen Herzog Leupolt aller seiner Ansprüche auf die Grafschaft Feldkirch »jetzt gentzlich und aigentlich« und übergiebt deren Verwaltung an Ritter **Heinrichen den Gäffler**, Herzog Leupolts Kammermeister.

Kaiserl. Geh. Archiv Wien. Lichnowsky IV, Urkk. no. 1421. — Chmel, Oesterr. Gesch.-Freund II, 201. — J. N. v. Vanotti, die Grafen von Montfort, S. 90.

1379, 1. Mai.

Heinrich der Gäzzler, Kammermeister des Herzogs Leopold von Oesterreich, urkundet, dass zwischen ihm und Grafen Bertold von Sulz, Comthur zu Lengenmoos, Irrsal, Stoss und

Krieg gewesen, weil Letzterer den Cunz von Sanders gefangen
genommen; da sie darüber jedoch nun durch ehrbarer Leute Rath
freundlich und liebreich mit einander vertragen seien, so verspricht
Gessler feierlich, dass weder die Herrschaft, noch er und seine
Erben keinerlei Forderungen mehr erheben werden erwähnter
Sache wegen, weder gegen den Comthur, noch gegen dessen
Gotteshaus.

Deutschordensarchiv Lengenmoos. — Ferdinandeum zu Innsbruck 3. Folge,
X, 69. Mitgetheilt durch Hrn. Th. v. Liebenau.

1379, 7. Juni (Dienstag nach ausgehender Pfingstwoche), Grüningen.

Henfli Murer, Burger zu Grüningen, hat die Halde, hinter
der Burg dafelbst gelegen, um 8 Pfd. Pfenn. zu kaufen gegeben
dem frommen vesten Ritter, Meinem L. Herren Heinrich dem
Geßler, Kammermeister Meiner Gn. Herrsch. von Oesterreich.
Jofe Ammann, Burger zu Grüningen, fiegelt.

Das Original ist zu Zürich in der Sacristei-Trucken 12, Abthl. Grüningen,
Bündel 4, no. 96. — Zürich. Staatsarchiv: *Corpus Documentorum Tigur:* Grü-
ningen-Greifensee VI. D, pag. 27; *scripsit* Christoph Fridr. Werdmüller, Stadt-
schreiber 1702.

1379, 25. September (Sonnt. vor Michael), Neuburg a. D.

In dem zwischen den Herzogen Albrecht und Leopold von
Oesterreich über die Theilung ihrer Länder errichteten Vertrag
wird zur Beilegung fernerer Streitigkeiten neben anderen Schieds-
leuten erwählt: Herzog Leopolds Kammermeister Heinrich
Gaisler.

Histor. und topograph. Darstellung der Pfarren, Stifte, Klöster, milden
Stiftungen und Denkmäler im Erzherzogthum Oesterreich. Wien 1820 bis 1840.
XII, 275 bis 279. — Mittheil. durch Hrn. Archivar Th. v. Liebenau.

1379, 24. Dez.

Heinrich der Geßler, Ritter, Kammermeister des Her-
zogs Leopold von Oesterreich, nimmt für diesen die Bürger von
Feldkirch auf den Fall, dass Graf Rudolf von Montfort-Feldkirch
kinderlos abstürbe, voraus in Eid und Pflicht.

P. Kaiser, Gesch. des Fürstenth. Liechtenstein (Chur 1847) S. 180.
Obiger Graf Rudolf starb 13. Nov. 1390 zu Fussach und liegt als der
Letzte seines Stammes in der Nikolaikirche zu Feldkirch begraben. Seine Stadt
und Grafschaft Feldkirch gieng in Folge des 1375, 22. Mai zu Baden erstmaligen

und am 19. Nov. 1377 zum zweitenmale in Wien stattgefundnen Verkaufes um die Summe von 30,000 Goldgulden sofort an Oesterreich über. Kaiser, ebenda 177.

1380, 6. Febr., Avignon.

Clemens VII. (Gegenpabst) verspricht dem Herzog Leupold durch dessen drei Gesandte: Ritter Heinrich Gesseler, Heinrich von Randegg und Rudolf von Howen, dem Schatzmeister der Strassburger Kirche, von jetzt an in 16 Monaten 120,000 Goldgulden in vier Terminen und dazu 1000 M. Hilfstruppen zu liefern, falls der Herzog wegen seiner Anhänglichkeit an den Pabst kriegerisch angegriffen würde.

Lichnowsky IV, Urkk. no. 1490 und 1523. — Kurz: Albrecht III, Bd. 1, 291. 303.

Durch die Zwietracht der römischen Cardinäle war gegen den am 8. April 1378 zum Pabst erwählten Urbanus VI. am 20. September darauf Clemens VII. als Gegenpabst aufgestellt worden; jener sass zu Rom, dieser zu Avignon, einer den andern und dessen Anhang mit dem Bann verfolgend. Für seine Parteipolitik erhob Urban die deutschen Bischöfe von Mainz, Trier, Köln, Bamberg, Prag und Lüttich der Reihe nach zu Cardinälen. Auch hielten ihn, schreibt Königshofen, der Kaiser, die Churfürsten und alles deutsche Land für den rechtmässigen Pabst, »aber des herzogen lant von Oefterrich, der küng von Frangrich und die andern künige, die an fin lant ftoffent untze zû dem verren fant Jacop (S. Jago de Compostela in spanisch Galicien), die hieltent alle Clemens für einen bobeft.« Die Chroniken von Strassburg, ed. Hegel II, 595. Urban starb 1389 zu Rom, Clemens 1394 zu Avignon.

1380, 14. Sept., Schaffhausen.

Herzog Leopold von Oesterreich vergabt ans Stift St. Johann im Thurthal den Kirchensatz Alt-Rapperswil. *Dominus Dux audivit, praesentibus Dmo. Heinrico Gaeggler, Magistro Camere, et Dmo. Gebhardo Tzetsfch, Notario Camere.*

Stiftsarchiv St. Gallen. Mittheilung durch Th. von Liebenau, Archivar in Luzern.

1380, 29. Sept., an sand Michelstag, ze Baden im Ergöw.

Leopold, Herzog zu Oesterreich, Steyer, Kärnthen und Krain, Graf zu Tirol, erlaubt seinem getreuen Rudolf von Hünenberg den Thurm zu Baden, den man die niedre Burg nennt, und das Amt im Siggenthal mit allen Nutzungen und Zubehörden von Rudolf von Schönau, genannt Hürus, dem Jungen, um 400 Gulden einzulösen und bis auf Wiederlösung zu benutzen mit allen Gülten, Nutzen, Steuern, Fällen, Bussen, Gerichten, Bännen, Ehren,

Würden und guten Gewohnheiten, die von Alters her damit ver-
bunden waren. *D(ominus) M(agister) Cam(meræ) Gegglr.*

Original im Staatsarchiv Luzern, mitgetheilt durch Theodor von Liebenau.

1380, 5. Nov., Grüningen.

Ich Herman von Landenberg von Griffenſe und ich Herman
von Landenberg, ſin ſun, thůnd kund und vergechend bed offen-
lich mit diſem brieff, das wir recht und redlich und wüßentlich
dem erbern beſcheidnen knecht Wernli ab egg, her Heinrich
Geßlers, deß durchlüchtigen hochgebornen fürſten und unſers
gnedigen heren, hertzog Lüpoltz von Öſtenrich kamermeiſters die-
ner, zů kouffen geben hand unſern thürn ʒe Grůningen, und den
garten und hoffſtatt mit allen den rechten, fryheiten und nützung,
ſo darʒů gehört, der uns öch von Uorich von Aſpermünd von
erbs wegen angefallen iſt, und der öch von der obgenanten unſer
herrſchafft von Öſterich lehen ist, und um denſelben thürn, garten
und hoffſtatt, fryheit und rechtung hat uns der vorgenant Wernli
ab egg geben eiñ hengſt, der in unſer beder gůten nütz und
frommen kommen iſt. Des ʒů urkund ſo hand wir, die obgenan-
ten von Landenberg, unſer eigen inſigel für uns und unſer erben
dem vorbenempten Wernli ab egg und ſinen erben, ob er enwêr,
offenlich gehenkt an diſen brieff, der geben iſt ʒů Grůningen an
dem nechſten mentag nach aller heilgen tag in dem jar do man
ʒallt nach Criſtus geburt dryʒechenhundert und achtzig jar und
darnach in dem andren jar.

Zürcher Staatsarchiv. Aus dem Original eigenhändig copiert und gütigst
mitgetheilt von Herrn Dr. J. Strickler, Staatsarchivar. — Eine Copie davon steht:
›Grüningen, Amtsrecht und Urkunden, nach dem Canzlei-Exemplar‹, auf der aar-
gau. Kt.-Bibliothek: MS. Bibl. Nov. 33 folio, pag. 53; vgl. ferner: Leu, Helv.
Lexikon IX, 275.

1380, 8. Dez.

Der veſte Ritter Heinrich der Gessler, Kammermeister,
ist Zeuge beim Verkauf eines in der Gartscheid gelegnen öster-
reichischen Lehens. — Archiv Goldegg.

Schweiz. Anzeiger für Gesch. 1864, S. 12, Regesten no. 61.

1380, o. D., Baden.

Heinrich Geßler, Herzog Leopolds Kammermeister, be-
willigt als Herr des Twinges zu Stetten in der Markgrafschaft Baden
im Ergöw, und auf seines Herzogs Wunsch, dem Einsidler Heinz

eine Hofstatt zu Stetten in der wilden Owe daselbst, zur Errich-
tung einer Waldbruderei.

Reding, Badener Regesten im Schwz. Gesch.-Archiv II., S. 55. Nüscheler,
Gotteshäuser der Schweiz, Heft 3, S. 558. — »Stetten ennent der Rûfe ob Mel-
lingen« steht 1432 im Zinsbuche von Königsfelden (Pap.-Hf., Bl. 28) als Besitz
dieses Stiftes eingeschrieben. Die Wildenau ist heute ein Bauernhof an der
Reuss, in der aargau. Pfr. Rordorf.

1381, 5. April, Neuenstadt.

Herzog Leopold von Oesterreich schliesst mit der Republik
Venedig einen Friedensvertrag, laut welchem er Stadt und Gebiet
von Treviso, nebst Ceneda und Conegliano dem Herrn Francesco
von Carrara gegen Erlag von 118,000 Goldgulden abtritt: *Presen-
tibus . . . . Gotfrido Mulner, Magistro curie, Henrico Gessler,
Magistro Camere prudenti viro, ac etiam strenuo Johanne de
Ellerbach et aliis.*

Lichnowsky IV, pag. 830—839 römisch. C. Hegel, Chroniken der deutschen
Städte, Bd. IV, Seite 67.

1381, 14. April, Graz.

Herzog Leupolds Entschädigungsbrief für seinen Kammer-
meister Heinrich Gessler, der mit eilf andern namentlich Auf-
gezählten sich bei Albero dem Stuchs auf 4000 ₰ Wiener Pfennige
verbürgt hat wegen herzoglichen Ankaufes der Vesten Stuchsen-
stein, Buchberg, Lasenheim und des dortigen Hofes.

Johanneum. Lichnowsky IV, Urkk. no. 1574. — Chmel, Oesterreich. No-
tizenbl. IX, 203.

1381, 10. Aug., Imbst.

Herzog Leopold erlaubt dem Peter von Arberg eine Stiftung
zu machen: *Dm. dux per magistrum Camere.*

J. A. Primisser, Urkk.-Sammlung zur Gesch. Tirols III. 150; MS. im Fer-
dinandeum zu Innsbruck. Mitgetheilt durch Hrn. Th. von Liebenau. — Unzweifel-
haft ist unter oben genanntem Kammermeister der Heinrich Gessler gemeint.

1382, 25.—31. Mai, Pfingstwoche, Zams.

Herzog Leopold von Oesterreich beurkundet den Angehö-
rigen der Herrschaft Nidberg ihre Freiheit; unterzeichnet von
Her*) Geßler, Ritter.

*) Nach einem Vidimus obiger Urkunde heisst der Unterzeichner derselben
nicht Hermann, wie aus obigem Her gelesen worden war, sondern Heinrich
Gessler.

No. 114 im Gem.-Archiv zu Mels in der Sarganser Landschaft. — Histor. Ztg. der schweiz. geschichtsforsch. Gesellschaft 1853, S. 16 und 103.

Nidberg, eine Burgruine in der Gem. Ragaz, hatte zur Herrschaft Freudenberg gehört, war Eigenthum Herzog Friedrichs IV. (Mit der leeren Tasche) gewesen und 1437 unter Beihilfe der Zürcher zerstört worden. Der Streit der in der Herrschaft Sargans nachmals regierenden Kantone über das Anrecht auf die beiden Schlossherrschaften wurde 1461 durch den Berner Schultheissen Thüring v. Ringoldingen geschieden. Vgl. Stumpf Chronik, Folioausgabe von 1548, II, lib. X, pag. 323 a und b.

1382, 30. Sept., Graz.

* Herzog Leopold von Oesterreich schreibt an den Rath der von den Venetianern belagerten Stadt Treviso, er werde zu ihrem Beistande seine Hauptleute: den Grafen Hugo von Montfort, den *Flaco de Rischach et Ainricum Geslear, magistrum camere,* mit hinlänglichen Streitkräften [900 Lanzenträger] voraussenden und persönlich mit Heeresmacht nachfolgen.

Verci, Documenta: Storia della Marca Trevigiana e Veronese, XVI, pag. 42. Lichnowsky IV, Regesten no. 1720.

1382, 3. Oct., Graz.

Herzog Leupolt an die belagerte Stadt Treviso: Er habe ihren Gesandten darum so lange zurück behalten, damit dieser sich selbst überzeuge, welche Streitmacht unter Graf Hugo von Montfort, Flaco de Reischach und seinem herzoglichen Kammermeister Heinrich Gessler, als Hauptleuten, ihnen nun zu Hilfe käme.

Verci, Documenta XVI, pag. 43. — Lichnowsky IV, Regest. no. 1721.

1385, 14. April, Freit. v. Misericordia, Schloss Tirol.

Herzog Leopold von Oesterreich urkundet, die zwei Vesten Curneid und Steineigg und die Gerichte Wälschenofen, tirolische Lehen, seien dadurch erledigt, dass nach dem Tode Heinrich des Velsers dieselben nicht mehr als Lehen empfangen wurden. Deshalb habe er mit seinem Bruder Albrecht dieselben dem Ritter Heinrich Geßler zu Lehen gegeben, und nachdem sie von diesem dann Friedrich von Greiffenstein sel. erkauft, Friedrichs Sohn aber sie wieder aufgesendet habe, ertheile er dieselben jetzt dem Heinrich von Lichtenstein.

Archiv Zenoberg. Mittheilung durch Hrn. Th. von Liebenau. Ueber die obigen Burgnamen vgl. Regest von 1370, Phinztag i. d. Osterwoche, Meran.

1386, 9. Juli.

Auszug aus den ältesten und amtlich beglaubigten
Verlustlisten über die Schlacht bei Sempach.

Das auf dem Stadtarchiv zu Frankfurt a./M. aufbewahrte ›Buch
des Bundes‹, eine mit der Schlacht bei Sempach gleichzeitige Hand-
schrift, beginnt das Verzeichniss der in jener Schlacht auf herzog-
licher Seite Gefallenen wörtlich also: Nota, dis fint dye erflagen
fint ʒo Sempach off den nehiften mandag nach Sente Vlrichs tage
in dem Hôumande anno etc. LXXX fexto, der herren, darnach
ritter, darnach knechte. Hierauf kommen, nachdem Herzog Leo-
pold von Oesterreich allein vorausgenannt ist, nachfolgende fünf
Abtheilungen: 1) die Grafen, Domherren und andere Vornehme.
2) dis fint dye rittere. 3) diʒ fint dye edelknechte. 4) eine über-
schriftslose Abtheilung, so lautend: Von Fryburge in Brifgau, der
man nit nemen kunt, der wôren fehs. item ʒwelff von Schaffhufen
der ftat, die man nit nemen kunt. item ʒwen von Brifach der ftat.
item ainer von Nuwenburge der ftat. item ʒwene von Bumolden
der ftat. item fünfe der von Wirthinberg harfch, die man nit nemen
kunt. item ʒwilff rittir herren von der Erfche (lies Etsch). item wol
XXXX des von Ohfenftein harfch, die man nit nemen kund. item
wol XV des von Hafenburg harfch. item wol XV des von Nuwen-
burg harfch vnd von Munpelgart harfch. item graue Hanfen von
Hapfpurg, herren ʒu Löffinburg harfch, warent fünf, die man nit
kante. item Henfli von Bofwilre. item tʒwen von Butikain der ftat.
item tʒwcn von Rinach. item Wilhelm von Ratbach. item Diterich
von Ratʒinhufen. item Hans Bernhart von Hufen. item Wernli Hoptli
von Bummeldin. item Diterich von Beren von Bummeldin.

5) Item dartʒu hant fe ingefurt gein Lucʒern, w e i r v n d v n f e r
e y d g e n o f ʒ e n, dye von Lut(ʒ)ern, dye von Swicʒ vnd dye von
Vndern-Walden: daʒ panere Tierol, daʒ paner von Ohfenftain, daʒ
paner von Hahberg, daʒ paner von Salmen, daʒ paner von Schaf-
hufen, daʒ paner Mellingen vnd andrewr fenli vil, der fi nit bekanten.

Hiemit endet dies Verzeichniss, dessen diplomatisch getreue Abschrift dem
Hrn. Prof. G. L. Kriegk, Stadtarchivar zu Frankfurt, hiemit aufs angelegentlichste
verdankt wird. Es ist ein vom schweizerischen Bunde dem rheinischen Städtebund
überschicktes (dessen Begleitschreiben leider abgeht) und somit ein offizielles Verzeich-
niss, wie die gegen das Ende stehenden Worte erweisen: weir vnd vnfer eydgenofʒen
dye von Lutʒern u. s. w. Nunmehr ist die von Böhmer in dessen *Codex diplom.
Moenofrancofurtanus I, pag. 764* gegebne Versicherung, dass dasselbe ein ganz ge-
naues Namensverzeichniss aller bei Sempach Gefallenen enthalte, zwar widerlegt, da
es nur die auf herzoglicher Seite damals Umgekommenen nach Harst und Zahl an-

führt; gleichwohl stimmt dasselbe mit den hier weiter nachfolgenden Verlustlisten indirekt überein. Denn in seiner vierten Abtheilung rechnet es sechs Namenlose aus dem breisgauischen Freiburg an und zwei aus der Stadt Breisach, an deren Stelle die späteren Verzeichnisse abwechselnd einen Burkhart Gessler von breisgau. Freiburg und einen gleichnamigen aus Breisach und der badischen Ortenau angesetzt haben. Hierüber folgt nun der Nachweis.

Heinrich von Beinheim, Sohn des elsass. Ritters von Fleckenstein, Doctor und Lizentiat der geistl. Rechte an der Universität Basel, Offizial des bischöfl. Gerichtshofes daselbst und Rath K. Friedrichs IV., starb zu Basel 1460, laut der Grabschrift, *vide Tonjola: Basilea sepulta retecta.* Er verfasste eine Lateinchronik, in welcher sein Uebersetzer und Fortsetzer (meist unter Benutzung von Etterlins Schweizerchronik) zum Jahre 1474 die Gerichtsverhandlung der eidgenöss. Abgesandten über den zu Breisach gefangen gehaltnen burgundischen Landvogt Peter Hagenbach hervorhebt, welche daselbst am 9. Mai gl. J. mit Hagenbachs Enthauptung schloss. Diese Lateinchronik liess der Basler Bürgermeister Adelberg Meyer i. J. 1522 durch Hieronymus Brilinger abermals übersetzen und erweitern [vgl. hierüber P. Ochs, Gesch. der Stadt und Landsch. Basel I., Vorw. XIII. Dazu die Berichtigungen in Mone's Quellensammlung zur Bad. Landesgesch. III, 244 b]. Ein handschriftl. Exemplar dieser Verdeutschung liegt auf der Basler Oeffentl. Bibliothek und ist bezeichnet: griechisch λ II, 33 a. Hier wird unter den bei Sempach auf herzogl. Seite Gefallenen mitgenannt: Burkard Gesseler von Brysach.

Melchior Russ der Jüngere, von Luzern, begann daselbst am 1. Weinmonats 1482 seine Schweizerchronik und theilt darin die Sempacher Verlustliste aus dem luzerner offiziellen Verzeichnisse mit, wie folgt: »disz nachgendig ist geschriben usz dem Rodell, so man jerlichen list uff Sant Cirillen tag im höwmonat, So an der schlacht vmb koment sint.« Er beginnt: »Dise warent usz Mortnow,« und nennt als den Zweiundzwanzigsten dieser Abtheilung Her Burckart gesler. Die Ortenau, in Urkunden mundartlich auch Mortenau genannt, begreift jenen Theil des badischen Mittellandes, welcher südlich unterhalb des Flüsschens Bleich beginnt, aufwärts nach Offenburg und in's Kinzigthal hineinreicht, westwärts im Rheinthale über Appenweier und Renchen bis Bühl hinabgeht.

Im Jahrzeitbuch der Augustiner-Eremiten zu St. Leonhard in Basel, wovon ein Auszug in *Christ. Urstisii Rhapsodiae,* betitelt *Analecta,* enthalten ist (MS. auf der Stadt-Bblth. in Bern), steht zu lesen: »*anno 1386, 7. Jdus Junii presentis folii inscripti hujus diei quasi in meridie, prope Sempach interfecti sunt: Illustris: princeps Lut(p)oldus, dux Austrie, . . ,*. Thom. Bernstoz, Eglof von Stülingen, Henman Roth, Burkard Gessler.

Die Schlachtbeschreibung im Jahrzeitbuche von Sempach ist in lateinischer und deutscher Sprache 1577 verfasst von dem damaligen Ortspfarrer Heinr. Ulrich und steht gedruckt in Joseph Businger: Erklärung der Gemälde auf der Kapellbrücke zu Luzern II, 17; die dortige Verlustliste nennt Aus dem Aergöw keinen Geszler, jedoch aus Breisgöw Bernard Geszler. Ein Wappenbuch der aargau. Kt.-Bblth., bezeichnet MS. Bibl. Zurlauben 46, 8⁰, ist betitelt: Vorstellung der Sempacher Schlacht, wie solche in der Schlacht-Capelle zu sehen ist. Es enthält auf einem besondern Bildblatte das Geszlerwappen gemalt: Ein von rechts nach links geneigter Schild, mit drei wagrechten Wappenfeldern, das mittlere Feld silbern, das obere und untere blau, jenes mit 2, dieses mit einem silbernen Stern, drüber der Helm mit Helmdecke und der Helmzier der Pfauenbüste. Die Unterschrift heisst: Her Burkard Gåſʒler von Breyſach aus dem Brisgåu.

Die sg. Klingenberger Chronik, Ausg. v. A. Henne 1861, verzeichnet S. 125 unter den Herzoglichen, die bei Sempach fielen: vss dem brissgöw Burkhart gessler. Dieses Werk beruht in seinem schweizerischen Inhalte auf Chronik-Compilationen, die ihren Ursprung in der Stadt Zürich haben, und in seinem auf die Reichsgeschichte bezüglichen Theile fast durchaus auf Königshofens Strassburger Chronik (vgl. hierüber die Deutschen Städtechroniken, Bd. 8, S. 187). Trotz dieser zweifach zweckwidrigen Abhängigkeit der Chronik schreibt Aegid Tschudi († 1572) ihr gleichwohl nach und wiederholt in seinem *Chronicon I, 528 b* die so eben citirte Stelle. Beiden nach schreibt sodann Christoph Silbereisen, von aargauisch Baden, Abt zu Wettingen, in seiner 1594 beendigten Bilderchronik tom. I, Bogen 9, welche Hſ. auf der Kt.-Bblth. zu Aarau liegt. Heinrich Bullinger von Bremgarten, † 1575 in Zürich, sagt in seinem Sempacher Schlachtberichte, abgedruckt in Senckenbergs *Selecta Juris et Historiar.,* tom. IV, S. 139: Herr Burckhard Geſʒner von Briſack. Die für vorliegenden Zweck überhaupt nennenswerthen und ihrem Zeitalter nach einigermassen zurechnungsfähigen Chronisten aus der Schweiz sind hiemit erledigt.

Gerardus de Roo, Bibliothekar des Erzherzogs Ferdinand, ist Verfasser der zwei Jahre nach seinem Tode 1592 durch seinen Amtscollegen Conr. Dietz von Weidenberg herausgegebnen *Annales rerum ab Austriacis Habsburgicae gentis Principibus gestarum.* Roo sagt über die in seinem Buche mitgetheilte Sempacher Verlustliste: *Occiſorum praecipui nominis catalogum, ex variis manuſcriptis collectum, ex amicorum auctoritate inſerere volui* — und nennt dann auf pag. 133, unter der Abtheilung der *Nobiles: Burcardus Gåſslerus.* Da in diesem typographisch prächtig ausgestatteten und sehr correct gehaltenen Druck ein über den langen Vocalen deutscher Eigennamen gesetzter Circumflex durchaus das Umlautzeichen vertritt, so ist unter diesem *Gåſslerus* mit Gewissheit ein Geſʒler gemeint. Vorgenannter Conr. Dietz übersetzt 1592 Roo's Annalen in's Deutsche; die davon uns vorliegende Ausgabe: ›*Annales* oder Hiſtor. Chronik der durchleuchtigſt. Ertʒhertʒogen etc., Mit Bildnuſſen und Wappen, Augſpurg 1621‹ — bringt auf S. 145 das Wappen jenes Burkh. Gåſsler; dasselbe trägt aber als Helmzier eine Adlerbüste, während das gleichzeitige Wappen der aargauer Geſʒler von Meienberg-Brunegg eine Pfauenbüste zur Helmzier hat.

J. A. Primisser: ›Verzeichniss aller Adeligen, Ritter, Schildbürtigen, Edelknechte und Städter, so bei Sempach von den Schweizern erschlagen worden‹, Hſ. im Innsbrucker Ferdinandeum, nun abgedruckt im Schweiz. Archiv f. Gesch., Bd. 17, S. 126 — nennt überhaupt keinen Geſʒler. Eben so wenig steht ein solcher im Jahrzeitbuch des aargau. Stiftes Königsfelden, worin das Namensverzeichniss jener 28 Ritter gegeben ist, deren Leichen mit derjenigen ihres Herzogs von der Sempacher Walstatt aus in die Königsfeldner Klostergruft übergeführt worden sind. Auf eben dieses Verzeichniss stützt sich Cunrat Rollenbutʒ von Zürich in seiner, am 25. Febr. 1572 beendigten Chronik; er theilt hierin jene 28 Ritternamen mit und schliesst pag. 83: ›Souer vnd ſouil hab ich verʒeichnot funden jn dem Jarʒith Bůch ʒů künigsfälden. Über diffi fynnd ich Nach verʒeichnot: her Burckhartt Gäffler von Fryburg.‹ Hſ. auf der aargau. Kt.-Bblth.: MS. Nov. 31, folio.

J. J. von Fugger, Spiegel der Ehren des Erzhauses Oestreich, durch Sigmund von Birken (Nürnb. 1668) tom. I, Lib. 3, c. XI, pag. 370—71, verzeichnet unter den Sempacher Gefallnen eben diesen Burkard Gaessler.

Somit erhellt, dass diese sämmtlichen, eben beschriebenen Sempacher Verlustlisten, die unter den sonst vorhandenen überhaupt die ältesten sind oder auf zuverlässigsten Quellen beruhen, übereinstimmend nirgend einen aargauer Gefzler von Meienberg, sondern einen aus dem Breisgauer Geschlechte dieses Namens erwähnen.

1386, 3. Nov., Feldkirch.

Herzog Leopold leiht am Samstag nach Allerheiligen die Burg Castelen auf Bitte Ulrich Rufts diesem und dessen Oheim Peterman von Luternau, welchen jener »ze Gemeiner darüber« genommen. Das Diplom unterzeichnet: geʒʒler.

Staatsarchiv Luzern. — Segesser, Luzern. R.-G. I, 654. — Archiv f. Schweiz. Gesch. 17, S. 155.

Die Burg Castelen liegt als Ruine, zubenannt der Stein, in der luzern. Gem. Alberswil. Sie war von Anna von Kyburg an König Rudolf verkauft und von ihm mit der Stadt Sursee zu einem Amte vereinigt worden. Als österreich. Lehen war sie an Ritter Gotfried Mülner, Vogt zu Zürich, gekommen und von diesem 1367 an die Brüder Rudolf und Wilhelm von Luternau und zugleich an Johann und Ulrich die Rusten von Wolhusen kaufweise um 2000 Gulden übergegangen. Peterman von Luternau empfing über sie am 18. Mai 1412 den letzten Belehnungsbrief, welchen Herzog Friedrich IV. über diese österreichische Grundherrlichkeit hier zu Lande auszustellen hatte, denn mit der Eroberung der Landschaft 1415 durch Luzern, gieng die Grafschaft Willisau und die in ihr gelegne Herrschaft Castelen, letztere am 8. Mai 1416 unter Peterman von Luternau, für immer an jene Stadt verloren. Dasselbe Schicksal theilte um dieselbe Zeit das gleichnamige Schloss Castelen im aargau. Bez. Brugg, das sich den Bernern unterwarf; und bei der nachmaligen Eroberung des Thurgaus 1460 fiel auch das dritte, bei thurgauisch Tägerweilen gelegne Schloss Castelen an die Eidgenossen.

1386, St. Otmarsabend, 15. November, Baden.

Namens des Herzogs Leopold von Oesterreich übersendet Heinrich Geßler, Landvogt im Aargau etc., durch seinen Diener Albrecht Businger an Bürgermeister und Rath der Stadt Basel einen auf 1700 Gulden lautenden Quittbrief.

Staatsarchiv Basel. Mittheilung durch Hrn. Th. von Liebenau.

Ca. 1386.

»Her Heinrich Geßler, Ritter, österreichischer Rath und Amptmann im Ergöw, Pannerherr ʒu Stetten, Meyenberg und Richensee«, klagt gegen die Bürger von Zürich, dass sie ihm Steuern und andere Rechte vorenthalten.

Cysat, Collectanea D. 266, MS. auf der luzern. Stadtbibliothek. — Balthasar, Luzern. Merkwürdigkeiten 3, 53. Die vorstehenden Titel Gesslers sind offenbar Zuthaten Cysats; zur Sache vgl. 1388, vor 2. Febr.

Ca. 1386.

katharin, gëßlers huffrow, — Jenne gäffler, machen an die Pfarrkirche der Stadt Willisau eine Stiftung.

Bl. 2a. und 6b. des Willisauer Jahrzeitbuches, aus Vorlagen von spätestens anno 1386 durch den dortigen Stadtschreiber Heinrich Reber von Kriens zusammengetragen und 1477 beendigt.

Fünfort. Geschichtsfreund, Bd. XXIX, S. 171 und 178.

1387, 19. Jan., Nidau.

Vier Johanniterbrüder des Hauses zu Buchsee, dazu der Prior der Johanniter zu Thunstetten (beides im Bernerlande) und drei Weltpriester erklären, dass sie während der Fehde, welche zwischen den Städten Bern und Freiburg im Uechtlande obgewaltet und an der die von Freiburg beherrschte Stadt Nidau sich mitbetheiligt gehabt, zu Twann (am Bielersee) durch Nidau'sche Bluthärscher (Kriegssöldner eines Blut- oder Freiharstes) gefangen, eingekerkert, darauf durch Vermittlung des nothfesten, frommen und bescheidnen Herrn Heinrich Geßler, Landvogtes zu Aargau, erledigt worden sind, und schwören den Freiburgern, Nidauern und deren Bluthärschern Urfehde im Namen der Johanniterhäuser Buchsee und Thunstetten.

Staatsarchiv Freiburg i./Ü., Urk. no. 289. Soloth. Wochenbl. 1827, 224. *Recueil diplomatique Fribourg* no. 5, 1853. Wegen Datierung der Urk., ob vom 19. oder vom 20. Jan., vgl. Histor. Ztg. 1854, pg. 65.

Der Harsch, plur. Härsche: der Kriegshaufe; Herscher, dessen Mitglieder. »Da warent by 80 herscher an der letzi am Spicher, ze stund brach der harsch vff.« Melchior Rufz, Chronik, bei Gelegenheit des Appenzellerkriegs und der Schlacht am Speicher v. J. 1403. Schweiz. Gesch.-Forscher X, 215. Königshofen in der Strassburger Chronik (Ausg. v. C. Hegel, Chroniken der deutschen Städte, II, 690 und 845) nennt zum J. 1388 und 1392 die fremdlaufenden Schaaren räuberischer Kriegsknechte Blutharst und Blutzapfen. Ihrer 60 zusammen liess, ein Jahr nach Ausstellung obiger Urk., Herzog Ruprecht von Baiern bei Worms in einem Ziegelofen verbrennen.

1387, 20. Januar, Sonntag nach Hilarien, Baden.

Ich Heinrich Geßler, der durchleuchtigen hochgebornen Fürsten, meiner Gnedigen Herfchaft von öfterreich, Landtvogt ze Ergeuw, ze Turgeuw und auf dem schwartz Wald; bekenn und thuon kundt offenlich mit difem brieff, das mir der befcheiden Heinrich von Hünaberg mit seinem offenen brieff vor und by dem

veſten hern peteren von hünenberg, Ritter, vffsandt den Kilchen-
Satʒ ʒe Art, der von der obgenenten meiner Herſchaft von öſter-
reich lehen iſt, und er ihn von ſeiner Redlichen not wegen ver-
kauft und ʒe kaufen geben hat dem veſten herren Hartman von
Hünenberg, Ritter, und bate mich gar ernſtlich an demſelben ſei-
nem Vffſant-Brieff, das ich den vorgenenten Kilchen-Satʒ ʒe Art
geruhete ʒe lichen dem Ehegenenten herren Hartmann von Hünen-
berg. Denſelben ſeiñ Brieff und ërnſtlichen Beett hab ich verhört
und han von des Gewaltß wegen, So ich von der obgenenten
meiner Herſchaft in Sömlichen und mehren Sachen hab, den ehe
genenten Kilchen-Satʒ mit aller zuo gehörd von Ihm vffgenommen
und widerumb gelichen dem ehegenenten herrn hartman von
Hünenberg: was ich ihm durch recht daran ʒuo lichen hab, ſoll
und mag, ihne ʒe haben, ʒe nutʒen und ʒe nieſſen nach lehens
und nach landes recht, doch vnuergriffen der obgenanten meiner
Herſchafft, ihren Erben und nachkommen an ihren rëchten, die
ſie davon haben ſollen. Mit Vrkund dis brieffß, beſiglet offenlich
mit meinem anhangenden Inſigel, der geben iſt ze Baden, an dem
nechſten Sonnentag nach Sant Hilarien Tag, da man zalt von
Chriſtus geburt drü ʒechen hundert und achʒig iar, dornach in dem
Sibenten iar.

›Sammlung Etwelcher des freyen Landts ʒu Schwyʒ Kaiſerlicher Freyheiten
und Herkommen, ſambt Abſchrifften einiger Freyheitsbrieffen der pharkirchen und
des Kirchgangſʒ ʒu Arth.‹ Nach dem Original copiert 27. Sept. 1679 durch
M. Fach, obrigkeitlichen Unterſchreiber zu Schwyz; vidimirt und copiert durch
J. Trutmann, geſchwornen Notar zu Küſſnach, Kt. Schwyz, 2. März 1775. — Ent-
halten in Zurlaubens Helvet. Stemmatographie, Band 41, S. 23. Chronologiſch
irrige Angaben über dieſe Urkunde machen: Stadlin, Geſch. des Kt. Zug 1, 53.
Die Schweiz in ihren Ritterburgen 1, 394 und 448. Zay, Beſchreib. von Goldau,
pag. 61.

Die undeutlich lautende Urkunde iſt ein Ergebniss folgenden vorausgegange-
nen Vertrages. Die Edeln von Hünenberg, deren Stammburg bei dem gleich-
namigen Dorfe im Zugerlande liegt, besassen unter anderen herzoglichen Lehen
den Hof und Kirchensatz zu Art im Schwyzerlande. Der unmündige Junker Hein-
rich von Hünenberg hat am Thomastage 1386 unter seines’ Vogtes Hand und Sie-
gel, des Peter von Hünenberg, dem Vetter Hartman von Hbg., Ritter, die eine
Hälfte des Kirchensatzes von Art, nemlich die zwei Grundstücke Valbenacker und
Ins Bronnacker, österreichische Lehen, um 400 Gulden und unter der Bedingung
verkauft, dass dieselben nach Hartmanns Tode wieder ihm heimfallen. Am St.
Katharina-Abend 1390, zu Zürich, versetzt alsdann der noch immer unmündige
Heinrich dem genannten Vetter Hartmann zu jener ersten Hälfte des Arter Kirchen-
satzes auch noch die andere um 250 Gulden. Inzwischen hat der Landvogt Gefʒler
das von dem Verkäufer Heinrich dem Herzog aufgesendete Lehen dem Käufer

Hartmann von Hünenberg erneut.   Diese Urkunden stehen in Zurlaubens Stemmato-
graphie, Bd. 41, pag. 42 und 23.

1387, 24. Febr., Invocavit, Innsbruck.

Wir Albrecht, Herzog von Oesterreich etc., entbieten unferm
getrüwen, lieben H a n s   d e m   G e ß l e r, oder wer dann ye unfer
Lantvogt im Ergow, Thurgow und uf dem Swarzwaldt wirdt,
und unfern getrüwen lieben, dem Schulthaißen, dem Rat und den
Burgern ʒe Winterthur, unfere Gnad etc. Inhalt: die Sohnskinder
des weiland Rudolf unter dem Schopf, Schultheißen der Stadt
Winterthur, follen im Befitze der dortigen Badftube, als eines
ihnen beurkundeten herzoglichen Lehens, belaffen und gefchirmt
werden.

Winterthurer Stadtarchiv.   Joh. Conr. Troll, Gesch. der Stadt Winterthur,
Bd. 3, 87; hier mit dem irrigen Jahre 1437 bezeichnet und mit dem falschen Vor-
namen Hans, ftatt Heinrich Gefzler; man vgl. Regest 1387, 30. Aug.

1387, 21. März.

H e i n r i c h   G e s s l e r, Ritter, welcher zu Bünishofen*) am
Zürchersee Reben sammt Haus und Ausgeländē vom Kloster
Kappel um 450 Gulden erkauft und daran 200 Gulden bereits er-
legt hat, vergabet an Kappel dieses Rebgut zu Stiftung einer
seinem Vater Ulrich Geßler und seiner Mutter Anna von Mülinen
gewidmeten Jahrzeit. Dat: An dem Donrstag nach mitter Vasten.

G. Meyer von Knonau, Regesten der Abtei Kappel, no. 263, Bd. 1 der
Regesten der Schweiz. Archive.

1387, 30. Aug., Tann.

Heffmann Stamler von Kaysersberg und Hans Bolzheim von
Schlettftatt bekennen zufrieden zu bleiben mit dem Ausspruch
über ihre Dienstforderungen, welchen gethan haben: Peter von
Thorberg, H e i n r i c h   G e s s l e r, Landvogt im Thurgau und
Ergau; Wernli von Rutoltʒdorf, Landvogt im Elsass und Sund-
gau; Hanamann von Grevemberg, Claus vom Hufe, Heinzmann
von Hagenbach und Hanamann Breller, Vogt zu Tann.

Königl. baier. Archiv.
Lichnowsky IV, Urkk. no. 2075, S. 786.

---

*) Weiler mit Burgstal in der Zürcher Gemeinde Meilen.

1387, 24. Herbstm., Grüningen.

Heinrich Geſſler, Landvogt, schreibt aus dem Schlosse
Grüningen an die Stadt Zürich: Seine armen Leute würden häufig
überfallen, weshalb er um Abhilfe bitte »nach des fridbriefs ſag.«
Zugleich schliesst er dem Schreiben einen Zettel bei, worin seines
Herrn Lande und Städte »von etlichen infällen und gebreſten«
sich über Zürich und deren Miteidgenossen sehr beklagen, und
fügt hinzu, man möge diese Beschwerde auch an Letztere gelangen
lassen und darum Antwort geben.

Züricher Rathsbuch IV, 179 a. b. — Sammlung Eidg. Abschiede I, 18;
zweite Ausg. S. 74. — Das Prädikat arme lüte war amtliche Benennung der grund-
und schutzhörigen Unterthanen eines Herrschaftsbezirkes, arm und unedel war
gleichbedeutend. <i>Nobilis ille dicebatur, qui ex amplissima familia natus ille
denique, qui liber et dives erat. Nobiles hic pauperibus opponit S. Pater.</i> Cal-
met, <i>Comment. in regulam S. Benedicti</i>, II, pag. 247. Freiburger Diöcesan-
Archiv 3, 362.

1388, vor 2. Febr.

Dis ist her Heinrich des geslers Clag..

Item des ersten, dʒ si mir von Zürich die stüren vnd nücʒ
vorhalten. Item so ist mir von der stür Zug ovch wol ʒwey jar
nücʒ worden, die hant si mir ovch vor.

Item so ist mich fürkomen, dʒ si den armen Lüten ʒe Meyen-
berg, die da gern buwen welten, dʒ weren, dʒ doch gar ein
vnʒitlich ding ist, als ir dʒ selb verstand.

Item so hat dʒ gocʒhus ʒe sant Bläsyen ʒe entlibůch
vnd anderswa*) ʒiger vnd pfennig gelt, vnd so dʒ gotʒhus da hin
gesent hat vmb ir ʒins, so wellent si jnen nüt geben, (weder)
lütʒel noch vil.

Item so hant die von Luternow vmb entlibuoch vnd in
dem Land ʒins vnd gült, es si kes, schmalʒ oder ander sach, da
kan inen nücʒ werden.**)

Item vmb den vischer von Rotenburg, der ist gezogen
hinder minen herren gen Lenzburg, da doch der von Rotenburg

*) und **) Schon seit 1157 besass St. Blasien den Kirchensatz von Entli-
buch, und 1179 den halben Zehnten daselbst. Kausler, Würtemberg.- Urkunden-
buch II, 111, 114, 172, 195, 266. Ueber die Erwerbung von Gütern daselbst durch
die Edeln von Luternau handelt Th. von Liebenau: Geschichte der Freiherren
v. Attinghausen, 207—211. Wegen der Zehnten hatte sich Peter von Luternau
mit dem Orte Escholzmatt 1383 abgefunden. Segesser R.-G. I, 595, 597. Die

frigheit wist vnd seit, die wil si in mines herren hand warent, dʒ
iederman ʒühen möcht, war vnd wo hin er wolt.

Item so clagent **herrn göcʒen müllers***) seligen kind vnd
erben, dʒ man inen in disem frid wol vier hvndert eichiner hœlcʒern
ab gehuwen. darʒuo hant inen die von **Zug** ʒwey jar vorgehebt
iecklichs Jars ʒiiij mark silbers vnd ʒʒ gulden vnd wellent jnen
ovch dar vmb nücʒ geben noch wideruaren lassen.

Item es ist ein knecht burger ʒe Baden, heist Wernli schle-
gel, der ist gesin ʒe **Lucʒern** by drîn tagen vnd der welt fisch
da koffen, vnd e dʒ er si kovft, do gieng er ʒuo dem schultheis
vnd dem Rat, ob si jm die danne laʒʒen woelten. do sprachen si
ja, der fridbrief wist es doch. vnd vf ir Red do kovft er sy, vnd
nach dem mal do er si kovft, so hant si jm die visch verheft (mit
Beschlag behaftet) vnd hant jm die vor.

Staatsarchiv Luzern, Akten: Sempacherkrieg. — Th. v. Liebenau, Samml.
von Aktenstücken zur Gesch. des Sempacherkrieges, im Archiv für Schweiz. Gesch.,
Band 17, S. 200.

1388, 25. Febr., Baden.

Heinrich Geffler quittirt dem Herzog Albrecht 1200 Gulden,
die dieser ihm von der Landvogtei im Ergau und Turgau schuldig war.

Steuer, welche Oesterreich im Entlibuch und zu Wolhusen, genannt die Innern
und Aeusseren Burgen, zu erheben hatte, betrug 300 Pfd. Stebler; sie sollte, laut
dem zwischen der Herrschaft und Luzern am 1. April 1389 geschlossnen sieben-
jährigen Frieden, ausdrücklich an Oesterreich fortbezahlt werden. Davon kamen,
laut Regest vom 14. Mai 1319, dem Heinrich Gefʒler 2 Mark zu, welche
ihm zu seinem weitern Guthaben von 40 Mark auf die Aeussere Steuer zu Wolhusen
verschrieben waren. Aber beide Aemter zahlten vom Sempacherkrieg an bis zum
Frieden von 1394 die alte Steuer an Oesterreich gar nicht mehr, wie dies in der
Entlibucher Offnung von 1393 durch mehrfache Zeugenaussagen bestätigt wird:
»So ist der Iren vil gen Sempach gezogen, die Inen nüt gebent. Dar vber nam
der [Landvogt] von Torberg von Gewaltʒ wegen allewegen die alte ſtüre, der ſi
aber nüt geben ſoltent noch mochtent.« Segesser R.-G. I, 587.

*) Unter Götzen Müllers Erben, denen man 400 Eichbäume frevelnd
umgehauen und in Zug zweimal die Jahresſteuer von 14 M. Silbers und 20 Gul-
den vorenthalten hat, sind gemeint die Enkelkinder des Ritters Gotfried Mülner
von Zürich, Herzog Leopolds Kammermeister; vgl. Regest vom 5. April 1381.
Dessen Sohn Götz Mülner ist 1383 Pfandinhaber des O. Freiamtes; Urk. im Zürch.
Staatsarchiv, abgedruckt in der Zeitschr. für Schweiz. Recht, Bd. 18, S. 55. Das
Habsburger Urbar, dessen über das Amt Zug handelnder Abschnitt in Original auf
dem Zuger Stadtarchiv verwahrt wird, berechnet die seit 1309 in diesem Amte er-
hobene Jahresſteuer auf 18 Mark (A. Renaud, Zuger Rechtsgesch. 1847, S. 11). Mithin
konnten die dem Heinrich Gefʒler daselbst fälligen Steuern, addirt zu jenen den
Mülnern fälligen 14 Mark, nicht mehr als 4 Mark jährlich betragen haben.

Baier. Reichsarchiv.

Lichnowsky, Habsb. IV, Urkunden no. 2123, S. 772.

1389, 9. Aug., Baden.

Graf Johannes von Habsburg, der jüngere, österreichischer Landvogt im Thurgau, Aargau und auf dem Schwarzwalde, und die Räthe der Herrschaft thun in der Streitigkeit zwischen dem Kloster Kappel und Herrn Wilhelm im Thurm, Vogt auf dem Bözberge, den Spruch, dass die von Letzterem verweigerten, dem Kloster aber urkundlich gebührenden vier Mühlsteine diesem verabfolgt werden sollen. Namen der herrschaftlichen Räthe: Graf Berthold v. Kyburg; Hr. Peter v. Torberg; Ulrich v. Brandis; Hans Truchseß v. Dießenhofen, genannt Brak; Heinrich Gessler, Ritter; Herm. v. Bubendorf; Conrad von Saal, Schultheiss zu Winterthur. Dat: ʒe Baden an fant Laurencien Abend. •

G. Meyer von Knonau, Regesten der Abtei Kappel, no 268.

1390, Freitag vor St. Georg, 22. April.

»Welti Geßler in Waldshut.«

Notiz aus dem v. Mülinenschen Hf. Repertorium des Königsfeldner Archivs, mitgetheilt von Hrn. Th. von Liebenau.

1390, Sonntag nach Auffart, 15. Mai.

Ich Rüdeger Meyer von Stetten tůn kunt menglichen mit difem brief, dʒ ich in namen vnd an ftat des fromen vesten riters her heinrichs gesslers, mines gnedigen hern, ʒe Stetten in dem dorf mit verbannem gericht an fryer ftraß offenlich ʒe gerichte faß u. s. w. — Inhalt: Junker Hans und Jungfrau Verena von Rinach, Geschwister, vertreten durch ihren Vogt, den Junker Mathis von Büttikon, versetzen um 120 schuldige Gulden dem Joh. Schmid, Burger zu Baden: 8 Mütt Kernen, 3 Mütt Roggen, 4 Mütt und 1 Malter Haber, 60 Eier, 2 Fasnachthühner und 4 Herbsthühner auf ihre mehrfachen Güter und Lehensmänner zu Stetten. Anwesende: Joh. Hoffart, Untervogt zu Baden; Hans Meyer v. Stetten, Heini Busnanger v. Bellikon und aber Heini Busnanger v. Busnang, Rudi Krieg und Peter Rot v. Bellikon, Jekli Bugg von Hausen, Cuni Dietrich von Vislisbach vnd ander erber lüten vil.

Datum: In dem nechften Sunnetag nach der hl. vffart do man ʒalt v. Chr. geb. drüʒechen hundert jar darnach in dem nüntʒigoften jar.

Rüdiger Meyer siegelt mit Heinr. Geßlers, Mathis v. Büttikon mit seinem eignen Insigel; diese fehlen.

Stadtarchiv Bremgarten.

Mitgetheilt 1871 durch Hrn. Pl. Weissenbach von Bremgarten, Fürsprech und Präsident des Aargau. Gr. Rathes. Argovia Bd. 8, S. 134. — Ueber Heinr. Geßlers Twingherrschaft Stetten siehe Regest von 1380, Baden.

Der urk. Ausdruck: mit verbannem gericht, hat seinen Grund in dem Verfahren, wornach vor Eröffnung des Gerichtes der Gerichtsfriede verkündet und gegen den Ruhestörer die Bannformel ausgesprochen wurde. Grimm, Weisth. II, 738.

1391, 12. April (Mittwoch nach Misericordia), Baden.

Graf Berchtold von Kyburg hat durch Herzog Albrechts Landvogt Schloss und Stadt Wangen und die Leute daselbst zur Behütung empfangen, er gelobt das ihm anvertraute Gut sammt der betreffenden Bestallungsurkunde auf Verlangen rechtzeitig wieder einzuantworten, und setzt dafür seine beiden Brüder zu Bürgen, die Grafen Eberhard und Hans, jener ein Custos, dieser ein Erzpriester zu Basel. Siegler: die drei Kyburge, Graf Hans von Habsburg jun., Graf Otto v. Thierstein, Peter v. Thorberg, Hanmann v. Grünenberg, H e i n r i c h G e ß l e r und Burkard Münch von Landskron.

Solothurn. Wochenbl. 1829, 233.

1391, 4. Mai, feria Vᵃ· post invent. S. Crucis.

H e i n r i c u s G e ſ z l e r (Ritter) varias poſſeſſiones emit â Burchardo et Walthero de Hohenfels.

Stanislaus Wülberz, Geneal. Analecten; als Apograph Trutp. Neugarts in Zurlaubens Stemmatogr., Bd. 69, Bl. 14 b.

Die beiden oben urkundenden Hohenfelse, genannt Rumili, Gebrüder und Ritter, sind sesshaft auf dem Bergschlosse Alt-Hohenfels, am Ueberlinger See im Sigmaringer O.-A. Wald, und werden 1394 mit Albrecht von Homburg Bürgen für Heinr. Geßlers Schwager, den Ritter Heinr. von Ellerbach gegen Johann von Zimmern. Ottmar Schönhuth, Burgen des Höhgaus, Heft IV, 70.

1392, 5. September, Donnerst. vor U. L. Frauentag zu Herbst.

H e i n r i c h G ä ß l e r, Ritter, versetzt seinem Diener Gëbhart Hirsberger für 200 Goldgulden, die derselbe ihm baar geliehen, den Hof Humbrechtikon in dem Amt zu Grüningen, und besiegelt die Urkunde.

Staatsarchiv Zürich, Abthl. Grüninger Amt, Bündel 2, no. 63.

Den Dinghof H o m b r e c h t i k o n, nun ein Pfrd. im Bez. Meilen, erkauft Zürich 1408.

1392, 14. Sept., Zürich.

Für Ludwig von Thierstein, Abt von Einsideln, und für zwei
seiner Conventsherren, welche zu den 3000 Gulden schon vorhan-
dener Schulden ihres Stiftes noch weitere 2200 Gulden für sich
schuldig geworden zu sein bekennen, verbürgen sich selbsieben:
Die drei Grafen Walraff und Bernh. v. Thierstein nebst Johann
v. Habsburg; die beiden Freiherren Walther zu der Alten Klingen
und Heinrich von Rüfegg; die beiden Ritter Hermann v. Rinach
und Heinrich Gesler. Sämmtliche Bürgen siegeln.

Herrgott, Gen. II, no. 887, pag. 766.

1392, 24. Dez. (Konstanz?)

Durch Ausschreiben des Freiherrn Hans von Bodmann dazu
erbeten, sind die Grafen und Herren von der Ritterschaft des Landes
zu Schwaben auf einen Tag zusammengetreten und haben gegen
die von dem böhmischen Adel erhobne Einsprache Zeugniss ab-
gelegt darüber, dass ihr Waffenbündniss zum St. Georgenschild von
ihren Ahnen her bis heute ausschliesslich berechtigt sei, dem gegen
die Heidenschaft ziehenden deutschen Reichsheere das St. Georgen-
banner voran zu tragen. Unter den 457 Grafen, Freiherrn, Rittern
und Edelknechten, die auf diesen Tag persönlich erschienen oder
dabei vertreten waren, haben die Nachfolgenden dem Habs-
burg- österreichischen Lehensadel der Vorlande und zugleich der
Geßlerischen Verwandtschaft angehört: Ritter Heinrich der
Geßler; Herr Walther von der Hohenklingen, Freih.; zwei Hein-
riche von Reußegg, Freih.; Hans Wuele von Küngftein; 13 des
Geschlechtes von Freiberg; 5 von Fridingen; zwei von Luternau;
Herr Heinrich, aber Heinrich, Wolf, Puppelin und Burkhard, sämmt-
liche fünfe von Ellerbach; Herr Hamman und Egli von Mülinen.

»Und deff zu urkundt verfiglet mit graf Hannfen von Habs-
burg; graf Albrechts von Werdenberg, herr zu Pludenz; graf Con-
radts von Nellenburg; graf Albrechts von Werdenberg zu dem
Hailigenberg; herrn Walthers von der Alten-Klingen und herrn
Hanfen von Hewen, baidt freiherren (Insiegeln), gefchehen uf den
hailigen weihennecht abendt im jar 1392.«

Zimmerische Chronik, ed. Barack I, 217—233. Zurlauben, Helvet. Stem-
matographie, MS. VIII, pag. 241; XXII, pag. 60. Lünig, Reichsarchiv VII. 3,
32, 35. Joh. Phil. Dätt, *de pace publ. Imperii* (Ulm 1698) l. 2, c. 3, p. 252. —
Joh. Steph. Burgermeister, *Cod. D. Equestris I, 15.* Dumont, *Corps Dipl. II. 1,*
234. Roth v. Schreckenstein, Reichsritterschaft 1, 497.

1392.

Her Heinrich Geffler, Heinrich Murer als Gefflers
Vogt u. A. trösten (bürgen) für Heini Fogelneft von Uerikon (Ge-
meinde Stäfa, Kt. Zürich) in dessen Injurienstreite mit Heini in der
Hub von Pfeffikon.

Züricher Rathsprotokoll v. J. 1392, fol. 47 b, im Züricher Staatsarchiv.

**1393, 8. Mai oder 18. September (Donnerst. nach hl. Kreuz),
Konstanz.**

Burkart und Walther von Hohenfels, Gevettern, verkaufen an
den Ritter Heinrich Gäßler für 7600 Gulden, auf Wiederlösung,
eines ewigen Kaufs: »die burg vnd vefti, die man nempt Gûten-
burg, die vf der Schlûcht gelegen, mit aller zûgehörde, mit lüten
vnd gûtern, mit zwingen vnd bânnen, gerichten vnd vngerichten,
mit vâllen, gelâzen, hüfern, hôfen vnd hofraitinen, mit wingarten,
akern, wifen, mit holz vnd veld, wun vnd waid, mit ftegen, wegen
vnd abwegen, mit waffer, wafferlaitinen, mülinen vnd mülftaln, mit
allen nüzen, zinfen, zehenden vnd aller ehafti. Ufw. Urkunder:
Ulrich Habchs, Stadtammann zu Konftanz.

Mone, Oberrhein. Zeitschr. III, 369.
Gutenburg, Schlossruine beim Pfrd. Weilheim im schwarzwälder Albgau,
links der Schlücht und vor deren Mündung in die Wutach, war 1302 in Besitz des
Ritters Dietrich von Krenkingen, der von seinem Stammsitz Altenkrenkingen im Alb-
gau auf die Burg Neukrenkingen im Kletgau übersiedelte. Von dem Freih. Johann
von Krenkingen hatten die beiden Väter der hier genannten Hohenfelse 1361 die
Gutenburg um 1500 M. S. erstanden; in diesen Kauf gehörten die Güter und Ge-
richtsbarkeiten zu Krenkingen, Tezeln, Breitenfeld, Wutöschingen, Schwerzen, Will-
mendingen, Horheim und etliche andere Orte. Zeitschr. f. die Gesch. des Ober-
rheins, Bd. 13, S. 250. Bd. 22, S. 141.

1393, 3. Okt., Baden.

Engelhart von Winsperg, Landvogt der Herrschaft Oesterreich,
thut einen gütlichen Spruch zwischen Abt Ludwig von Einsideln,
der Meisterin und etlichen Conventfrauen des Klosters zu Fahr
einerseits, und Herrn Walther von Ende, dem Probste, und ihrer
etlichen des Einsidler Conventes anderseits, in Bezug auf mehrfache
gegenseitige Besitzungen und Rechtsame. Bei diesem Spruche ur-
theilten mit als herrschaftliche Räthe: die Grafen Hans v. Habs-
burg, Rudolf v. Sulz, Friedrich v. Nellenburg; die Freiherren Ulr.
Türing v. Brandis und Rudolf v. Arberg; die Ritter Hans von und
zu Bodem, Heinrich Gesler, Henman von Gruenenberg, Haman
v. Rinach, (Joh.) Truchsess, genannt Brack (v. Dießenhofen), und

Heinrich v. Randeck; schliesslich die erbaren veften (Junker) Henman v. Bubendorf, Rud. v. Bonftetten und Hans Kriech der ältere. Dat. Freitag nach Michäli.

Herrgott, Gen., no. 891. — Morel, Regesten der Abtei Einsideln, no. 521.
Das aargau. Benediktinerinnenkloster F a h r , zubenannt nach der hier über die Limmat gehenden Fähre, liegt zwei Stunden von Zürich entfernt. Es ist von Freiherrn Lütold von Regensberg, dem hier ein Sohn im Flusse ertrank, 1130 gegründet und der Aufsicht des Benediktinerstiftes E i n s i d e l n unterstellt worden.

1393, 4. Dez. (Donnerstag vor Nikolaus), Winterthur.

Herzog Lüpold der Stolze spricht nach Anhören seiner Räthe: die von Andlau Heinrich, Eberhard und Jörg haben auf vermeintliche Ansprüche an die Herrschaft, oder auch auf angebliche Verheissungen des bei Sempach umgekommenen Herzogs Lüpold des Biderben, für welche sie doch keine Briefe aufzuweisen vermögen, Oesterreichs Leute angefallen und geschatzt, weshalb sie schuldig sind, alle gemachte Schatzung wieder zu erstatten und dem Herzog auf ein Jahr mit ihren Vesten und Leuten zu dienen.

Der Spruch ist geschehen von Hrn. Hartmann, Bischof zu Chur und den Grafen: Heinrich von Montfort zu Tettnang, Hans v. Habsburg, Rudolf von Sulz, Ott von Thierstein; Engelhart von Weinsberg, Landvogt; Peter v. Torberg, Wilhelm von Ende, Ulrich v. Brandis, Friedrich von Wallsee, unserm Hofmeister; Friedrich y. Görz, unserm Kanzler; Hans Gradner, Eglolf von Rorschach, Mantz von Hornstein, Wernher v. Hornberg, Ulrich von Ems, dem Aelteren; Hans Truchseß v. Dießenhofen, genannt Brack; H e i n rich G e f f e l e r , Burkhart Münch von Landskron, dem Aelteren; Konrad v. Sal, unserem Schultheiss zu Winterthur, und Hans Stöckli, Amtmann zu Feldkirch.

Primisser III, 198 in der Hf.-Samml. des Innsbrucker Ferdinandeums. — Th. v. Liebenau im Archiv f. Schweiz. Gesch. 17, S. 220.

1393.

Der Rath zu Luzern nimmt Kundschaft auf über die Steuerverhältnisse mehrerer, seit dem Sempacher Kriege durch Eroberung oder Pfandschaft ihm heimgefallenen Aemter. Darunter ist das Amt Rothenburg (von den österr. Herzogen 1396 um 4500 Gulden an Luzern erst verpfändet, dann 1412 ihm zu eigen überlassen) als ein Nachjagendes mitgenannt; rechtsgemäss verhalte dasselbe zur Leistung von Steuer und Kriegsdienst alle von hier in die Aemter

Meienberg und Richensee übergesiedelten Amtsleute und deren Ab-
kömmlinge, »so wir bi her hermans Gefflers ziten behebt hant.«

Luzern. Rathsbuch No. I, Bl. 304a, 305a. Segesser, Luzern. R.-G. I, 416.

1394, 10. April, Baden.

Engelhart von Winsperg, österreich. Landvogt, urkundet, dass
er und seiner Herrschaft Räthe, zur Vermittlung zwischen Abt
Ludwig von Einsideln und denen von Rapperswil wegen streitiger
Fischenzen, dem Rudolf Bonstetten hierum Kundschaft aufzunehmen
und vor ihn oder seinen Statthalter zu bringen befohlen habe,
worauf dann er für sich, oder seine Statthalter und seiner Herrschaft
Räthe verkünden und entscheiden würden. Die Räthe sind: Graf
Hans von Habsburg, der edle Frie von End, Ritter Hermann von
Grünenberg, Hans v. Bodmen der Aeltest, Herr Hans und aber
Hans die Trukfeffen von Dießenhofen, Gevettern; Heinrich
Gessler, Rud. Bonstetten, Herm. v. Bubendorf und Hans Kriech
der ältere. Dat.: Freitag vor dem Palmtag.

Morel, Regesten der Abtei Einsiedeln, no. 522.

1394, 12. April (Palmtag), Bremgarten.

»Engelhart, Herr zů winsperg, der herfchaft von öfterrich lant-
vogt vnd räte (erkennen): Heinrich ftapfer von Wollraw, welchem
Gôtz Mûller felig, vater der fro anna der Maneffin, vnd ire fchwefter
felig frow verena die Mûllerin, von ires vaters wegen« 200 Gulden
geschuldet hat, ist für diese Summe und 70 Gulden verfallner
Zinsen angewiesen auf 25 Stuck von der Letzteren Antheil am
Kelnhofe zu Lunkhofen, laut einem Pfandbriefe, der ausgestellt ist
von Hans von Schellenberg und Frau Verena selig der Müllerin,
seiner Hausfrau. Stapfer hat sich daher an diese Pfandschaft zu
halten und darf Frau Anna die Manessin und Heinrich v. Schellen-
berg nicht ferner belästigen. Die herrschaftlichen Räthe sind: »Graf
hans von habspurg, graf örs von tierftein; vnd die edeln hern hans
vnd aber hans die truchfezzen von dieffenhofen, geuettern, her
heinrich gessler; vnd die erbern veften rûdolf von bonftetten,
herman von bubendorf vnd hans kriech der elter.«

Urk. mit hangendem Siegel im Stadtarchiv zu Bremgarten. Die Bremgartner
Regesten von Plac. Weissenbach, in der Zeitschr. Argovia Bd. 8, S. 67.

1394, 29. April (Mittw. vor dem Maitag), Baden.

Der Nachlass eines Uebelthäters aus dem Amte Eigen wird
dem dortigen Landvogte Heinr. Geßler ab-, und dem Stifte
Königsfelden zugesprochen.

Ich Engelhart here ʒů Wînſperg, mîner genedigen herſchaft
von Öſterîch etc. Lantuogt, Tůn kvnt. als von der ſtöʒʒ wegen,
ſo geweſen ſint ʒwiſchent den Erwirdigen geiſtlichen fröwen, der
Eptiſchin vnd dem Côuent des gotʒhůſ ʒe küngſueld an einem teil,
Vnd dem érbern veſten Ritter hern heinrichen dem geſſler
in vogtes wîſe derſelben mîner herſchaft an dem andern teil, Die-
ſelben ſtöʒʒ aber dar růerent von Bürgis Wernlis von obernburg
wegen, als der den obgen: fröwen vnendlich ir gůt hin vnd abge-
tragen hat [ehrlos entfremdet hat], dar vmb ôch dieſelben fröwen
meinden, nach ir frîgheit briefen vnd gnaden ſag, ſo ſi da ʒöugten
vnd von der obgen: mîner herſchaft von Öſterîch hânt, daʒ inen
des êgen: Wernlis gůt gentʒlich verfallen were; Da wider aber der
êgen: geſſler ſprach, das er vmb ſolich ſach in der gebiett des
amptes in dem Eygen ůber den lîp richten ſölt vnd jm ôch das
gůt billich geuallen were oder den nechſten erben, ſyder dehein
kleger ůber den lîp were, wôn ôch die fröwen kein Recht darʒů
hetten, es wurde jnen denn mit dem Rechten erteilt; Vnd nach
beider teil anſprach, frîgheit, Briefen vnd gnaden, red vnd wider-
red, ſo habent diſ nachgeſchriben mîner herſchaft Rät Bekent vnd
geſprochen, Bekennent vnd ſprechend ôch mit diſem brief: das
dien obgen: fröwen von Küngſueld nach ir frîgheit Briefen, gnaden,
lůt vnd ſag, deſſelben Bürgis Wernlis gůt, wʒ des iſt, billich ver-
fallen ſîn ſol ane geuerde, vnd ſint diſ die Rät: der edel herre her
fridrich von Walſê, hofmeiſter, vnd die edeln veſten herren peter
von torberg, Ritter; ůlrich von brandis, wilhelm von end, fryen;
her henman von grüenenberg, her hanſ vnd aber her hanſ die truch-
ſeʒʒen von dieſſenhofen, geuetteren, vnd andre mîner herſchaft Rät.
Mit vrkünd ditʒ Briefs, geben ʒe Baden an der nechſten mitwuchen
vor dem meytag, do man ʒalt von Criſtus gebürt drüʒehenhvndert
vnd Nüntʒig jar darnach in dem vierden jare.

Perg.-Urk. im aargau. Staatsarchiv, bezeichnet K. E. 9. Des Weinsbergers
Rittersiegel hangt wohlerhalten. Dorsal-Inschrift: Ein fryheit das die frôwn eins
übelthätters gůtt mögen beʒüchen vor dem landtuogt. Eine fehlerhafte Abschrift
in der Königsfeld. Gewahrsame I, S. 263 im aargau. Archiv. — Die Vogtei des
Amtes Eigen, eine den Gefʒlern gemachte herzogl. Pfandschaft, fällt laut Regest
vom 18. Aug. 1397, mit dem Amte selbst an das Kloster Königsfelden und umfasst
seit dem Jahre 1300 folgende Ortschaften rechts der Aare: Birenlauf, Brunegg, Bir,
Scherz, Habsburg, Altenburg, Hauſen, Alt-Windisch, Oberburg (von woher der
vorgenannte Bürgi Wernli war), Birhard, Lupfang, Mülinen. Neugart, *Episc.*
Const. II, 316 und 415. Die höchste Jahressteuer, die es damals ertrug, war 58 ₰.
Zürcher, die mindeste 28 ₰. Habsburg-österreich. Urbar, S. 155.

1394, 9. September (Mittwoch vor Kreuzestag im Herbst).

Heinrich Geßler errichtet im Stifte Embrach für sich, seine Vorfahren und für die von Wagenberg eine Jahrzeit mittels Stiftung des Birchers- oder des Nufflers-Gütleins, gelegen in Ober-Embrach, welches er von seinem lieben Schwestersohne von Wagenberg zu Erbe besitzt.

Staatsarchiv Zürich, Urkundenbuch Embrach, tom. I, pag. 285.

Das gewesene Chorherrenstift Embrach, Pfrd. im zürch. Bez. Bülach, gehörte laut dem Habsb.-österreich. Urbarbuch, pag. 103, in das Offitium Emmerach mit herrschaftlichem Amtsgerichte, und erscheint als solches und nebst dem Gute Wagenberg, zwischen Ober-Embrach und Eich gelegen, in dem Gesslerischen Erbvertrage vom 19. Juli 1412 wieder. Während Johann von Heidegg 1374 Propst zu Embrach ist, besitzt sein Bruder der Edelknecht Heinrich gleichzeitig die benachbarte Wagenburg als habsburgisches Lehen. Von ihr ist noch ein Rest des Burgstals übrig, gelegen bei den zürch. Höfen Unter- und Ober-Wagenberg. Leu, Helvet. Lexik. 10, 23; 19, 28. Stumpfs Chronik, Folioausg. von 1548, tom. II, pag. 114.

1395, 1. April, Brugg.

Kunrad Tegerfeld, Vogt im Amte Eigen, sitzt im Namen und an Statt Herrn Heinrich Geßlers, Ritters, in der Stadt Brugg zu Gericht und verhandelt über das Lehen der Fähre zu Windisch. Donstag vor Palmtag.

Königsfeldner Archiv. Kopp, Gesch.-Bl. 1, 243.

Fahrwindisch, Ortschaft der Gem. Windisch, mit einer Brücke über die Reuss. Nachdem König Albrecht am 1. Mai 1308 hier mit der Fähre den Strom passiert hatte, wurde er ausserhalb des Dorfes Windisch erschlagen.

1395, 27. Mai, Baden im Aargau.

Urtheilsspruch des Hermann von Rynach, Ritter und Statthalter der herzogl. Landvogtei, betreffend den Streit zwischen dem Gotteshaus Embrach an einem Theile, und dem Edelknechte Friedrich von Betmeringen am andern Theile, wegen des Gerichtes und Twinges des Dorfes Ze Berg. Nach einer deshalb durch den herrschaftl. Rath Rudolf von Bonstetten aufgenommenen Kundschaft wird erkannt, dass der Probst des Stiftes Embrach alle die zu Berg fälligen bis 9 Schilling laufenden Bussen einziehen und nehmen möge, dass aber alles darüber Gehende sowie auch der Abtrag der Schupossen zu Berg an obigen Friedrich falle.

Die im Gerichte sitzenden herzogl. Räthe sind: Herr Rudolf Hans von Habsburg; Graf Ott v. Thierstein; Hans Truchseß genannt Brack; Herr Heinrich Geßler; Herr Rud. v. Bonstetten; Herman von Dübendorf; Hans Stöckli, Ammann zu Veltkilch; und

Hans Segeſſer, Schultheiß zu Mellingen. Hermann von Rynach siegelt. Baden an dem nechſten Frytag nach vnſers herren fron-lichnamen tag 1395.

Embracher Urkundenband, tom. I, S. 293; im zürcher Staatsarchiv.

1395, 8. Juni, Baden.

Ritter Hemmann von Rynach, des herzogl. österreich. Land-vogtes im Aargau Statthalter, entscheidet zwischen Ritter Walther von Büttikon und der Bauernsame von Roggliswil (Pfr. Pfaffnach, luzern. Amtes Willisau) über die streitige Holzmarche und das Be-holzungsrecht zu Roggliswil, nachdem hierüber Kundschaft aufge-nommen worden ist durch die herrschaftl. Räthe und Ritter Her-mann von Bubendorf und Hans Kriech den Aelteren, sowie durch Schultheiss und Rath der Stadt Zofingen. Der Anspruch der Bauern-same wird in beiden Klagepunkten zu Recht bestätigt. Unter der Zahl der sechs mit urtheilenden herrschaftl. Räthe sind Herr Egolf v. Landenberg, Ritter, und Herr Heinrich Geſſler. »Zinstag vor fronlychnambstag.«

>Abschrift eines Briefes, den die Gemeinde zu Roggliswil hat.« Zurlauben, *Miscellanea Helvet. historiae, MS. tom. I, pag. 233.* Copie im Staatsarchiv Luzern.

1395, 19 Brachm., Baden.

Propst und Capitel Im Hof zu Luzern liegen gegen Johannes Segenser, Schultheissen zu Mellingen, im Streite über beiderseits beanspruchte Zinsen vom Kelnhof zu Malters, welcher Hof Segensers Lehen von Oesterreich ist, und werden von Ritter Hemman von Rinach, als dem Statthalter des österreich. Landvogtes Engelhart von Weinsberg, an den Entscheid der herrschaftlichen Räthe ge-wiesen, bei welchem es sein Verbleiben habe. Diese herzoglichen Räthe sind: Graf Johans von Habsburg, Graf Ott von Thierstein, Herr Hemman v. Grünenberg, Herr Heinrich Gäßler, Rudolf v. Bonstetten, Hemman v. Bubendorf und Hans Kriech der ältere. Gegeben zu Baden an dem nächsten Samstag vor S. Johannis zur Sonnenwende. Des Statthalters Siegel hangt.

Geschichtsfreund, Bd. 20, S. 198.

1395, 30. Juni, Freiburg i/B.

Bündniss des Herzogs Leopold von Oesterreich mit Bischof Hartmann von Cur, Abt Burkhart zu Pfävers, Graf Heinrich, Herrn zu Vaduz, und den Grafen Hans, Rudolf, Hug und Heinrich v. Werdenberg-Sargans gegen Graf Albrecht den Jungen v. Wer-

denberg-Heiligenberg und die Grafen Rudolf und Hug v. Werden-
berg zu Rheinegg. Für den Fall des Kriegsausbruches gegen die
Werdenberg-Heiligenberger Grafen soll das ihnen ab zu erobernde
Land mit Städten, Schlössern, Leuten und Gütern dem Herzoge
und dessen Erben zufallen in folgenden Kreisen: Vom Nussbaum
an zu Räfis ob Werdenberg an der Grenze der Sarganser Graf-
schaft auf beiden Rheinseiten hinab bis in den Bodensee; von da
aufwärts bis ins St. Johannserthal und von dannen ins Thurgau.
Des Herzogs obgenannten Verbündeten soll ebenso zufallen: Alles
ob dem Nussbaum zu Räfis beiderseits des Rheins bis nach Munt-
man Gelegne. Es darf nicht einseitig mit den Gegnern Frieden
geschlossen werden. »Wird Schloss und Stadt Werdenberg von
uns eingenommen werden, an welches die Gräfin Katharina von
Werdenberg, des vorgenannten Grafen Heinrich von Vaduz Ehe-
gemahlin, Erbansprüche zu haben vermeint, so wird die Entschä-
digung, die wir ihr dafür entweder in baarem Geld, oder in hier
zu Lande gelegnen Gütern, oder in Satz und Pfandschaft zu leisten
haben, durch ein Schiedsgericht festgestellt, aus nachfolgenden
herzoglichen Räthen bestehend: Graf Hugo von Montfort, Herr
zu Bregenz, Unser lieber Oheim; Hainreich der Geßler,
unser Hofmayſter; Burkhart der Münch von Landskron; Friedrich
v. Flednitz, unser Kammermeiſter; Hans Stöckli, unser Hubmeiſter
(zu Feldkirch).

Original im bischöflichen Archiv zu Chur.
Conradin v. Moor, *Codex Diplomaticus*, Urkk. zur Gesch. Chur-Rätiens und
Graubündens. Band IV, S. 269.
Hartmann II, Bischof zu Chur, Graf von Werdenberg-Sargans, hatte mit den
Vorgenannten: seinem Bruder, dem Grafen Heinrich von Werdenberg-Vaduz, und
dem Abt Burkhard von Pfävers, unter Herzog Leopolds Beistande schon am 2. Dez.
1393 ein ähnliches Bündniss gegen die Grafen von Werdenberg-Heiligenberg und
Rheineck eingegangen. Daraus entsprang eine sechsjährige Fehde, deren Einzel-
moment vorstehende Urk. ist. Nachdem Herzog Leopold Rheineck, der Bischof
Hartmann Stadt und Schloss Werdenberg erobert hatten, knüpften die Gegner
Unterhandlungen an und machten Gebiets-Abtretungen, aber der Freih. Ulrich Brun
von Räzüns nahm nun seinerseits die Fehde gegen den Churer Bischof auf, wie
unser Regest vom 24. Febr. 1397 zeigt. Anfang und Verlauf dieser verwickelten
Kriege, in denen Bischof Hartmann schliesslich auch mit den Herzogen zerfiel,
aber dennoch sein Recht behauptete, sind dargestellt von P. Kaiser, Gesch. des
Fürstenth. Liechtenstein, S. 188—191.

1395, 17. Juli.

Die herzoglich österreichischen Räthe in den Vorlanden er-
klären ihrer Herrschaft Zustimmung zum Loskauf des Landes

Glarus vom Sitſte zu Seckingen. »Diß rät ſind by dem vsſpruch
geweſen. Der Hofmeiſter graf Hans v. Habspurg. graf Rudolf
von Sulz. Der lantvogt [Engelhard v. Weinsberg]. Der v. Tor-
berg. Gässler [Heinrich]. her Claus von Huss. Burchard
Münch [v. Landskron]. her Hamman v. Rinach. her Dietrich
Schnöwli. amman Stöckli [Hans, von Feldkirch] vnd der ſchult-
heiß von Friburg. Datum: Samstag vor Magdalene.«

»Aus einem Archivſtück zu Seckingen.«

Van der Meer, Urkk. zur Gesch. des Stiftes Seckingen. — J. J. Blumer:
Jahrbuch des histor. Vereins des Kt. Glarus. Fünftes Heft (1869) S. 392.

1395, 14. Aug., Baden.

Rüedger Meijer, Untervogt zu Baden, sitzt zu Gericht an
ſtatt Hrn. Engelharts von Weinsberg, Landvogtes der Herrschaft
Oesterreich. Mit Fürsprechen erscheinen die Conventherren des
luzerner Capitels Im Hof: Propst Hugo v. Signau, Wilhelm
v. Ongersheim und Friedrich v. Hochfelden an einem, sodann Jo-
hann Segenſer am andern Theil und versuchen ihre gegenseitigen
Ansprüche auf Zinsen vom Kelnhof zu Malters mit Kundschaften
zu beweisen; des Stiftes Almosenamt fordert 2 Mütt Bohnen und
Gersten, der Segenſer: 4 Malter Korn und Haber, für 13 Jahre ihm
verfallen. Der Richter spricht dem Segenſer das Recht zu. Zeu-
gen: Graf Rudolf v. Sulz, Heinrich Geßler, Wilhelm im Turn,
Hemman v. Mülinen, alle Ritter; Rudolf v. Bonſtetten, Hemman
v. Bubendorf, Walther und Mathis v. Büttikon, Hemman v. Oſtra,
Herman Gremlich, Hans Bäbler, Schultheiss zu Waldshut; Hans
Trüllerey, Schultheiss zu Aarau; Ulrich Eichiberg, Schultheiss zu
Bremgarten; Hans Schultheß, Vogt zu Lenzburg; Heinrich Kauf-
mann, Hans Hofſtetter, Rüdin Sattler, Lienhart Meier, Bürger zu
Baden; Hartm. Meier, Hans Kammrer, Bürger zu Brugg; Hans
Bitterkraut, Hans Meijenberg, Bürger zu Mellingen. Gegeben zu
Baden an U. L. Frauenabend zu Mitte Augſten. Des Untervogts
Siegel hangt.

Geschichtsfreund, Band 20, S. 198.

1395, 24. Nov., Tann.

Hans von Lupfen, Landgraf zu Stülingen, hat für den Fall,
dass er ohne Söhne ſtürbe, alle seine Habe an Herzog Leupold
von Oesterreich vermacht und unterwirft sich nun dem Ausspruche
Grafen Hugos von Montfort, herzoglichen Hofmeisters, Grafen

Rudolfs von Sulz, Heinrich Gefflers und Friedrichs von Fled-
nitz, der herzogl. Kammermeister: was der Herzog über die an
Hans bereits gezahlten 300 Gulden ihm desshalb noch geben solle.

Baier. Reichsarchiv.
Lichnowsky Bd. 5, Urk. no. 10.

1396, 1. Febr., Lichtensteig.

Graf Donat von Toggenburg, Herr zu Prättigau und Davos,
stiftet für sein und seiner Vorfahren Seelenheil eine ewige Messe,
welche in der Klosterkirche zu Rüti in der dortigen Kapelle der
Toggenburger Grafen bei dem allen Heiligen gewidmeten Ewigen
Lichte zu lesen ist, und vermacht dazu dem Kloster die Herrschaft
in Elsau sammt Gütern, Zehnten und Kirchensatz, ausserdem Be-
sitzungen zu Tolhausen und Moos, sammt Weinbergen und einer
Torkel zu Raeterswil. Besiegler des Vertrages sind: obiger Graf,
die Ritter Joh. und Rud. von Bonftetten auf Ufter; Hermann von
Landenberg zu Werdegg und Herr Heinrich Gessler.

Staatsarchiv Zürich, Abtheilung Rüti. — Erhard Dürsteler, *Libertates et Mo-
numenta Rütinensia*; Regest in Zurlaubens Stemmatographie, tom. 22, pag. 132;
und des Letzteren *Monumenta Tugiensia, tom. VI*, 210b.
Die vergabten Orte und Güter liegen sämmtlich im Zürcherlande und werden
in den folgenden Regesten noch mehrfach genannt, so unterm 23. April 1398.

1396, 1. Juli.

Ritter Heinr. Geßler, und seine Ehefrau Margarethe v. Eller-
bach lassen die neue Kapelle in der Burg Grüningen erbauen mit
zwei Altären und sie bischöflich einweihen.

Bischof Heinrich zu Ternepolis, des hochw. in Gott Herrn
Burkharts Bischofs zu Constanz gemeiner Fürseher in bischöflichen
Dingen, thut Allen zu wissen: Er habe am 1. Heumon. 1396 am
Fronleichnamstage eingeweihet »die nüwen capell in der Burg
Grüningen, coftentzer biftum, vffgericht vnd wider gemacht durch
den ftrengen ritter her heinrich geffler vnd frow margreten,
fin elichen gemahel, geboren von ellerbach, mit zwei nüwen al-
taren, gewicht in êr der hochgelopten himmelkünginen Jungfrôwen
Marie, gottes gebérerin, des hl. Santmartis des Bifchofs, vnd Sant
Gallen des Bîchters.« In den einen Altar wurden nachfolgende
Heiligthümer eingewirkt: Reliquien von Mariä Milch, von St. Jo-
hann dem Täufer, der heiligen zwölf Boten, St. Bartholomä,
Philipps, der Unschuldigen Kindlein, St. Dionys und Blasii, Valen-

tini, Kosmä und Damiani, Hippolits, Christophs, Pancratii, Mauriz, St. Martins, Nicolai, Ulrici, Lucii, Marie Magdalenä, Agnes, Apoloniä, Emeritä, Clarä, St. Elisabeth der Wittwe.

Der andre Altar steht bei der Thüre rechter Hand und ist in den Ehren geweiht der hl. drei Könige, St. Georgs des Märtyrers und St. Anton des Beichtigers. In ihm sind nachgeschriebene Heiligthümer verwirkt: der hl. drei Könige, St. Georgs, St. Laurenz, Oswalds, Arbogasts, Erharts, Gebharts, Dorotheens, Fortunats, Emerenzianen, Christinen, Verenen, Catharinen und von den 11,000 Jungfrauen.

Die Kirchweihe der Kapelle und ihrer Altäre ist angesetzt alljährlich auf Freitag nächst nach Fronleichnamstag. Wer da auf den Tag der Schutzpatrone, in deren Ehren die Altäre geweiht sind, hier betend kniet und mit Reue beichtet, der erhält vierzigtägigen Ablass seiner Todsünden und einen Jahresablass seiner täglichen Sünden gegen die auferlegte Fastenbusse. Dieser Ablass findet alljährlich ferner statt: alle Sonntage, alle Fronfastentage, alle Oktaven und dazu noch an andern mit aufgezählten 48 Heiligentagen.

In fchinbarer gezügnus vnd craft aller difer dingen, so ift vnfer bifchoflich infigel in difem theil harin gehenkt.«

Urbar des Schlosses Grüningen von 1519, fol. 109, im Staatsarch. Zürich, Band 426.

1396, 22. Aug. Dienstag vor Bartholomä, Schaffhausen.

Engelhard, Herr zu Weinsberg, österreichischer Landvogt, entscheidet den Streit zwischen den Klosterfrauen Clara Trägerin und Agnes Sarnerin einerseits, und Wilhelm Im Thurn andrerseits, um 9 Gulden Geldes ab Guntwiler. Zeugen sind: Graf Otto von Thierstein, Walther von der Hohenklingen, Ulrich von Brandis, Freiherren; sodann Her Hainr. der Gäßler, Hemann von Rinach, die Ritter; Rudolf von Bonstetten, Hans Segenfer, Schultheiss zu Mellingen. Es siegeln: Weinsberg, Geßler und Rinach. Die 3 Siegel hangen.

Urkunde im Staatsarchiv Luzern, mitgetheilt von Hrn. Theodor v. Liebenau; vgl. Histor. Zeitung der schweiz. geschichtsforsch. Gesellsch. 1854, S. 65. Kopp, Gesch.-Bl. I, 243.

1396, 30. Nov., Ensisheim.

Heinrich der Geffler, Ritter, quittirt dem Herzog Leupold 300 rhein. Gulden für die Burghut zu Rapprechtswile.

Baier. Reichsarchiv.

Lichnowsky, Bd. V, Urkk. no. 128. — Schweiz. Anzeiger für Gesch. und Alterth. 1864, 27.

1397, Montag nach Valentin, 9. Jan.

Mannlehen-Revers von Hans Geßler und Ulrich von Rot um die erkaufte Veste Rietsee, Lehen Oesterreichs.

Die Originalurkunde im berner Staatsarchiv; vgl. von Mülinen: ›Histor.-genealogische Auszüge‹ XI, 391. Mittheilung durch Th. v. Liebenau.

1397, 24. Febr., Chur.

Hainrich der gässler, Ritter, Rath der Gn. Herrschaft von Oesterreich, verleiht und besiegelt, als der erste nach den drei herzoglichen Miträthen: den beiden Grafen Friedrich von Toggenburg und Rudolf von Werdenberg, einen Richtebrief in Anständen und Fehden, welche angedauert haben zwischen dem Bischof Hartmann von Chur und dessen Gotteshause einerseits, andererseits zwischen dessen Gegnern: dem Freiherrn Ulrich Brun von Räzüns, dessen drei Söhnen (Hans, Heinrich und Ulrich), dem Abte Johann zu Disentis, ferner den Freiherren Albrecht, Hans und Donat von Sax zu Mafox, Herren zu Lugnez und in der Grub, und den Landleuten im dortigen Oberlande: welche zu beiden Theilen über das Anrecht auf das Thal Stussavien (Safien) und den Zehnten zu Katz (Kazis im Domlefchg) und zu Sarn sich parteiet, bestritten und bekriegt hatten. Datum St. Mathias Tag.

C. v. Moor, Regesten der Abtei Disentis no. 142 und 149, im Bd. 2 der Regesten der schweiz. Archive. — Anzeiger für schweiz. Gesch. 1870, S. 15.

Ein ähnlicher Schiedspruch über dieselbe Streitsache war schon am 3. Jan. 1396 gefällt worden, wirklicher Frieden trat erst 1399 ein; vgl. Kaiser, Gesch. des Fürstenth. Liechtenstein, S. 190, 191.

1397, 4. April, Mittwoch nach Mittfasten, Rüti.

Abt Gottfried und Convent des Prämonstratenser-Klosters Rüti verkaufen dem Herrn Heinrich Geßler und dessen Erben einen Weinberg mit Trotte und Haus, genannt am Iggenberg bei Grüningen, unter Angabe der bestimmten Gutsgrenzen, für fünf Mütt Kernen jährlichen Zinses, welche der jeweilige Inhaber des Geßlerischen Hofes Im Brand, bei der Burg zu Liebenberg liegend, je auf Martini zu entrichten hat, jedoch mit 45 Gulden baar ablösen darf. Der besiegelte Gegenbrief Geßlers vom gleichen Datum liegt mit vor.

Staatsarchiv Zürich, Abtheilung Grüningen, Bündel 4, no. 97.

Iggenberg heisst jetzt Niggenberg und ist urkundlich angeführt in H. Meyers Zürich. Ortsnamen no. 802. Der Bauernhof Brand in der Zürich. Pfarre Mönchaltorf liegt an der Schlossruine Liebenberg (Leu, Helv. Lex. 4, 255), welche Gesslerische Burg 1405 an die Stadt Zürich verpfändet wurde. Meyer v. Knonau, Der Kt. Zürich 1, 94.

1397, 16. Mai, Baden.

Graf Hans von Habsburg, der österreichischen Herrschaft Landvogt, macht einen Ausgleich zwischen dem Stifte St. Blasien und dem Edelknechte Rudolf von Wolfurt über Gefälle in Bondorf (Schwarzwald). Unter den herrschaftlichen Räthen als Zeugen sind Herr Heinrich der Gefsler und die bescheidenen Ruedolf und Hans Segenfer, Schultheiss von Mellingen.

Herrgott, Gen. III. no. 899.

1397, 7. Oct., Baden.

Graf Hans von Habsburg, österreichischer Landvogt, entscheidet nach der von ihm gemachten Ausgleichung zwischen dem Edelknecht Rudolf von Wolfurt und dem Stift St. Blasien, dass die streitig gewesenen Fall- und Erbrechte im Dorfe Bondorf nunmehr dem genannten Gotteshause anzugehören haben, da weder Wolfurt, noch dessen Ehefrau, noch sonst Jemand der ihrigen den ihnen in dieser Sache verkündeten Rechtstag eingehalten haben. Die anwesenden herrschaftlichen Räthe sind: Graf Ott von Thierftein, Hainrich Gäßler, Herman v. Reinach, Rittere; Rud. v. Bonftetten, Henman v. Bubendorf, Herman v. der Breitenlandenberg, der jüngere, und Hans Segenser, Schultheiss zu Mellingen.

Archiv von St. Blasien.
Herrgott, Gen. III, no. 901, pag. 779.

1397 (Anfang Novembers).

Vertragsformular. Nachdem Herman Geßler Ansprüche auf die Aemter Richensee und Meienberg erhoben, beim luzernischen Rathsrichter hiefür keine Anerkennung gefunden und hierauf die Stadt Bern zur Schiedsrichterin erbeten hat, entscheiden Ludwig von Seftingen als Schultheiss zu Bern, mit Hermann von Bubendorf, Rudolf Lußer, Hans von Moos und Konrad Seiler dahin: 1. dem Geßler sollen verbleiben die Dörfer, Höfe, Leute und Gerichte in den Aemtern Richensee und Meienberg und zwar in Wangen, Günikon, Baldegg, Ober- und Unter-Ebersol, Brünnlon,

5*

Ottenhusen und Galfingen. 2. An Luzern hingegen sollen daselbst fallen die Dörfer und Gerichte Hochdorf und Urswil.

Staatsarchiv Luzern. Unbesiegelter und undatierter Papierstreifen, dem eine spätere Hand die irrige Jahrzahl 1399 beigesetzt hat; Mittheilung des Herrn Staatsarchivar Th. v. Liebenau zu Luzern.

1397, Morgens nach St. Katharinentag, 26. Nov.
Schiedspruch in dem wegen der Aemter Meienberg und Richensee zwischen dem österreichischen Landvogt Heinr. Geßler und der Stadt Luzern waltenden Hoheitsstreites.

Ich Ludwig von Sôftingen, ʒe difen ʒiten Schulthʒ. ʒe Berne, Tûn kunt menglichem mit difem brief: Als der from veft her **heinrich geffler**, Ritter, vordrung vnd ʒûfpruch hat an die wifen befcheidnen den Schulthʒn., Rat vnd die burgere ʒe Lucʒern von der dörfer, lüten, gerichten vnd och höfe wegen, fo in die ämpter gen Richenfe vnd gen Meyenberg gehörent, als diʒ fin anrede eigenlich wifet; derfelben ftöffen vnd ʒûfprüchen die vorgen: beide teile vff mich Ludwigen von Sôftingen vorgen:, als vff einen gemeinen man; vnd aber her Heinrich der geffler, Ritter vorgen:, vff die fromen veften Henman von Bûbendorf vnd Rûdolf von Bonftetten, als vff fin fchidlüt; vnd aber die vorgen: von lucʒern vff die befcheidnen Hanß von mos vnd Cûnraten feiler, ir burgere, als vff ir fchidlüte in difer fach komen fint: Da *der* vorgen: her heinr. geffler Ritter für mich den Gemeinen vnd och für die vier fchidlüt in Klegde wis bracht vnd fürgeleit hat, daʒ Inn die obgen: von Lucʒern fument vnd ierent vnd ime griffent in die Dörfer, lüte vnd gericht vnd och in die hôf, die in die Ämpter gen Richenfe vnd gen Meyenberg gehörent, Item des erften in daʒ dorf Wangen, Item in das dorf Günnikon, Item in das dorf Baldegg, Item in die ʒwey dörfer Eberfol, Item in den hof ʒe Brünlon, Item in das dorf ʒe Ottenhufen, Item in daʒ dorf ʒe Gibelflû etc., Item vnd in andre dörfer, höf vnd lüte, als diʒ die anrede des êgen: hr. heinr. gâfflers Ritters, fo mir dem obgen: Gemeinen harumbe geantwürt ift, eigenlich wifet, Diefelben dörfer, höf, lüt vnd gerichte ie dahar gehört haben in die ämpter· ʒe Richenfe vnd ʒe Meyenberg etc.; Hie wider aber die vorgen. von Lucʒern redent vnd fprechent: der fridbrief wife eigenlich, daʒ fi daʒ dorf ʒe Hochdorf vnd Vrfwille föllent difen friden vs Innehaben mit twingen, mit bännen, mit gerichten, fo darʒû gehörent, vnd die befetʒen vnd entfetʒen nach irem willen; vnd wenn ieman ʒe Baldegg, ʒe Wangen, ʒe Günnikon, ʒe Vårchen, ʒů den ʒwen dörfern Eberſol, vnd die lüte, ſo ʒe Ottenhuſen, die dien von Honrein, dien von Münſter, oder dien von Hünnenberg ʒůgehórent, ſólich ſachen taten oder verſchulten, die daʒ blůt anrürten: daʒ man darumbe vnd darüber ʒe Hochdorf in dem dorf gericht hat vor viertʒig Jaren vnd me vnd och ſidhar, vnd habent och die von lucʒern ſid dem krieg da ſelbes ʒe Hochdorf über daʒ blůt gericht vnuerſprochen vnd getruwent och, ſi wellent daʒ kuntlich machen, ob es Jnen notdurftig wirdet [letʒteres Wort geſtrichen, dafür:] iſt etc.: Dis ſachen och die vorgen: beide teile vff mich den Gemeinen vnd och vff die vier ſchidlüt ʒe dem rechten geſecʒet hant nach ſag des fridbriefes; Harumb och ich Ludwig von Sóftingen, gemeiner man in diſen ſachen, beider teilen Schidlüt gefragt han, was ſi recht dunke bi ir geſwornen eyden, ſo ſi bi der ſache harumbe geſworn hant liplich ʒe got vnd ʒů den heilgen. Darumbe och Růdolf von Bonſtetten vnd Henman von Bůbendorf ir vrteilen geſprochen hant als hienach Stat:

So erteilent wir ʒwey obgen: vnd dunket üns recht bi den vorgeſchriben vnßern eyden, daʒ des vorgen: hern heinrich geſſlers kuntſchaft vorgan ſol, wôn er och des erſten kleger iſt vnd ſich einer bewiſung annam vnd vermaß ʒe tůnde, E daʒ die von Lucʒern ir kuntſchaft darbutten, vnd och alſo: wa der obgen: hr. heinrich gåſſler ʒů Jme haben mag ʒwen erbêr vnuerſprochen man oder aber dry erbêr vnuerſprochen man ân Jn, dien vmb die vorgeſchriben ſach kunt vnd ʒe wiſſen iſt vnd daʒ mit iren eyden behabent, daʒ die dörfer, hôf, lüt vnd gericht, ſo in hr. heinrich gåſſlers klag vnd anſprach verſchriben ſtând, gen Richenſe vnd gen Meyenberg gehórent, daʒ och Er des genieſſ, vnd die obgen: von Lucʒern noch nieman von ir wegen nach der verſatʒung wiſunge vnd ſag, ſo die von Lucʒern von vnſer herrſchaft von óſterrich hant, vffwendig dien êgeſchribnen ʒwen dórfern Hochdorf vnd Vrſwil dorfmarchen nicht ʒe richten noch ʒe gebietten, noch keinen burger haben noch fürbaſſ in diſem frid nemen ſóllent.

Hie wider aber hans von Mos, Schidman der vorgen: von Lucʒern, alſo geſprochen hat, vnd wiſet ſin vrteil alſo. So ſprich ich Johans von Mos vnd dunket mich och recht vff minen eyd: Sid únſerer Herren von Lucʒern phantbrief wiſet vnd och der fridbrief, daʒ ſi die ʒwey dörfer Vrſwil vnd Hochdorf mit iren lüten vnd gütern, rechten vnd ʒůgehörden, gerichten, twingen vnd bännen in phandes wiſe inne haben, nieſſen, beſetʒen vnd entſetʒen, was fi da kuntlich mugen machen vnd vmb wele, nachdem vnd fich die vier vnd der fünfte erkennent, daʒ fi bi driffig oder bi viertzig Jaren hardan gen Hochdorf fint ʒe gerichte gegangen, daʒ och die nu fürbas mer dar ʒe gerichte gangent difen friden vs, vnd nach dem als der phantbrief vnd der fridbrief wifet, vnd daʒ och ir kunt-fchaft vor fölle gan, fid fi die gerichte Jnne hant nach lut vnd fag des phantbriefes vnd des fridbriefes, vnd darumbe hrn. heinrich gefflern drühundert guldin hin vs müffen geben. Vnd difer vrteile volg ich Cûnrat feiler vff minen eyde.

Vnd fider die Schidlüt ir vrteilen glich, ʒwen gegen ʒweyen, in ftöffen an mich bracht hant vnd mir nu darumbe gebürt ʒe fprechen nach fag des fridbriefes, fo fprich ich der vorgen: gemein man bi minem eyde, fo ich bi der fach getan han, nach wifer lüten rat vnd nach dem als ich och mich felber nu ʒemal nit beffers ver-ftan, vnd volgen der vrteile Rûdolfs von Bonftetten vnd Henmans von Bûbendorf, nach dem als die gefprochen hant vnd ir vrteil wifet; doch vffgenomen den Artikel, fo fi in derfelben ir vrteil be-griffen hant, der alfo wifet, daʒ die von Lucʒern keinen burger haben noch fürbaffer in difem frid nemen föllent vffwendig der vorgen: ʒwein dörfer Hochdorf vnd Vrfwil dorfmarchen. Vnd das harumbe: Wôn in des gefflers anrede, noch in der von Lucʒern widerrede nüt von den burgeren fürgeleit noch widerfprochen ift, vnd och der von Lucʒern Schidlüt in ir vrteile nüt von der burger wegen gefprochen hant: Harumbe fo dunket mich nit, daʒ ich ût von der burger wegen fprechen fölle, oder gebunden fy ʒe fprechen. Vnd des ʒe einer offnen vrkünde fo han ich Ludwig von Sôftingen, gemeiner man vorgen:, min eigen Ingefigel gedruket ʒe ende difer fchrift. Geben mornendes nach Sant Katherinen tag Anno Dni. Millo. CCCo. nonageso. feptimo.

Originalurkunde auf zwei aneinander gehefteten Folioblättern mit der Spur des aufgedruckten grünen Wachssiegels des Schulth. v. Seftingen. Staatsarchiv Luzern. Auf der Rückseite steht von gleich alter Hand: *Causa Gefflers et Lucʒer-nenfʒium propter Richenfe et Meyenberg.* Darunter mit anderer Tinte: Volmi von Walmis.
Die Urkunde, jedoch in Einzelsätzen ungenau, steht in Ph. v. Segessers Luzern. Rechtsgesch. I, 449—452. — Von den aufgezählten Ortschaften gehören in das luzern. Amt Hochdorf: die Dörfer Günikon, beide Ebersol, Otten-hausen und Baldegg mit seinem noch vorhandnen Schlosse und seiner Burg-ruine Hünegg. Klein-Wangen, ein Pfrd., liegt im luzern. Amte Sursee; der Weiler Gibelflüh, in der Pfr. Ballwil, liegt zunächst der aargau. Grenze. Der mitgenannte Ort Värchen ist urk. genannt 1272, da das Johanniterhaus Hoheurain

die Gerichtsbarkeit über Güter zu Ferchen von Walther von Eschenbach empfängt.
Segesser R.-G. I 465. Im Habsb. Urbarbuche gehört derselbe Ort in das Offitium
Richenſê und heisst ʒe obern verchein. In einer Kundschaft von 1393 und einem
noch späteren Zehent-Urbar heisst er Ferchern und Ferren. Segesser ibid. I, 454
Note 1, und 456.

Das in diesem Schiedspruche behandelte Sachverhältniss ist folgender zwischen
der Stadt Luzern und dem österreich. Landvogt zu Richensee-Meienberg waltende
Hoheitsstreit. Die Herzoge hatten zu Fünft 1395, 11. Jan., an die Stadt Luzern,
welcher sie 4800 Gulden schuldig geworden waren, Stadt und Amt Rotenburg um
4500, und um die übrigen 300 Gulden »die zwei Dörfer Hochdorf und Urswil, die
in das Amt zu Richensee gehören« mit der Bedingung versetzt, dass diese beiden
Dörfer, wenn deren Auslösung bis zu Ende des 20jährigen Friedens nicht erfolgt
sein würde, in Luzerns Hand als Eigenthum verbleiben sollten. Dabei hatte nun
der hrzgl. Pfandbrief und der ihm vorausgegangene 20jährige Frieden gegen die
Ausdehnungsgelüste Luzerns allerdings vorgesorgt und letzteres ausdrücklich auf die
Dorfmarchen von Hochdorf und Urswil beschränkt: »Die von Lucern enſüllent vſ-
wendig dem Amt ʒe Rottenburg vnd vſwendig den Dorfmarchen der dörffern Hoch-
dorf vnd Vrswil nicht ʒe richten noch ʒe gebieten, noch kein Burger haben, noch
fürbaʒ in diſem frid kein Burger nemen, die der Herſchaft oder den Jren (d. i.
den österreich. Lehensleuten) ʒugehörent.« Luzern aber dehnte kurze Zeit nachher
seine Vogteigewalt über den ganzen Umkreis der alten Kirchgemeinde Hochdorf
aus, in welchen nebst Urswil sämmtliche 8 von unsrer Urkunde genannten Dörfer
gehörten. Alle diese Orte fallen in das österreich. Amt Richensee, welches nebst
dem Amte Meienberg um diese Zeit der Ritter Heinr. Gefʒler von der Herrschaft
pfandweise inne hatte. Vorliegender Schiedspruch erkennt dieses Eigenthumsrecht
Gefʒlers an, umgeht jedoch die damit zusammenhängende Rechtsfrage über die in
diesen Dörfern dem Gefʒler zugehörenden und seither von Luzern in's Burgerrecht
gezogenen Leute. Schon die nächstfolgende Urkunde, November 1397, zeigt, wie
man dem Landvogt den gerichtlichen Beweis seines Anrechtes auf seine Herrschafts-
leute unmöglich zu machen suchte. Der bei Ablauf des 20jährigen Friedens am
2. Mai 1412 geschlossene fünfzigjährige bestätigte den Eidgenossen den Fortbesitz
ihrer noch uneingelösten österreich. Pfandschaften; das Einlösungsrecht selbst ver-
nichtete drei Jahre darnach König Sigmund, als er durch seine über Hrzg. Friedrich
ausgesprochene Acht die Eidgenossen veranlasste, den beschwornen Frieden zu
brechen und die ganze Landschaft erobernd an sich zu reissen.

1397, sabbato ante Symonis et Jude: 27. October.

Claus Kôfman ʒʒ. lib. gên dar vf den tag von des Gesslers
vnd andern ſachen wegen.

ante Martini [10. November] dem ſchultheiʒen Claus Kôfman
v. lib., ʒvj β ʒů dem Lantvogt von der von Hochdorf vnd des
Geſſlers, wegen.

sabbato ante Katherine [24. Nov.] Jungher Hanſen von Mos
ôch von des tags wegen, den man liſt ſymonis et jude, ʒe Vare
mit dem Geſſler, ʒʒiiij lib., viij β.

Einzeichnungen unter der Rubrik Ausgaben, im ältesten Umgeldbuche der Stadt Luzern. Mittheilung durch Th. v. Liebenau, Staatsarchivar.

Der schon in der vorausgehenden Urk. genannte Junker Hans von Moos stammt aus einem ritterbürtigen Dienstmannengeschlechte der österreichischen Herzoge, das frühzeitig zu Luzern eingebürgert und hier bis zum Jahre 1431 Eigenherr des Hofes zu Weggis, Patronatsherr der dortigen Kirche und Eigenthümer des Kirchensatzes war. Kopp, Urkk. I, 153. Segesser, R.-G. I, 373. III, 174.

1397, nach dem 26. Nov.

Es ist ʒe wiſſen vmb die ʒůſprúch, So her Heinrich der Geffler hät an die von Lutzern, daʒ ſi im etwas dörfer vnd hóf vorhabind, die aber er anſprechig hett*) in dʒ Ampt gen Richenſe vnd gen Meyenberg, darvmb jm erkent iſt von dem Obman kunt-ſchaft: múg er dry erber vnuerſprochen man han, die im darvmb ſagind, dʒ er des genieſſen ſöl. Do nampt er vil erber lúte in dem Ampt ʒe Meyenberg vnd ʒe Richenſe vnd öch in den ſelben dörfern, die er anſprechig hatt. Da aber Růdolf von Rot, fúrleger der von Lutzern, das verſprach: er getrúwete nit, dʒ keiner in dem Ampt ʒe Richenſe, noch in dem Ampt ʒe Meyenberg vnd öch in den dörffern, die er (Geßler) anſprechig hatt, dar vmb ſagen ſöltind, Vnd ſatzt dʒ hin ʒů dem obman vnd ʒů den vieren nach recht. Do fragt der Obman mich Hanſen von Mos, was mich recht dúchti vf den eid; do erteilt ich vnd dunkt mich recht vf den eid, dʒ keiner der ſinen in dem Ampt ʒe Richenſe vnd in dem ampt ʒe Meyenberg, noch in den dörffern, die er anſprechig hät, geſeſſen werind, vnd deñ er ʒe gebieten hett, nit darvmb ſagen ſöltend, wand ſi die ſache angieng. Der vrteil volget Hartman von ſtans vnd dunkt inn recht vf den eid. Vnd des ʒe vrkúnd druk ich Hans von Mos min Jngeſigel ʒe end dirr ſchrift vff diſen brief.

Original auf Papier, das Siegel ist nicht vorhanden. Von anderer Hand steht am Ende der datumslosen Urk. die Jahrzahl 1391 fälschlich beigeschrieben. Der Entwurf in gleichem Format liegt ebenfalls mit vor; beides im Staatsarchiv Luzern, bezeichnet mit B.

1397, 14. Dez., Wien.

Die Brüder Leupold und Wilhelm, Herzoge von Oesterreich, übergeben ihr Amt Im Eigen, welches bisher Heinrich der Gessler »in Pflegsweis« (und zugleich pfandweise) inne hatte, um ihrer Seelen Heil willen dem Kl. Königsfelden und verordnen, dass

*) In dem mitvorliegenden Entwurf dieser Urk. steht ausgestrichen: die aber jm gehörend.

es durch dieses Stiftes Amtmann verwaltet werde. Wien am Freitag nach U. L. Frauentag *conceptionis.*

Königsfeldner Gewahrsame I, S. 68 im aargau. Staatsarchiv. — Lichnowsky V, Urkk. no. 200. Man vgl. unser Regest 1394, Mittwoch vor Maien.

»Anno 1397 ift Joannem, Graffen von Habfpurg, in der Veldkirchifchen Vogtey nachgefolgt Henricus Gäßler v. Braunegg, ein beruembter Ritter aus dem Turgew ... Er hat 1402 das zeitliche Leben gefegnet, vnd ift jhme in der Veldkirchischen Vogtey nachgesetzt worden Sigifmundus von Schlanderfperg, auch ein Ritter.«

J. G. Prugger: Veldkirch, das ist Histor. Beschreibung der Stadt Veldkirch etc. (Veldkirch bey Hummel 1685 4⁰. S. 33. 34 und 99). Der Verf. lässt Heinrich Gefzlern vorzeitig sterben, da dieser doch noch am 17. Nov. 1405 als Vogt zu Feldkirch urkundet. Etwas Aehnliches ist auch bei Gabriel Buzlin, dem Benediktinerprior zu Feldkirch, der 91 jährig im Kloster Weingarten 1691 starb, zu lesen; er lässt zwar den *Heinricus Gaessler a Brauneck, Eques,* als Feldkirchervogt von 1396 bis 1402 amten, fügt aber bei; *illius nepos, certe cognatus, cujus in subditos crudelitate concitata Helvetia a suis Dominis defecit, scelerum suorum poenas Wilhelmo Tellio dependit. — Gabr. Bucelinus: Rhaetia etc. sacra et profana, 1666. 4⁰. pag. 285.*

1398, St. Georg (23. April), Greifensee.

Graf Donat von Toggenburg, Herr zu Prettigau und Davos, vergabt zu seinem und seiner Tochter Seelenheil, der edeln Frauen Menten (Clementia) v. Toggenburg sel., an das Kloster Rüti: 4 Juchart Reben zu Elsau nebst der Trotten dazu; 2 Gütlein zu Raeterschen und zu Tolhausen im Elsauer Kirchspiel; die Mühle zu Räterschen nebst deren Gütlein, das jährlich 2 Mütt Kernen giltet; auch 7 Mütt Kernen und 1 Malt. Haber, welche die beiden obgenannten Güter gelten, etc. Diese Güter sollen dem Stifte an dessen Gewandkammer dienen, die Weinberge aber zum Dienste der gestifteten Ewigen Messe gehören. Hierüber zu Zeugen hat er erbeten: Hrn. Heinrich Geßler, sesshaft zu Grüningen, Ritter; Hermann von Landenberg zu Rapperswil, beide der österreich. Herzoge Landeshauptleute; Hrn. Joh. v. Bonstetten, sesshaft zu Wilberg, Ritter; Rud. v. Bonstetten, sesshaft zu Uster; Laurenzen Saler, Schultheiss zu Winterthur, und Conrad von Eppenberg, Burggrafen zu Kyburg: dass jeglicher sein Siegel auf diesen Donationsbrief drucke.

Erhard Dürsteler, *Libertates et Monumenta Rutinensia,* abschriftl. in Zurlaubens *Stemmatographia, tom. XXII, pag. 98,* und in desselben *Mon. Tugiensia VI, 210 b.*
Die vorerwähnten Orte Räterschen und Tollhausen gehören zur zürch. Gem. Elsau, Bez. Winterthur.

1398, 26. Sept., Baden.

Graf Hans v. Habsburg, der österreich. Herrschaft Landvogt, thädiget zwischen dem Prämonstratenser-Kloster Rüti und dem frommen festen Ritter Heinrich dem Geffler, Landvogt zu Grüningen, in deren Streitigkeit wegen des Dorfes und Bannes zu Seegreben *), welches von Geßler als in sein Vogteigericht gehörend ausschliesslich angesprochen wird. Entscheid: Seegreben mit Dorf, Bann und kleinen Gerichten gehört laut darüber vorgezeigter Urkunde an das genannte Gotteshaus; über Diebstahl und Frevel daselbst hat jedoch der Vogt von Grüningen zu richten.

Staatsarchiv Zürich, Amt Rüti tom. II, pag. 453. — Herrgott, Gen. III, no. 905. — Tschudi, Chron. 1, 596. — Zurlauben, *Mon. Tugiensia VI, 188* nach Erh. Dürstelers *Acta Rutinensia, MS.*

1398, 8. Nov., Ensisheim.

Herzog Leopold von Oesterreich befiehlt dem »getrewen Geßler«, dass er, sofern Graf Heinrich von Montfort-Tettnang und dessen Söhne den Abt Cuno von St. Gallen gegen erhaltenen Befehl nicht sicher sagen wollten, sich mit Ulrich von Ems, Pfleger zu Rheinegg, zu dem Grafen verfügen und ihn zur Ruhe weisen solle.

Staatsarchiv St. Gallen, in der sog. Abthl. »Historisches Archiv.« Mitgeth. durch Th. von Liebenau in Luzern.

1398, 19. Dez., Baden.

Ritter Heinrich Geffler verzichtet vor dem Stadtgerichte zu (Ober-)Baden auf alle seine gegen die dortige Familie Weibel, genannt Sigrist, früherhin erhobenen Ansprüche. Siegler: der Stadtschultheiss und Heinrich Geßler selbst.

Reding, no. 157 der Badener Regesten, im Archiv f. schweiz. Gesch. 2, S. 68.

1398.

Johannes Segesser, Alt-Schultheiss zu Mellingen, erkauft von Ritter Heinrich Geffler, Vogt zu Feldkirch, das Mannlehen Göslikon, worauf i. J. 1399 Herzog Leopold den Verkauf bestätigt.

Beides in den Familienschriften der Segesser von Brunegg zu Luzern. Ausgezogen durch Professor Joh. Plac. Segesser-Arnold, und mitgetheilt durch Archivar Th. von Liebenau, beide zu Luzern.

---

*) Seegräben, Weiler der zürch. Gem. Wetzikon, trägt seinen Namen von dem Gräb, wie man mundartlich das Wurzelwerk und Wildkraut nennt, das hier durch den benachbarten Pfäffikonersee veranlasst ist.

1399, 17. Januar (Freit. n. St. Hilarien), Reinfelden.

Heinrich Geßler und seine Schwester Eufemia, verwittwete von Küngstein, verschreiben dem St. Martinsstifte zu Rheinfelden verschiedene Güter- und Hofzinse für ein von Geßler in den Kirchenchor daselbst gestiftetes und von dem Stifte voraus bezahltes Kirchenfenster mit Glasgemälden.

Ich Heinrich Geffler, Ritter, vnd Eufemia von Küngftein, fin fwefter, wilent Rvmans feligen von Küngftein eins Ritters, das im Got gnade, eliche wirtinne, veriechent vnd tůnt kund menglichem mit vrkünde dis briefs, das wir bed mit einander gemeinlich vnd vnuerfcheidenlich für vns vnd vnfer erben gegeben hant vnd gebent mit difem brief recht vnd redlich einer rechten, redlichen, follkomenen, ftëten, ëwigen gabe vnd vnwiderrûfflich den erwirdigen erbern herren: dem Probft: dem Techan vnd: den Tůmherren gemeinlich der Stift vnd kilchen fant Martis ze Rynfelden vnd iren nachkomen an der felben Stift vnd kilchen: zwô vierncʒal dinkeln vnd haber geltes, dera ift ein vierncʒal dinkel vnd die andre haber; zwô herbft hüner, ein fafnacht hůn vnd driffig eyger-geltʒ für lidig eigen — vff vnd ab einer Schůppofen, gelegen in dem Dorff vnd Banne ze Tegeruelt, buwet vnd ʒinfet Heinrich Britʒiker von Tegeruelt, fefhaft in der êgenempten ftat Rinfelden, der inen vnd iren nachkomen den felben ʒins hinnant hin geben fol. Vnd hant inen das felbe gelt geben für vnd an die fchulde ʒwenczig vnd vier guldin, gůter vnd genemer an gold vnd follenfwer an der gewicht, die diefelben herren für vns geben hant vmb das Glaffenfter, das wir in irem Kor ze Rinfelden gefrümpt hant, vnd ouch für die Sechs fchilling pfennigen geltʒ gewonlicher ʒinfpfennigen, fo die felben Tůmherren vnd ir Gotʒhus hattent vff vnferm hof vnd gefëffe, gelegen in der êgen: ftat Rinfelden bi Hermans Tor, ʒwüfchent Verên Heidinn hus vnd der Herren Trinkftuben vnd ftoffet hinder an die Ringmûr. Wir die obgenanten Heinrich Geffler vnd Eufemia fin fwefter vnd vnfer erben fond ôch der obgenempten Tůmherren vnd aller ir nachkomen irs obgefchribnen Gotʒhus fant Martis ze Rinfelden des obgedachten gegebnen geltes der ʒweyger vierncʒal geltes vnd hünr- vnd eyger-geltes recht wëre fin für lidig eygen an allen ftëtten, da fi wërfchaft dar vmb bedörffent, als recht ift, âne geuërde. Wir hant ouch gelopt die felben gabe, als fi befchechen vnd vorgefchriben ift, ftëte ʒe habende vnd dawider niemer ʒe tůnde in keinem weg, vnd hant dar ʒů verbunden alle vnfer erben bi gůten trüwen, âne alle geuerde. Vnd ich, die obgenant Eufemia, han

diz alles getân mit gunſt, wiſſen vnd willen Volrich Heydens, mines
wiſſenthaften vogtes. Vnd ʒe ſtêtem lutren vrkünde dirre dingen
ſo hant wir, die dikgenempten Heinrich Geſſler vnd Eufemia von
Küngſtein, vnſer eygne Jngeſigele gehenkt an diſen brief. Vnd ich
der vorgen. Volrich Heyden vergich offenlich, daʒ die vorgeſchribne
Gabe vnd alle vorgeſchribne ding beſchechen ſint mit minem gunſt,
verhengnüſſe vnd gûtem willen, vnd des ʒe warer gezügſame han
ich min eigen Jnſigel, in vogts wiſe von bett wegen der dik ge-
ſchribnen frôw Eufemien von Küngſtein, ouch an diſen brief ge-
henkt, doch mir vnd minen erben vnſchedlich. Geben ʒe Rinfelden
am nechſten fritag nach ſant Hilarien Tag Jn dem Jare do man
ʒalte von Criſtus geburt Tuſent Drühundert Nüntzig vnd Nün Jar.

In extenso abgeschrieben von einer durch Hrn. Stadtpfarrer C. Schröter aus
dem Stadtarchiv Rheinfelden überschickten Perg.-Urkunde, bezeichnet H, anno 1399.
Die drei Siegel der Aussteller hangen unverletzt an Pergamentriemchen; das erste
zeigt den Gefʒlerischen Wappenschild, der darüber gestellte offne Stechhelm trägt
als Helmzier die Pfauenbüste. Umschrift: S: HENRICI GESSLER. Das zweite
Siegel zeigt den nackten Gefʒlerischen Wappenschild mit den drei Sternen und der
Legende: S: EFEMEL DE KVNGSTEIN. Das dritte mit der Umschrift Ulricus
Heiden führt im Schilde das Brustbild eines langnasigen, kinnbärtigen, hochhutigen
Mannes, d. i. eines Heiden. Ulrich Heid, Schultheiss zu Rheinfelden, besiegelt
einen dorten 1387, 21. Mai, abgeschlossnen Verkauf von Liegenschaften (Geschichts-
freund, Bd. 28, S. 331). — Das Burgherrengeschlecht derer von Küngstein,
sesshaft auf der im Jura bei Aarau nun in Ruinen liegenden Burg Königstein, mund-
artlich das Küngsten-Gut, pflegte den Vornamen Ruman je dem Familienältesten
beizulegen. Es zählte zu den Habsburger Lehensleuten und kommt als solches in
dem Pfandschaftenbuch der Herzoge von Oesterreich öfters vor; so in Urk. 1316,
1. Aug. zu Baden: »Rvman von Küngſtein ſol man gelten ʒl. Mark ſilbers vmb
den dienſt, ſo ſin vatter dem Herʒog Lüpolt ſeligen getan hat, vnd dar vmb hat
er inne 2¹/₈ Mark geltʒ an Stüren vmb die Burg ʒe Baden, alſ ſin brief wol wiſet.«
Kopp, Gesch.-Bl. 2, 151, »Copien« Vb. 2. Die drei Brüder Ruman, Ulman und
Henman v. Küngstein haben 1365, 30. Nov. in den Dörfern Veltheim, Umikon
und Talheim den Zehnten, welcher ein Basler-bischöfliches Lehen ist und darum
die Bischofsquart genannt wird, ihrem Oheim Johann von Seon abgekauft um 200
florenzer Gulden, sind dadurch Vasallen des Bischofs Johann von Vienne und seines
Domstiftes geworden und bitten denselben am 18. Febr. 1366, dass sie den Ritter
Egbrecht v. Mülinen mit in ihren Kauf einschliessen dürfen und dieser gleichfalls
die Basler Lehens-Investitur erhalte. Letzteres geschieht, worauf sie dem Mülinen
1367 die Hälfte der Bischofsquart um 105 Gulden verkaufen. Trouillat, *Monum. IV,
pag. 698, 700 u. 708.* Nach Mülinens Tode übergiebt der Bischof 1371, 21. Aug.,
das gesammte Lehen ungetheilt, bis jene zwei Andern majorenn sind, dem Ruman
v. Küngstein allein. Trouillat IV, no. 328. In dem herzogl. österreich. Pfand-
schaftenbuche heisst es dann weiter: 1376, 16. April, Schaffhausen. »Hanſ Morgen
hat eiñ Satz inne für ʒʒʒ Mark ſilbers vnd cl. guldin, vnd da für hat man im
verſatʒt iiij Mark geltʒ in dem Sigtal (aargauer Landschaft Siggental zwischen der

Limmat und Surbe) vf genanten gvetern. Den felben Satz hat aber nv an fich ge-
ledget Rvman von Küngftein, mit herzog Lüpoltz gvnst, willen vnd brief.‹ Kopp,
Gesch.-Bl. 2, 151. Im J. 1378, Dienstag nach der Osterwoche ist Her Ruman von
Küngftein urk. Zeuge, da Ritter Heinrich Gefzler, herzoglicher Kammermeifter, die
Burgenrain-Aecker bei der Stadt Grüningen ankauft, (Unsre Regesten). Mit Ur-
kunde zu Baden, 27. Hornung, 1379 heisst es ferner: ›yetz Herzog Lüpolt folt
für fich vnd fin Brvoder Herzog Albrecht, Rvman von Küngftein gelten fünf Hvn-
dert gvldin, die er im bereit verlichen hat vmb koft ze Rinfelden vnd anderfwa,
vnd dafür hat er im verfetzt, ân abflag, daf ampt ze Goefkon [Dorf und Burg an
der Aare ob Aarau] mit lüten vnd mit gvet. Da hat er vff Stüren viij Mark geltz
ân ander vælle.‹ Kopp, ibid. 2, 152. Diefer letztgenannte Ruman ist wahr-
scheinlich derselbe, von welchem nachfolgende Einzeichnung des Jahrzeitbuches der
aarau. Leutkirche handelt, das um d. J. 1350 beginnt; hier steht: *III Kal. Jun:
Dms. romanus de Küngstein, Miles, legavit I. libr. den. cum VI ß. de domo sua
in arovwe, contigua domui gerungi vor dem Surhârt. — III. sol. den. de vineto
am ûssren berg inter agros nollingers et ecclesiæ in Ernlispach, quod fuerat quon-
dam domini romani de Kungstein.* Argovia 6, pag. 418 und 457. Seine Gemah-
lin, die geborne Gefzler, begegnet noch 1404: Fröw Eufemia, des fromen veften
ritters hern Rvmans feligen von Küngftein wilent eliche wirtin, überlässt dem
Kloster zur Himmelspforte (in Wilen bei Basel) ihre Güter zu Rürberg auf dem
Berge, in dem Banne von Wilen und im Banne von Warmbach. ›Geben ze Rin-
felden an dem mentag vor fant Jôrientag.‹ Mone, Ztschr. 5, 370. Ueber der
Familie gleichnamige Stammburg giebt die hf. Chronik ›der Statt Arouw freyhei-
ten‹, verfasst vom aarau. Stadtschreiber Berchtold Saxer 1578 (Eigenthum des
Prof. Gottlieb Hagnauer in Aarau) auf Bl. 31 b. nachfolgenden Aufschluss. ›Die
Burg Küngftein, gelägen ob Küttingen, hat in dem zwingolff zwöw hüfer gehept,
ift nach abfterben hanfen werners von Küngftein durch Volrich von Hertenftein,
als einem Vogte finer fchwefter fel. vnd namens deren kinden, nemlich Heinrichen
vnd volrichen v. Küngftein, mit lüten, gûtren, hochen gerichten, fräfflen, twingen
vnd bännen vnd den gerichten der Dörfer Ober- vnd Nider-Erlinfpach vnd ze
Küttingen [wozu auch noch Dörflein und Berghof Rohr im Jura bei Kienberg ge-
hörte] der ftatt Arouw am 1. Aug. 1417 ze koufen gäben.‹ Nachdem die Stadt
36 Jahre in diesem Besitze gewesen, verkaufte sie, in Folge vieler Streitigkeiten
mit dem Herrschaftsnachbar Junker Hans Friedr. von Falkenftein, am Lukastag
1453 die Burg an Ritter Jos. Ant. Sägiffer, Bürger von Aarau, und dieser sie
schon im nächstfolgenden Jahre um 540 Gulden an Joh. Wittich, Johanniter-Com-
thur im benachbarten Schlosse Biberstein. Der Orden liess die Burg vollends ein-
gehen und trat 1535 auch deren Gebiet, sammt der Herrschaft Biberstein, an die
Regierung von Bern ab. Des Landvolks ausführliche Erzählungen über diese Burg
sind gesammelt in den ›Schweizersagen aus dem Aargau‹ Bd. 1, no. 120.

1399, 17. März.

Heinr. Geßler leistet Bürgschaft bei einem Geldanlehen
von 310 Gulden und empfängt dafür zu Pfand den Laienzehnten
zu Nider-Endingen.

Wir dis nachbenempten Wilhelm vnd Jacob von Hegnow,

gebrûder, Tûnt kunt Allen den, die difen brief anfehent oder hô-
rent lefen, vnd verriehen offenlich mit difem brief. Als der from
veft Ritter, vnfer lieber her, her heinrich Gâffler hinder vns
ftât gen dem Kewerfchen*) zûrich vmb drû hundert guldin vnd
zehen guldin gût vnd gâber an gold vnd an gewicht, vnd die fel-
ben geltfchuld Alle tag vßgiengent vff den nâchften vergangen
vnfer frowen tag ze liehtmeß vor dem tag als difer brief geben
ift: daz wir da beid gemeinlich vnd vnscheidenlich fûr vns und
vnfer erben dem felben her heinrich Gâffler vnd finen erben vmb
die vorgefchriben drû hundert vnd zehen guldin ingefetzt habent
ze einem rechten redlichen pfand vnfern Leyenzehenden ze Nidren-
Endingen mit aller zûgehôrde vnd mit allem dem fo darjn hôrt
von gewonheit oder von recht: Es buwent die von obren Endin-
gen, die von Wirnalingen, die von Tegerueld, die von Baldingen,
oder ander lût vngevarlich. Derfelb zehend vnfer lehen ift von
Troftberg vnd von Liebegg, vnd haben wir dis verfatzung getân
mit der befcheidenheit: daz derfelb her heinrich Gâßler vnd fin
erben den vorgen: zehenden mit aller zûgehôrde alfo in pfandes
wife Innehaben vnd nießen fond ân alles abfchlahen der nûtz als
ein recht werend pfand vntz vff die zit, daz wir oder vnfer erben
den felben zehenden von jm oder von finen erben erlôfent mit
drû hundert vnd zehen guldin gût vnd gâb an gold vnd an ge-
wicht. Diefelben ablôfung wir oder vnfer erben och tûn fôllent
vnd mugent, wenn vnd weles jares wir wellent vor fant Johans
tag ze Sunngihten, ân den zins fo des jares gefallen fol, oder
nach fant Johans tag mit demfelben zins, ân geuerde. Wir vnd
vnfer erben fôllent des vorgen: zehenden wêr'n vnd trôfter fin,
daz her heinrich Gâßler vnd fin erben alfo in pfandes wis daran
hâbent fygint an allen den ftetten, da fy des bedurffent oder
notdûrfftig werdent, es fy an geifchlichen oder weltlichen gerichten
oder anderfchwa, ân ir fchaden, ân geuerde. Wir vnd vnfer
erben fôllent och des felben zehenden getrûw trager fin ze her
heinrich Gâßlers vnd finer erben handen: Als lang vnd all die
wile, fo wir die ablofung nit getân vnd vollefûrt hant, als vor ift
befcheiden. Es ift och mit namen beredt vnd gedingot, daz her
heinrich Gâßler oder fin erben vns oder vnfern erben die vorge-
fchriben 310 gld. an dem vorgen: Kewerfchen ze zûrich fond ab-
nemen vnd dannen tûn vff den nâchften fant Johans tag zefunn-

---

*) Kawerfchen hieffen die lombardifchen Geldmâkler aus Caorsa.

gihten nach dem Tag als difer brief geben ift, ån vnfer fchaden, alfo daʒ wir des dannenhin kein fchaden habint. Doch alfo, waʒ fchaden fider ʒe vnfer frowen tag ʒe liechtmeß daruff gangen ift oder noch daruff gån wirt vntʒ vff den nåchften fant Johans tag ʒe funngihten, von wůcher, von leiftung oder von ander fach wegen, daʒ wir oder vnfer erben denfelben fchaden allen fållent tragen vnd vffrichten vnd her heinrichen Gåßler oder fine erben darumb låfen vnd jnen genůg tůn ån ir fchaden, bi vnfern trüwen vnd eiden, Als wir mit gůten trůwen für vns vnd vnfer erben gelopt, verheißen vnd gefchworen hant gelert eid liplich ʒe den heilgen: Alles daʒ difer brief wifet vnd feit, war vnd ftåt ʒe haben vnd niemer darwider ʒe tůn noch ʒe werben, noch fchaffen oder gunnen getån, ån alle geuerde. Und des alles ʒe warem vrkúnd haben wir obgen: Wilhelm und Jacob von hegnow, gebrůder, vnfer ietwedra fin eigen jnfigel für vns vnd vnfer erben offenlich gehenkt an difen brief, der geben ift an dem nåchften Mentag nach fant Gregoryen tag Nach Crifts gebůrt drůtʒehen hundert vnd Nůntʒig jar, darnach in dem Nůnden Jare.

Perg.-Urk. im Stiftsarchiv zu Zurzach. Wilhelms Siegel hangt, Jakobs ist abgefallen.

1399, 21. März.

Heinz von Heidegg, sesshaft zu Wagenberg, vergabt dem Kloster Berenberg bei Winterthur das Gütlein Im Loch bei Embrach mit dem Ertrag eines Mütt Kernen ewiger Jahresgült; dafür soll gedachtes Kloster eine Jahrzeit abhalten »für Verenen von Heidegg, miner elichen Schwefter feligen, vnd Fritfchis feligen von Betmeringen, irs elichen mannes, vnd darʒu jarʒit aller ir kinden, fi figind tod oder fi lebind, jarʒit Heinrichs*), der egenamten Verenen fwager, Hartmanns ihrs fuhns, vnd Wernhers irs Swehers, vnd och jarʒit ir fwiger, als die in jr (der Berenberger) jarʒitbuch verfchriben ftänd.

Winterthur an dem nechften Frytag nach fant Gregorientag des hl. lerers 1399.«

Zürch. Staatsarchiv, Embracher Urkk.-Abschriften, tom. I, S. 353.

1399, 20. April,

»an dem nåchften Donftag vor S. Gőrien tag fatʒtent her Hain-rich der Gåffler, ünfer vogt, darʒů ain amman und ein råt

---

*) Heinrich Gefʒler. Ueber ihn vgl. Regest 1394, Mittwoch vor Kreuzestag.

[der Stadt Feldkirch] ainhelleklich ûff, durch ünfer gnâdiger herr-
fchaft von Öfterrich und ôch durch gemainer ftatt nutz und eren
willen«: welcher der Rathsherren und Geschwornen die Amts-
sitzung versäumt, oder verspätet nach der ersten Umfrage erscheint,
der verfällt in 6 Denr. Busse, welche der Rat beliebig verzehren
oder verwenden kann. Zu einer gleichzeitig anzutretenden Reise
muss vorher Urlaub eingeholt werden. Säumige Gerichtssassen
und Fürsprechen büssen mit einem Schilling Denr. Wer vor Ge-
richt den Gegner zu einem Eid zu treiben sucht, der dann rück-
gängig wird, zahlt 2 Blappart Busse. Streitige Parteien haben
dem Gerichte je 2 Blappart voraus in's Pfand zu legen, welche
der ableugnende, aber mit den Rechten überwiesne Beklagte ebenfo
verliert, wie der zu viel behauptende Kläger. Sämmtliche Bussen-
gelder werden halb dem Gerichte zur Zehrung, halb dem Armen-
spital gegeben.

Stadtrecht von Feldkirch nach der offiziellen Reinschrift v. J. 1399, im Feld-
kirchner Stadtarchiv. Mone, Oberrhein. Zeitschr. 21, S. 167.

1399, 27. Mai.

Allen den, die difen brieff anfechent oder hôrend lefen, kûn-
den vnd veriechen Wir Mathis von Troftberg vnd Hanman von
Liebegg, gefettern, Alz die befcheiden Wilhâlm vnd Jacob von
Hegnôw, gebrûder, dem fromen veften Hern Heinrich Geffler,
vnferm lieben ôchem vnd finen erben, den leyen zechenden ze
Endingen mit aller zûgehôrd anderfwa, daz lechen von vns ift,
für fich vnd ir erben verfetzet hand vmb drû hundert guldin vnd
zechen guldin, als der hôpt brief wol wifet vnd feit, den der felb
hr. heinrich Geßler jnne hât: daz wir dar zû fûr vns vnd vnfer
erben vnfern gûten willen vnd gunft mit vrkúnd dif briefs wiffenk-
lich geben vnd geben haben, doch der obigen vnfer lechenfchaft
vnfchâdlich, da der obgen: hr. heinrich Geßler vnd fin erben den
felben zâchenden jnhaben vnd nießen fond vntz daz derfelb zâchent
vmb die obgen: 310 guldin von hr. heinr. Geßler vnd finen erben
erlôfet wirt nach des obgen: hôptbriefs fag, fo fi von den vorgen:
Hegnôwern jnnhand. Vnd dez ze vrkúnd haben wir vnferen jn-
figel fûr vns vnd vnfer erben offenlich gehenket an difen brieff,
der geben ift am nächften zinftag vor vnfers herren fronlichams
tag, do von Criftus gebúrt waren Tufung drúhundert Núntzig jar
vnd darnach jm Nünden jar.

Perg.-Urk. im Stiftsarchiv Zurzach. Des Trostbergers Siegel ist abgefallen, das des Liebeggers hangt. Vgl. »Huber, Die Urkk. des Stiftes Zurzach«, S. 265.

1399, 27. Mai.

Ich Hennman von Liebegg tůn kunt vnd vergich offenlich mit diſem brief. Als die erbern wilhelm vnd iacob von Hegnȯw verſetzt hand minem lieben ȯhem hn. Heinrich geffler, Ritter, vnd ſinen erben den leyen zehenden ze Endingen, der lehen iſt von mir vnd minen vettern von troſtberg, vmb drühundert vnd zehen guldin, daz ich dazů für mich vnd min erben minen gůten gunſt, wiſſen vnd willen gib vnd geben han, doch mir vnd den obgen: minen vettern von troſtberg an der lehenſchaft vnſchedlich. Des zu vrkúnd han ich min eigen inſigel für mich vnd min erben offenlich gehenkt an diſen brief, der geben iſt am nechſten zinſtag vor vnſers herren fron lichamb tag, nach gottes gebúrt drúzehen hundert vnd núntzig iar, darnach in dem Núnden Jar.

Perg.-Urk. im Stiftsarchiv Zurzach, des Liebeggers Siegel ist abgefallen. Vgl. Huber, Die Urkk. des Stiftes Zurzach, S. 265.

1399, 11. Juni.

»Schadlosbrief Heinrich Geßlers, Ritters, und Hermanns, seines Sohnes, gegen Hemmann von Mülinen.«

Regesten bernischer Landschaften der Lausanner Diöcese, gesammelt in Zurlaubens *Cartæ Helveticæ*, tom. I, pag. 453 b.

1399, Zofingen.

Schultheiss und Rath der Stadt Zofingen haben den Lorenz von Würzburg, der auf der Zofinger Mauritiusmesse wegen falscher Würfel und Falschspielens eingethürmt und zur Strafe der Blendung verurtheilt worden, auf Fürsprache der umwohnenden Edelfrauen von Arburg, Grünenberg, Büttikon und der Frau Geßlerin seiner Augen halber begnadigt, wogegen er Urfehde schwört und über Aare, Emme und Reuss verbannt wird.

(Sam. Gränicher:) Histor. Notizen und Anekdot. von Zofingen 1825, S. 20.

1399.

Konrad Geffler, Burger zu Winterthur.

Meiss, Hf.-Verzeichniss der Züricher Geschlechter. Mittheilung durch Th. von Liebenau.

1400, 29. Januar.

In den zwischen den Aemtern Meienberg und Rotenburg wegen zweier Todschläge entstandnen Feindseligkeiten bestimmen Junker Heinrich von Reußegg und der Wirth von Eſch (Meienberger Untervogt) zu der von Meienberg Handen eines Theils, und andern Theils Rudolf von Rot, Schultheiss zu Luzern, und Wilhelm Meier (Rotenburger Untervogt) nachfolgendes:

Fünfe von Meienberg und dreie von Alikon, sämmtlich namentlich angeführt, haben den Jenni Stockmann zu Rotenburg erschlagen und sind im dortigen Amte verrufen worden. Sie sollen bei letzterem Genugthuung leisten und dasselbe ohne des dortigen Vogtes besondere Erlaubniss nicht wieder betreten bei Leibes- und Lebensstrafe. Ebenso hat Welti am Sand den Uelin Zilmann zu Meienberg erschlagen, wofür die Meienberger Genugthuung zu leisten haben.

Ovch ist berét, dʒ welti am sand in dʒ ampt ʒe Meigenberg nit komen sol ân Her Heinrich Gesslers oder ſin vogtʒ vrlob. Wer' aber, dʒ er dʒ vbersech, so sol man darnach richten als gericht vnd vrtail vormals gên hat. vnd dabi sol man wissen, als Her Heinrich der Gessler gericht vnd verruft hat sibenzig knecht, dʒ die süllend vnd mügend wandlen vnn gân war sie wend, vnn sol man inen von des verufens wegen vnn von der sach wegen kein leid noch ʒûſprüch tûn. Ovch ist ʒe wissen, wer' dʒ Krieg vf lüf, dʒ got lange wend, vnn der verruften keiner (d. i. einer) gefangen wurd vnn in die empter gefurt wurde, dem sœllend die gericht kein leid tûn ʒe beden teilen noch schaden bringen von der dodschlegen wegen.

Des Ferneren: Welcher aus den genannten Aemtern die beiderseitigen Kirchweihen und Tanzplätze besucht und darüber angezeigt wird, der soll dem Vogte zehen Pfund Busse ohne Gnade verfallen sein und hat, wenn er bei einer solchen Gelegenheit geschlagen oder geſtochen wird, den Schaden an sich zu tragen.

Im Jahre 1402, 17. Juli vidimiert zu Bremgarten der kaiserl. Notar, Heinrich Bürer von Brugg obige Urkunde vor Rutschmann Landammann, »minister strenui militis domini Heinrici Gaessler.« Zeugen waren: Walther v. Heidegg, Johann v. Hünenberg, Imer von Seengen, Edelknechte; Rud. Bullinger, Ulr. Wäsemann, Bürger zu Bremgarten.

Beide Urkunden im Staatsarchiv Luzern. — Th. v. Liebenau, Sammlung von

Aktenstücken zur Gesch. des Sempacherkrieges, im Archiv f. schweiz. Gesch., Bd. 17, 239.

1400, 27. Aug., Cur.

Hartmann, Bischof zu Cur, sammt den Gotteshausleuten und der Bürgerschaft von Cur einerseits; sodann Ulrich Brun, Freiherr von Räzüns, sammt seinen Söhnen Hans, Heinrich, Ulrich und deren Angehörigen andern Theils werden durch Graf Rudolf, Herrn zu Werdenberg, in ihren bisherigen Kriegen und Ansprüchen gegenseitig geschlichtet und gerichtet mittels eines Friedenstraktates, gegründet auf zwei frühere Spruchbriefe, deren einer gegeben und besiegelt ist durch Graf Friedrich v. Toggenburg, Graf Rudolf v. Werdenberg, Herrn H e i n r i c h G e ß l e r e n Ritter, und noch sieben andern Adeligen, Aebten und Vögten des Bündner Oberlandes.

C. v. Moor, *Codex Diplomat. IV.* no. 264.

1400, 2. Dez., Ensisheim.

Leopold (V.), Herzog von Oesterreich, schlägt H e i n r i c h e n dem G e ſ ſ l e r, Vogt zu Feldkirch, 310 Pfd. Heller auf den Satz zu Grüningen.

Lichnowsky V, Urkk. no. 434. Dieselbe Urk. im Zürcher Staatsarchiv (Abtheilung Grüningen, Bündel 3, no. 31) nennt jedoch 400 Pfd. Haller als den Betrag des erhöhten Pfandzusatzes und begründet dies mit folgenden Verumständungen. Dem Geſzler sind von der Steuer des Amtes Grüningen jährlich 20 Pfd. Haller fällig. Da aber dieser Betrag schon von obigen Leopolds herzoglichem Vater denen von Grüningen, zu Nutzen ihrer Stadt, auf 20 Jahre und noch vier weitere drüber hinaus verschrieben worden war, so dass die Summe nun 400 Pfd. Haller beträgt, so schlägt der Herzog eben diese dem Geſzler und dessen Erben auf den Grüninger Satz. Gegeben zu Ensisheim am Donnerstag nach St. Andreas.

1400, Samstag vor St. Thomas, 18. Dezember, Baden.

Johann von Lupfen, Landgraf zu Stülingen, der Herzoge von Oesterreich Landvogt im Aargau, urtheilt nebst der Herrschaft nachgenannten Räthen. — Johann Tenger, Guardian des Franziskanerklosters zu Königsfelden, beansprucht die Ausrichtung der 4 Mark Herrengült, welche seinem Kloster durch Frau Elisabeth von Lothringen, Herzog Albrechts von Oesterreich Schwester, auf den Hof zu Siggingen gestiftet worden, bestehend in 12 Mütt Kernen, 12 Mütt Roggen, 4 Malter Haber, 2 Mütt Gerstengeldes und zwei Schweingeldes, deren jedes 5 Schilling Pfenning werth

sein soll. Peter Ammann von Brugg dagegen, der dieses Hof-
lehen erblich inne hat, behauptet, durch des Klosters ihm seit
30 Jahren gegebene Vergünstigung jene 4 Stück allein an Kernen-
geld entrichten zu dürfen. Entscheid: Peter Ammann soll die-
sen Nachlass mit besiegelten Briefen oder sieben unversprochnen
Mannen bis nächstkommende Lichtmess erweisen.

Namen der Räthe: »Meine lieben Vettern und besonders guten
Freunde: Walther v. Clingen, Ulrich v. Brandis, Herr Hemmann
v. Grünenberg, Herr Heinrich Geßeler, Herr Hemmann
v. Rynach, Hans Kriech, Herman Gremlich und Hans Segenfer,
Schultheiss ze Mellingen.«

Königsfeldner Gewahrsame, Bd. IV, 207 im Staatsarchiv Aargau. — Bei
Tschudi 1, 605 ein falsch datierter Auszug.

Ober- und Unter-Siggingen, zwei Ortschaften der aargau. Pfr. Kirchdorf
im Limmatthale, Bez. Baden.

1400, 19. Dez., Baden.

Johans von Lupfen, Landgraf zu Stülingen, Herr zu Hohen-
nagk, der Herzoge von Oesterreich Landvogt, entscheidet zwischen
Markward Zehnder und Ulrich Trüllerey, Bürgern und Stellvertretern
der Stadt Aarau als Beklagten einerseits, und anderseits zwischen
dem bescheidnen ehrbaren Imer von Siengen (Seeingen am Hall-
wilersee) als Kläger also:

Von einem in den Gerichten genannter Stadt gelegnen und
auf Imer erbweise übergegangenen Gute habe dieser die darauf
liegende städtische Erbschafts-Steuer zu zahlen, obschon er zu
Aarau nicht sesshaft sei; dagegen sei er berechtigt, die gleichfalls
ererbte Senftlismatte (Senftlis Owe) daselbst mit Einfängen zu
versehen, wie schon der Erblasser, Heinrich Schultheiss sel., ge-
nannt Senftli, solches gethan.

Die Namen der mit im Gericht sitzenden herzoglichen Räthe
sind: die edeln Herren, meine lieben Oheime und guten Freunde.
Graf Otto v. Thierftein; Rudolf v. Arburg; Ulr. Thüring v. Bran-
dis; Diethelm v. Krenkingen; Her Hanman v. Grünenberg; Her
Heinrich Geffeler; Her Rud. v. Hallwyl; Her Hanman v.
Rinach; Herman v. Landenberg, gen. Schudi; Hans Kriech von
Arburg; Hans Segenfer, Schultheiss zu Mellingen, Herman Grem-
lich. — Sonntag vor St. Thomastag.

Siegel hangt; Umschrift: S: Joh. de Luphen, Lantgrave. Perg.-Hf. im
Aarauer Stadtarchiv, B. 16. — Solothurner Wochenbl. 1828, S. 33.

Hohennack, nach dem gleichnamigen bei Baroche, westlich von Kolmar liegenden Berge zubenannt, bis 1441 eine Rappoltsteinische Herrschaft im Ober-Elsass, war herzoglich-österreichisches Lehen.

Ca. 1400. Aeltestes Urbarbuch des Klosters Muri.

Bl. 57ᵃ. »Meyenberg. Item das Steinin hûs vnd das hôltzin hûs, nâch bî des Gefflers Schü'r, giltet v ß den. an Sant Martis tag. (mit neuerer Tinte): het der geffler.

Bl. 59ᵇ. »Appwyl. Item in Ettnôw die gûter in vallenwag geltent vmb das jarzît ᵹ ß den. *census dominus* Geffler. (von späterer Hand:) *census dictus* Schnüperli.

Pap.-Hf. Gross 4⁰, im aargau. Staatsarchiv, bezeichnet: B I. Dies Urbar hält 90 rubricirte Blätter von gleicher Hand, und 14 weitere von zweiter und dritter Hand geschrieben. Laut Blatt 42 ist es noch zur Zeit der österreich. Landesherr-schaft abgefasst, hat aber Nachträge, Lehensbriefe und Urkundenauszüge von dem Jahre 1412 bis 1441.

Vgl. Kopp, Eidg. Bünde IV. 1, 265, Note 3.

18. April.

Jahrzeitstiftung einiger Leute aus der Bauersame des aargau. Dorfes Sins, an der Reuss, die sich der dortigen Kirche mit 20 Gulden und 1 ₰ verschreiben; darunter:

Beringer Geßler, Mechtild ſin Hûsfrôw vnd Henſli Geßler von Ôw.

Vrbani pape (25. Mai).

Rûdolff Geffler von meyenberg hatt gên armen Lütten fünf guldin, der lütprieftery fünf phund, fant Katharinen pfrund fünf phund.

Beides im Jahrzeitbuch der Kirche von Sins, der Schrift nach aus dem 15. Jahrh., nun im Kloster Engelberg. — Mitthl. durch Th. v. Liebenau, Archivar in Luzern.

27. August.

Ruodolf gaesseler.

Jahrzeitbuch der Leutkirche in Bern.
Archiv des histor. Vereins von Bern VI, 436.

Ca. 1400.

Eine Uebersicht der Einkünfte der Pfarrei Beinwil in den Freien-ämtern liess das Kloster Muri, als späterer Kirchherr daselbst, im Jahre 1542 entwerfen, »Vßgezogen vß denen alten Rodeln vnd vß Jarzigbuch.« Aus diesem letzteren stammen nachfolgende Geß-lerische Vermächtnisse:

Die Pancratii (12. Mai). Heinrich geßlar der älter posuit 6 dn. von dem acker . . .

Item Rüdi geszler von Wigwyl posuit plebano 6 dn. vom ackher im Dorfflü.

Hanß Sax von Wigwyl zinst jährl. 2 Viert. Kernen von einer Schupis zu Wigwyl, ftoßt einhalb an des Kreyenbühl güter, hinden an das Zelgli und nider-fich auf die geffer-gaß.

Archiv Muri, Dokumentenbuch M, pag. 88, 89, 108. Aargau. Staatsarchiv.

1401, 13. Oktober, Feldkirch.

Heinrich Geßler, Vogt, sammt Amman und Räthen zu Feld-kirch schreiben an Zürich um Wiedergabe von acht Saumrossen, welche die von Glarus einem Säumer des Feldkirchner Johanniter-Hauses gewaltsam abgenommen haben.

Vnfer früntlich dienft vor. Wyfen fürfichtigen wolbefchaiden vnd befunderen güten fründ. Wir tünd ûwer wyfhait ze wiffent, das ûwer aidgnoffen die von Glarus ainem erberen knecht, genant Rûdi Seueler, ietz von des kriegs vnd ftoffes wegen, fo fü mit dem Bifchoff von Chur hand, Acht fom-Roff genomen vnd in damit gröfflich gefchadget hand. Vnd won nv (nun) der felb knecht von finem lyb dem hus fant Johans ordens, gelegen ze Veltkilch, das ûnfer gnådiger herrfchafft von öfterrich vnd' och ûnfer Burgeren ift, aigenlich zûgehörrt, vnd wir och anders nit wiffent, das jm jemant ûtz ze gebietent hab denn ain Comendür vnd die Crütz-herren des felben hufes: Davon fo hattent wir durch güter be-fchaidenhait vnd gelimpfs willen her johanfen von Altftetten, ietz des hufes Schaffner, mit vnfern früntlichen Bettbriefen zû jnen gen Glarus gewyfet, vmb das dem armman das fin deft gerûwklicher vnd befchaidenlicher von jnen wider gelanget wår. Das håt aber nichtz überal geholffen, vnd mainet jm fchlechtz dü Roff nit wider ze gebent, als ûch des hufes gewaltiger Comendür her ûlrich von Tettingen, der och Comendür ze Tobel ift [thurgauer Dorf zwischen Frauenfeld und Bischofszell], die mainung villicht felber öch wol erzellen wirt, wie fin fchaffner darvmb von jnen gefchaiden ift. Lieben fründ, da bittent wir ûwer wyfhait vnd güte früntfchafft gar ernftlich: das ir von des frides wegen, fo vnfer gnådigü herr-fchafft von öfterrich mit ûch vnd ûwren aidgenoffen haltet, vnd och iemer durch ûnfer dienft willen, fo befchaidenlich vnd wol tûn wellint vnd die von Glarus vnderwyfint, das fi dem vorgeñ: armen knecht das fin tugentlich vnd befchaidenlich widerkerint vnd och

fürbas mit den jren redlichen fchaffint, das fi ûnfer herrfchafft lût
hin vnd herwider nâch ir notdûrfft lâffint varn, wandlen vnd werben
vnd fi deweder mit vanknûff noch andren fachen nit me bekûm-
berint, vmbfûrint, noch fchadgint, als fi och iet₃ kurt₃lich getân
hand; (in) den worten, das wir in allen Sachen och iemer defter
gernero tûn wellint was ûch vnd den ûwren lieb vnd dienftlich von
ûns ift. Vͤwer verfchriben antwûrt lând ûns herwider wiffen bi
difem Botten. Geben an dem Donftag vor Galli. Anno Domini
Mͦ. CCCCmͦ. pmͦ.

H a i n r i c h G ͣ f f l e r vogt ₃e Veltkilch.
Amman vnd Rͣt.

Pap.-Hf. im Staatsarchiv Zürich: Trucke 39; B. 1. Auf der Rückseite des
in Briefform gefalteten Blattes die Spur des abgefallnen grünen Rundsiegels; dazu
die Adresse: ›Den Wyfen fürfichtigen vnd wolbefchaideñ dem Burgermaifter vnd
gemainem Rͣt der Statt Zürich, ûnfern befundern gûten fründen.‹

1402, 17. Januar, Baden.

Graf Hans von Habsburg, Herr zu Laufenburg, H e i n r i c h
G e f f l e r und Henman von Reinach, die Ritter, schlichten, Namens
des Herzogs von Oesterreich als Lehensherren, einen über den
Kirchensatz zu Sursee zwischen dem Abte Konrad von Muri und
dessen Conventherren ausgebrochnen Zwist. Die drei Schiedsmänner
und der herzogliche Landvogt Johann von Lupfen besiegeln.

Klosterarchiv Muri Q IV, A 2; abgedruckt in den Aargau. Beitr. (1846)
pag. 303, sowie bei Herrgott Gen. III, no. 916, pag. 793.

1402, 14. April (Freitag nach Misericordia), Baden.

Vor Johannes von Lupfen, Landgraf zu Stülingen und Herr zu
Hohennagk, der Herrschaft Oesterreich Landvogt, und vor die Räthe
(Graf Hans von Habfpurg, Graf Ott von Thierftein, Rudolf von
Arburg, Her Hemman von Rinach, H e r H e i n r i c h G e f f e l e r,
Burkart Münch von Landskron, der alt Hans von Heidegg, Hem-
man von Liebegg vnd Hans Segenfer von Mellingen) kommen die
Grafen Conrad und Eberhart von Nellenburg und behaupten, dass
Frau Elisabeth von Montfort, geb. von Nellenburg, ihre Base, ihnen
vor Zeiten die Veste und das freie Amt von Willisau gegeben und
vermacht habe vor Landvogt und Räthen, wie ihr das vormals ge-
geben war zu ihrer Heimsteuer. Dagegen behauptete Graf Wilhelm
von Arberg, Er sei rechter Erbe und sonst Niemand. Die von
Nellenburg wurden angewiesen, ihre Ansprache kuntlich zu machen;
›Woltent aber nicht ₃u der kuntfchaft treten vnd lieffent gen₃lich

davon. Darum fol man Graf Wilhelmen die Graffschaft einant-
wurten, vnd fol ouch er den vorgen: v. Nellenburg vnd menglichem,
der Jn darvmb zuzesprechen hat, da uon rechts gehorsam sin vor
einem landvogt vnd miner herren Rath.«

Segesser, Luzern. Rechtsgesch. I, 638, Note 4.

Graf Wilhelm von Arberg-Vallendis, Gräfin Margareth, Geschwister, und
beider Mutter die verwittwete Gräfin Maha (d. i. Mechthilt, altfranz. *Mahaut*, ver-
kürzt *Maha*) von Welsch-Neuenburg, verkaufen 1407, Samstag nach St. Hilarien-
tag, die Grafschaft Willisau, das freie Amt Willisau mit der oberen Burg, sammt
Burg und Herrschaft zu Hasenburg, sämmtlich Lehen und Pfand von Oesterreich,
um 8000 Gulden an die Stadt Luzern. Segesser ibid. 643.

1402, 29. April (Samstag nach St. Georg).

Uli von Geltwil und seine Söhne Heini und Hensli geloben
eidlich, dem Spruche ihres Gnädigen Herrn und Vogtes, des from-
men festen Ritters Her Heinrich der Geffler, zu gehorsamen
und gegen Abt, Convent und Angehörige des Klosters zu Muri
Frieden zu halten, gegentheils sie dem Kloster und dem Heinrich
Geffler oder dessen Erben jeglichem Theile 50 Gulden Busse ver-
fallen seien. Alle drei Geltwile schwören, binnen den nächsten
14 Tagen über Rhein zu gehen, von wo sie nicht anders als mit
des Abtes Erlaubniss wieder heimkehren sollen. »Were aber, daz
er daran ze hert und ze streng wer', so stat es an unserem hern
dem geffler, und wen uns der her wider heißt komen, daz mügen
wir wol tůn.« Die Urkunde besiegeln Heinrich geffler, Ritter, und
Hans von Heidegg. Zeugen sind: Junker Ulr. v. Heidegg, Hans
Wernher v. Heidegg, Albrecht Bueßinger, Jmer v. Seengen, Cuonrad
Tegerveld und Rutzmann Landamman, Burger von Bremgarten.

Archiv Muri, Dokumentenbuch Q IV, pag. 88, Staatsarchiv Aargau.

1402, 17. Juli, Bremgarten.

Rutschmann Landammann, *minister strenui militis domini
Heinrici Gæssler*, lässt einen zwischen den Aemtern Meyen-
berg und Rothenburg gemachten, vom 29. Januar 1400 datierenden
Richtungsbrief (vgl. unsre Regesten) vidimiren.

Originalurkunde im luzern. Staatsarchiv, mitgetheilt durch Staatsarchivar Th.
v. Liebenau.

1402, 23. Juni, Baden.

Heinrich Geffler, Ritter, zu diesen Zeiten Vogt zu Veld-
kirch, giebt in seinem und seiner Erben Namen dem ehrbaren

beſcheidnen Manne Johannſen dem Segenſer, Burger zu Aarau, zu dessen und dessen Erben Handen zu kaufen 1) den Dinghof zu Niederlenz, welcher an jährlichem Zins erträgt 10 Mütt Kernen, 12 Mütt Roggen, 4 Malter Haber, 4 Fasnachts- und 4 Herbsthühner und 100 Eier. 2) Den halben Theil des Hofes zu Sur, welcher jährlich ergiebt 8 Mütt Kernen, 5 Mütt Roggen, 2 Malter Haber und 14 Schilling Pfenninge, — sämmtliches um den Kaufpreis von 270 Goldgulden, und verpflichtet sich, dasjenige was dem genannten Hofe zu Niederlenz an den vorgeschriebnen Zinsen abgehen würde, dem Segenſer aus allen andern Geßlerischen Gütern zu ersetzen. Heinrich Geßler siegelt.

An demselbigen »Sanct Johanns Abend des Tüfers« des genannten Jahres wird dieser Kauf rechtlich eingefertigt zu Lenzburg durch Johann Schultheiß, der Herzoge von Oesterreich Vogt daselbst. Albrecht Bueſinger, als Heinrich Geßlers Bevollmächtigter, überreicht hier in gebanntem Gerichte an freier Straße unter dem Sarbach*) den besiegelten offnen Vollmachtsbrief, giebt die Güter in des Richters, und dieser sie in Segenſers Hand, worauf das Gericht und die Zeugen den Akt verbriefen und besiegeln.

Der Grafschaft Lenzburg Dokumentenbuch Pars I, fol. 285 bis 293, im aargauer Staatsarchiv BB. — Gleichnamige Urk. im Familienarchiv der Segesser von Brunegg zu Luzern, mitgeth. durch Th. von Liebenau daselbst.

1403, 9. Februar, Graz.

Hainrich der Gessler, in seinem und seiner Erben Namen, erklärt:

Als mir der hochgeborn fürst, mein gnediger lieber Herr, Hertzog Leupold ʒe Oesterreich etc., die vesten Rynfelden mit der Grafschaft im Frikhtal, dem Ampt Homberg, den ʒinsen und Stewren ʒe Entelbuch und allen ʒugehorungen mein lebtag ingegeben, mich daselbshin gen Rynfelden behauset und nach meinem tod meinen erben für ʒwaytausent guldein verschrieben und in phandesweis versaczt hat nach des briefes laut und sag, so wir von jm darumb haben. — Er bekennt sodann, an Eides statt angelobt zu haben, dem Herzog, dessen Brüdern, Vettern und Erben mit den Vesten gehorsam und gewärtig zu sein, dieselben in baulichem Stand, mit Wächtern und Zeug gerüstet zu erhalten, sich mit den herkömm-

---

*) Unter dem Sarbach zu Lenzburg, d. i. unter dem Gerichtsbaume der Schwarzpappel, deren Provinzialname Sarbache, Sarbuche, Sarbollen und Sarbaum ist.

lichen Zinsen und Steuern daselbst zu begnügen und nicht über deren Betrag die Leute weiter zu bedrängen.

Siegler sind: Heinrich Geßler, Graf Heinrich von Montfort, Junker Walther von der Hohen Klingen.

Kaiserl. Geheimarchiv in Wien.
Lichnowsky V, no. 539. — Th. v. Liebenau im Archiv für schweiz. Gesch., Bd. 17, S. 240.

1403, XVI Kalendas Aprilis (17. März).

Conſtituit quedam honeſta perſona ob ſalutem animarum Jti wechterliſ et matris eius Geſſlerin, Fellwerin et anne ſchniderin, que in hoſpitali deceſſerunt, et jh^{is.} ſchintznach, xvj. den., quorum quatuor cedunt conventui Converſarum, ut de ſero et mane ſignent ſepulcrum.

Aeltestes Jahrzeitbuch der Leutkirche zu Aarau, Perg.-Hf., Grossfol., Bl. 20a. im Aarauer Stadtarchiv. Die Einzeichnungen dieses Codex, welcher Abschrift ist eines älteren aus dem 13. Jahrh., reichen von dem Jahre 1300 bis 1530 als dem Jahre, da die Gemeinde der Reformation beitritt. Unter dem *conventus converſarum (Sororum)* ist gemeint die seit 1270 zu Aarau gegründete Sammnung der Schwestern von Schänis, Augustinerordens. — 1403, 1. Juli, zu Mellingen stiftet Johannes der Segenser von Mellingen (Schultheiss daselbst und Bürger zu Aarau) der Verena Schniderin, seiner Ehefrau sel., und deren Vorfahren mit Gunst der Herzoge von Oesterreich eine Frühmesse. Zeitschr. Argovia, Bd. 8, S. 299.

1403, 7. Mai (Montag nach 1. Mai), Bremgarten.

Pentelly Brunner, Schultheiss zu Bremgarten, die neuen und die alten Räthe daselbst erkennen unter Mitwirkung ihres Geschwornen und Mitbürgers Rûtſchman Landammann, der ʒit amptman des amptes ʒe hermantschwile in namen des fromen vesten ritters her heynrichen des gesslers, als von welchem der Geschworne Landammann die Rebgüter im Ittenhard zu Lehen hat: dass die Anstösser an diese Güter alle Bäume nur 22 Ellen von des Rebbergs oberer Gemarkung entfernt setzen dürfen, wobei Nussbäume gänzlich verboten, Apfel- und Birnbäume erlaubt sind. Die in der genannten Gemarkung binnen 2 Jahren noch nicht beseitigten Bäume werden mittels Selbsthülfe entfernt und deren Eigenthümer bezahlt dann der Stadt 10 Gulden, sowie dem Vogte zu Hermetswil 5 Gulden Busse. — Folgen eilf Namen der Räthe und Geschwornen.

Perg.-Urk. im Bremgartner Stadtarchiv, das Siegel fehlt.
Briefl. am 9. Dez. 71 mitgetheilt durch Hrn. Fürsprech Plac. Weissenbach, Präsident des Aargau. Gr. Rathes. Vgl. Argovia 8, S. 32.

1403, 3. Juni, Meienberg.

Heinrich Gaeffler, Ritter, der Herzoge Landvogt in Stadt und Amt Meienberg, urkundet und erklärt: Da die Stadt Meienberg durch Landkriege geschädigt und verwüstet worden und gegenwärtig an Einwohnerzahl und Vermögensstand zu krank (gering) sei, als dass sie mit ihrem Betreffnisse (»Sunderheit«) der jährlichen Steuer des Amtes genug thun könne, so habe er, die Ehre der Herrschaft, sowie des Amtes und seiner Armen Leute Nutzen beherzigend, geboten, dass von nun an fünf Jahre lang und darnach auf Widerruf alle Amtsgenossen in und ausser der Stadt gleichsteuern und gleichdienen sollen, jeder nach seinem Vermögen, wie ihm das von den geschwornen Steuermeiern auferlegt und angewiesen werde. Dagegen sollen Alle in und ausserhalb der Stadt, Mann, Weib und Kind, auch in gleichen Rechten stehen bezüglich der Gerichte, der Nutzungen und Anfälle, und Niemand soll mehr einen »Fürling« (Fürderling, Vortheil) haben, doch soll dies der Stadt an ihren Sonderrechten in Wald, Wunn und Weide nichts schaden. Und damit Alle sich um so eher wieder zu erholen vermögen, so begebe er sich selbst sammt seinen Erben von nun an fünf Jahre lang ebenfalls aller ihm hier zustehenden Nutzungen und Amtsgefälle. »Geben in den pfingsten.«

Staatsarchiv Luzern.

Segesser, Luzern. Rechtsgesch. II, 64. — Th. v. Liebenau, Aktenstücke zur Gesch. des Sempacher Krieges, im Archiv für schweiz. Gesch., Bd. 17, 243. — Geschichtsfreund, Bd. 25, S. 98.

1404, 20. März (feria V[a.] ante annuntiationem B. Mariae V).

Revers Hermann Gefflers um die Veste Rheinfelden und die Grafschaft Frickthal, die ihm um 2000 Gulden verpfändet sind; ferner das Gelöbniss, diejenigen Stücke baldmöglichst wieder einzulösen, die er mit des Herzogs Bewilligung und der ihm gleichfalls verpfändeten Herrschaft Meienberg etlichen von Zürich versetzt hat.

Schatzarchiv Innsbruck.

Anzeiger für schweiz. Gesch. und Alterth. 1864, S. 27: Regesten no. 92. — Wülberz, *Analecta Geneal. Helvet.* in Zurlaubens Stemmatographie Bd. 69, Bl. 14 bb.

1404, 21. April, Rheinfelden.

Burkart Stüllinger, Burger zu Rheinfelden, bekennt, dass vor ihm Abt Andreas von Zweibruggen zu der Hymelport und Frau Eufemia von Küngstein, des Ritters Roman v. Küngstein Wittwe,

Güter zu Rürberg auf dem Berge in der von Wilen Banne, gegen
vierthalb Mannwerk Matten im Warmbacher Banne vertauscht haben.
Geben ʒe Rinfelden, mendag vor fant Jörien tag. Siegler: 1) Junker
Burkart Schurli von Stoffeln, Schultheiss zu Rheinfelden, 2) R i t t e r
H e r m a n n   G e ß l e r (Eufemia's Bruder), 3) Hans von Keyferftůl
zu Rheinfeld.

> Perg.-Urk., das erste Siegel ist abgefallen.
> Regesten des Klosters Himmelspforte bei Wyhlen. Zeitschr. für die Gesch.
> des Oberrheins, Bd. 26, S. 365.

1404, 24. April.

Hans Schudi, Tavernenwirth zu Frick, hat von seinem Lehens-
herrn, dem Grafen Otto von Thierftein auf Farnsburg, verlangt,
dass man ihm den Lehenszins nicht über 12 Schill. Pfenning stei-
gere, den Ehrschatz nur bei Erneuerung (neuer Besetzung) der
Taverne abfordere und ihn mit dem Geliger (Einlagerung) des
gräflichen Gesindes nicht zu sehr beschwere; er ist hierüber in Un-
einigkeit mit seinem Herrn gerathen und durch diesen vom Wirths-
hause entfernt worden. Allein Ritter H e r m a n   G ä f f e l e r, Amt-
mann zu Homberg, nimmt sich des Verstossenen an und stellt das
gute Vernehmen wieder her, laut Urkunde »geben an St. Geryen
Tag.«

> Frickthals Archiv Bd. 6, no. 10. — Franz Xav. Bronner, Aargauische Chro-
> nik II, no. 972; Hf. der Aargau. Kt.-Bblth.: MS. *Bibl. Nov.* 8o.

1404, 26. Juli, Innsbruck.

Herzog Friedrich verwilligt, dass H e r m a n   G e s s l e r die ihm
bisher verpfändet gewesne Veste Schenkenberg an Jakob den Zikel
(lies Z i b o l), Bürger zu Basel, weiter verpfände.

> Kaiserl. Geh. Archiv. Lichnowsky VI, Urkk. pag. XVII, no. 636b.
> Schloss S c h e n k e n b e r g, jetzt eine Ruine in der aargau. Dorfgemeinde Thal-
> heim, Bez. Brugg, war ein Reichslehen, besass zugleich die Vogtei über die Herr-
> schaft Bözberg und gieng unter König Sigmund abermals an die Fridingen-Geſʒler
> über; vgl. Regeste v. J. 1406 und 1417, 29. März.
> Die überaus zahlreichen Namensentstellungen in Lichnowsky's Regesten be-
> dingen hier eine beweisende Erklärung. Der obgenannte Jakob Z i b o l urkundet 1388,
> 5. August, zu Basel als dortiger *magister civium.* Trouillat, *Monum. IV, no. 242.*
> Ihm hatte Herzog Leupolt am 7. Febr. 1397 die Zölle am Hauenstein, zu Werra,
> Rickenbach (sämmtlich am schwarzwälder Rheinufer gelegen) und zu Hornefʒkon
> (Amt Hornuſʒen im aargauer Frickthal) um 300 Gulden 22 ₰. Geldes verpfändet.
> Mone, Zeitschr. 10, 361. Das herzoglich-österreich. Urbar des Schlosses Stein zu
> Rheinfelden v. J. 1400, im kaiserl. Haus-, Hof- und Staatsarchiv zu Wien liegend,

abschriftlich auf der aargau. Kant.-Bibliothek, schreibt auf Bl. 36ᵇ Nachfolgendes: Item so müs man gên den Zibellen L. lib. ab dem (Schwarz)wald. — Jakob Zibol gehörte in Basel zu den Achtbürgern, d. h. zu solchen Patrizierfamilien, die zwischen den Rittern und den Zunftgenossen in der Mitte standen und 8 Vertreter im Rathe hatten; er war einer der Wenigen, die bei dem grossen Umgeld i. J. 1401 in erster Klasse, d. h. mit einem Vermögen von über 10,000 Gulden, steuerten. Baslerchroniken (1872) I, 259. Auf seinen mehrfachen Gesandtschaftsreisen hatte er zu Nürnberg das dortige Karthäuserkloster besichtigt und gründete nach dessen Muster 1401 das gleichnamige zu Basel, das dann von seinen drei Söhnen Burkard, Peter und Nikolaus weiter ausgeführt wurde. Mit Urk. vom 6. Jan. 1405 nimmt ihn Herzog Friedrich in Schutz und sichert ihm zu den vorigen Pfandschaften auch die der Veste Rheinfelden in der gleichnamigen Stadt sammt der Grafschaft Homberg im Frickthale. Lichnowsky V, Urkk. no. 674. Am darauf folgenden 12. März d. J. verspricht Jak. Zübel dieses Pfand dem Herzog und dessen Brüdern um 8310 rh. Gulden wieder zu lösen zu geben (*ibid*. Urkk no. 688), und Katharina v. Burgund, Herzogin von Oesterreich, sagt am 26. Juli 1409 diese Auslösung zu (*ibid*. no. 1098). Allein inzwischen hatten sich die Zwistigkeiten zwischen dem Herzog und der Stadt Basel so weit gesteigert, dass letztere die benachbarten österreichischen Besitzungen verwüstete, den Jakob Zibol, weil er die Veste Rheinfelden nicht überantwortete, mit seinen Söhnen gefangen nahm und nur erst gegen eine ˏCaution von 12,000 Gulden losgab. Die ›Abgeschrift des Zibollenbriefs über die zwölfthufent guldin, und der Zibollen urfechtbrief,‹ in welchem sie versprechen, sich nicht an der Stadt rächen zu wollen, sind beide am 3. Nov. 1409 ausgestellt. Jakob Zibol starb zu Basel am 3. März 1414, nachdem er dem von ihm gestifteten Karthäuser Kloster successive 4513 Gulden geschenkt hatte. Baslerchroniken I, 275, 284. Der Fortbesitz der vom Vater Jakob besessnen österr. Lehen und Pfandschaften wird 1410 dessen Sohn Burkard Ziboll, Basler Oberstzunftmeister, gewährt, worauf Herzog Friedrich am 17. Juli 1411 an des vorgenannten Burkards Brüder: Peter und Klaus Zübel zu Basel, um einen Jahreszins von 300 Gulden die zu den schon erwähnten Aemtern und Herrschaften gehörenden Einkünfte verpfändet, sammt den ferneren Aemtern an dem Arlschachen, im Rheinthale und auf dem Dinkelberge mit allen dahin pflichtigen Dörfern. Die Zibollen zahlen dafür 6000 rh. Gulden, ablösbar durch Rückzahlung. Frickthalisches Archiv, Bd. IV, no. 15, im aargau. Staatsarchiv. Neuerdings belehnt derselbe Herzog Friedrich zu Baden am 20. Mai 1412 die Gebrüder mit den genannten Besitzthümern und schlägt ihnen noch 4 Mark jährlichen Geldes auf den Besitz des Schultheissenamtes zu Rheinfelden. Lichnowsky V, Urkk. no. 1310. Diese Pfandschaften verbleiben denselben Inhabern noch i. J. 1424: Peter Ochs, Gesch. Basels III, S. 222, 82 und 167.

1405, 15. Okt.

Hermann Geßler, in seinem und der Seinigen Namen versetzt die Veste Liebenberg und die Vogtei Mänedorf um 1000 Gulden an die Stadt Zürich.

Ich Herman der Gefsler, Ritter, Tuon Kunt Allen den, die difen Brief fechent oder hôrent Lefen, Als ich Etwe [sehr] vil

ʒites In groſſer Vngunſt vnd Miſſhellung geweſen bin gen dien
fürſichtigen, wiſen, dem Burgermeiſter, dien Råten vnd Burgern
der Statt ʒürich, Von der ſelben ſach wegen ſi mich herteklich
gehaſſot vnd in vorchten gehebt hant, Vmb dieſelben Stôſſ vnd
ſach ich mit dien obgeñ. von ʒürich lieplich vnd gůtlich vnd nach
miner fründen Råt gericht vnd vereint bin, alſo daʒ ſi min vnd
ich Iro luter gůt fründ worden ſyen vmb all vergangen ſachen So
ʒwüſchent inen vnd mir vntʒ vff diſen hüttigen tag, als diſer brief
geben iſt, Je vfgelôſen ſint; Vnd durch das die Richtung vnd
früntſchaft deſter lieblicher dar gang: So han ich dien ſelben von
Zürich für mich, für vrôn Margrethen von Elerbach, min
lipliche můter, vnd für Wilhelm den Geſſler, min liplichen
Brůder, vnd für andere mine geſwiſtergit vnd für vnſer aller erben
gelobt vnd verheiſſen Tuſent Guldin gůter vnd geber an gold
vnd an gewicht. Daſſelb gelt ich inen Jetʒ wiſſentlich In eines
Rechten Redlichen pfandes wiſe geſetʒt han: Sechs hundert Gul-
din vff min veſty Liebenberg mit dem hof ʒe Liebenberg, mit
dem hof im Brand, mit der Müli ʒe Liebenberg, vnd vff die Ein-
lif Malter Kerngeltes ʒe Rietikon vnd ʒe Altorff, daʒ man
nempt wiſſkorn, vnd vff hüſern vnd vff hofſtetten mit Aekern,
mit Wiſen vnd mit aller Rechtung, Friheit vnd Ehafty, So ʒů der
vorgeñ: veſty, dien hôfen vnd ʒů dien gůtern gehôrt. Vnd die
übrigen Vierhundert Guldin han ich inen ôch ʒe einem Rechten
Redlichen pfand geſetʒet vff die vogty über lüt vnd über gůt des
dorfs ʒe Menidorf, bi dem ʒürichſêwe gelegen, mit Twing, mit
Bann, mit allen gerichten vber Tüb vnd vber freſni, Mit ſtüren,
mit dienſten vnd mit aller der Rechtung, So dar ʒůgehôrt vnd
als min Vatter ſelig vnd ich die ſelben vogty vntʒ har gehept
vnd genoſſen haben; Mit dien gedingen, das die vorgeñ: von
ʒürich die vorgeſchribnen veſty Liebenberg vnd ôch die vorgeſeite
vogty in pfandes wiſe, als vor iſt Beſcheiden, vnwůſtlich vnd nach
pfandes recht haben vnd nieſſen, Beſetʒen vnd entſetʒen ſüllent,
wie inen das fůgklich iſt, Von mir, von der obgeñ: miner můter,
von minem Brůder vnd andern minen geſwiſtergiten vnd von vn-
ſern erben vnd von menclichem von vnſern wegen gentʒlich vnbe-
kümbert; Vnd ôch alle die wile, So die vorgeſeit Veſty vnd Vogty
vmb die vorgeſeiten Tuſent Guldin nicht gentʒlich erlediget noch
erlôſt ſint. Die ſelben Loſung wir ôch wol tůn mugent mit dien
gedingen, als hie nach geſchriben ſtåt.

Das iſt des Erſten: mag ich vnd min erben die vorgeñ: Veſty

Liebenberg mit aller ʒûgehôrt, als vorgefchriben ſtăt, hinnenhin
wenn wir wellent, Ledigen vnd lôfen, mit Sechs hundert Guldin
gûter vnd geber an gold an gewicht; wenn wir die Sechs hundert
Guldin famenthaft den obgeñ: von Zürich in iren gewalt richten
vnd weren, do mit fol vns die obgeñt: Veſty, die hôf vnd das
Korngelt mit aller ʒûgehôrt Ledig vnd Los fin, Doch alfo: wel-
ches Jares wir die Lofung Tûyen, das dann deſſelben Jares die
nütʒ, so von der vorgeñ: Veſty vnd dien vorgefeiten Gûtern vallent,
den obgeñ: von Zürich volgen vnd beliben füllen, ăn all geuerd.
Vnd vmb die Lofung der Vogty ʒe Menidorf Iſt Beredt, das ich,
noch min Mûter, min Brûder, noch andere mine gefwiftergit, noch
vnfer Erben, noch nieman die felben Lofung nicht tûn füllen
noch mugen, Es hab dann vorhin Min Genedige herrfchaft von
Öfterrich etc. von vns erlôfet: die Veſty, die Statt vnd das Ampt
ʒe Grüningen, die Statt vnd das Ampt ʒe Meyenberg vnd das ʒû
der pfandung gehôrt. Dannenhin mugen wir die obgeñ: Vogtye
ʒe Menidorf ôch wol lôfen vmb vierhundert Guldin, als vor ge-
fchriben ſtăt, ăne widerred. Ovch enfullen die obgeñ: von ʒürich
nieman der minen, si fyend min Eigen vogtlüt oder pfandlüte,
hinnenhin ·nicht ʒe Burger nemen noch enpfachen, dann nach
wifung des fridbriefs, ăne all geuerd. Vnd her über ʒe einem
ſtăten waren vrkünd aller vorgefchribner ding, So han ich der
obgeñ: H e r m a n d e r G e ſ ſ l e r Min Infigel offenlich gehenkt an
difen brief, der geben iſt an der nechſten Mitwuchen vor Sant Gallen
tag, Do man ʒalt von Gottes gebürt Vierʒechenhundert jăr,
darnach in dem fünften Jar.

Original-Urk. im Staatsarchiv Zürich, bezeichnet: N. 3094. Geſʒlers grünes
Rundfiegel, in weisses Hüllwachs eingelassen, hangt, und trägt die Umschrift:
† S. HERMAN. DLI. GESSL. MILITIS. In dieser Siegellegende betitelt sich der
Ritter nur Domicellus, Junker.

Auf der Rückseite steht: Her Hermans Geſſlers Brief Als er vnfern Herren
von Zürich die veſty liebenberg vnd die Vogty ʒe Menidorf vmb Tufent guldin
verfetzet hät ʒe fchatʒung, 1405.

Auf die 1405 erkaufte Geſʒlerifche Herrschaft M ä n n e d o r f setzte Zürich
1406 den Cuntzmann Zoller als Vogt (Leu, Helvet. Lexik. XII, 421), Schloss
L i e b e n b e r g versetzte es dem Rudolf Netftaller aus Glarus, welcher es während
des Alt. Zürichkrieges 1440 den vor· Grüningen lagernden Truppen der Waldstätte
aufgiebt, die dann das stattliche Schloss in Asche legen. Stumpf Chronik, Ausg.
von 1548, II, S. 125ᵃ· und 142ᵃ· Ueber die Einkünfte dieser Pfandschaften ent-
hält die Offnung von Mönchaltorf v. J. 1439 mehrfache Angaben. A l t o r f hatte
an die Veste Grüningen jährlich zu zinsen 140 Mütt Kernen, 23 Malter Haber,
23 Pfd. Pfennige. Ausserdem 170 Ellen Tuches: dafelb hûbtûch foelli fo fwach

sin, wenn man das spreit vf ein wasen, daʒ gens gras vnd bollen durch das Tûch mugint eſſen. Ouch sprechint si, daʒ si wiſskorn söllent geben gen Liebenberg, vnd solli das sin des swechsten, des got eim man berät des jars, vnd gebi ieman bessers, der sol eim ieklichen hofman dryg schilling verfallen sin. Grimm, Weisthümer I, 12.

1405, 17. Nov., Feldkirch.

Ritter Heinrich Geßler, Vogt zu Feldkirch, meldet dem Abt Cuno von St. Gallen die Verschiebung eines zwischen dem Abte und dem Grafen Heinrich von Montfort vor dem Landvogt und den Räthen nach Baden anberaumt gewesenen Rechtstages.

Stiftsarchiv St. Gallen, sogen. »Histor. Archiv«. Mitgetheilt durch Hrn. Th. v. Liebenau in Luzern.

1406, 23. Mai, Konstanz.

Herzog Friedrich von Oesterreich urkundet, dass Hermann Geſſler, als herzoglicher Vogt zu Rapperswil die 25 daselbst in Besatzung liegenden Kriegsknechte für ihren zweimonatlichen Sold mit 300 Pfund Haller, und ebenso den herzoglichen Büchsenmeister daselbst mit 25 Pfund Haller seines Jahrgehaltes in des Fürsten Namen befriedigt habe.

Schweiz. Anzeiger für Gesch. und Alterthum 1864, S. 45, Regesten no. 97.

Obige Urkunde ist zugleich in nachfolgender Notiz verstanden. Ein handschriftliches Buch in Grossfolio im Hausarchiv Wien, als Urkundenverzeichniss, hat auf dem Deckel die Aufschrift: »Brief zu Lucern, 1470.« Darüber steht bemerkt, Herzog Sigmund habe auf seinen Bericht an die Eidgenossen, um Auslieferung des von ihnen auf der Burg zu Baden eroberten österreichischen Archivs, dieses Buch i. J. 1470 von Luzern her erhalten. Diese unpaginirte Hf. enthält in ihrer Rubrik: »Quittungen und Verzeichbrief« auf Blatt XIIIᵇ. no. 6 die Stelle:

»Item ain quitbrief von Herman Geffler vmb iij ͨ vnd ꝯꝯꝟ ℔. von der ſoldner wegen zu Raperſwil.«

Kopp, Gesch.-Bl. I, 244.

1406, 17. Aug.

Ritter Hermann Geßler tritt auf achtzehn Jahre in das Bürgerrecht der Stadt Zürich.

Allen, die diſen Brieff ſechent oder hörent léſen, kúnd Ich Hermann der Gäſſler, Ritter, vnd vergich offenlich, dass Ich mit guter Vorbetrachtung vnd mit miner fründ vnd ander erbër lüt rat, durch Schirmes vnd frides willen mins ſelbs, miner lüt vnd gûter, ein Burgrecht vfgenomen vnd empfangen hab mit dien fromen Wiſen Burgermeiſter, dien Rëten vnd Burgeren gemein-

lich der Statt Zürich. Daſſelb Burgrecht ʒwüſchent Inen vnd mir
getrüwlich, war vnd ſtet beliben ſol hinnenhin ʒe dem nëchſten
St. Göryentag, ſo nu komt, vnd dannenhin achtʒehen gantʒe jar,
ſo dann ſchiereſt nach enander koment, on all geverd, Nach dien
punkten vnd mit dien Artiklen, als hie nach geſchriben ſtat.

Des Erſten, ſo hab Ich mit guten trüwen gelopt vnd offenlich ʒe den Heilgen geſworen von ditʒ Burgrechts wegen mit allen
minen Sloſſen, Veſtinen, Stätten, Tälr, Landen, Lüten, ſo Ich ietʒ
hab oder fürbas gewünne, mit lib vnd gut der obgeñt: Statt vnd
Burgeren Zürich ʒu allen jren nöten vnd ʒu allen jren ſachen ʒe
helfen vnd ʒe warten, wie es jnen notdurft vnd füglich iſt in ſolicher
maß, als ob jeglich ſach mich ſelber angienge; vnd ſullent Inen
ouch all min Stett, Sloſſ, Veſtinen, Tälr, Land vnd Lüt offen vnd
gewertig ſin ʒu allen Iren ſachen vnd als dick ſi des notdürftig
ſind, als mir ſelber, ân all widerred. Vnd wenn ſi mit jr volk
ald mit jren helferen ʒu mir ſetʒen oder ʒiechen wolten in jren
ſachen, das ſullend ſi in jren koſten tun, vnd ſoll öch ich vnd die
minen Inen köff vmb Ir pfenning geben vnd daß niemand der
minen dorin ſich ſchonen vnd enkein vngewonlich rüſtung darin
tun ſullent, vngefarlich. Die vorgeñt: von Zürich hant öch mir
herwider gelopt vnd verheißen: Wër', daß jeman, wer der wëre,
mich oder die minen, ald min hinderſäſſen wider Recht jemer
ſchadgote, bekumberte oder angriff', wider die oder wider den
ſullent ſi mir vnd den minen getrüwlich mit allem ernſt beholfen
vnd beraten ſin in allen ſachen, als anderen jren angeſäſſnen Burgeren, als vër ſi mugent, ân all geverde. Wëre öch, daß dehein
miner Stett, Sloſſ, Veſtinen, Tälr, Land ald Lüt, ald min Hinder
ſäſſen ſich wider mich ſetʒen, abwerfen, ald in dhein wiſe vngehorſam ſin wöltent: Wider den vnd wider die ſullent mir die vorgeſit: von Zürich öch früntlich vnd getrüwlich behulfen vnd beraten ſin, als vër vnd ſi mugen vnd als andern jren Burgeren,
daß ſi mir gehorſam werden, wie ſi minen Vorderen vnd mir gehorſam ſint geweſen vnd gedienet hânt, âne geverd. Darʒu iſt
berett:

Wëre, daß mine lüt oder hinderſäſſen mir abtrünnig, oder in
deheiner Statt vnd Land Burger oder Landlüt es wolten werden:
das ſullent die von Zürich mit guten trüwen mir helfen wenden
vnd weren, als vër ſi mugent; vnd enſullent öch dieſelben von
Zürich hinnenhin enkeinen der minen noch miner hinderſäſſen nit
ʒe Burger emphahen dann mit minem willen, die wile ditʒ min

Burgrecht wëret. Vnd ſullent ŏch die von Zürich mich nit ſumen
noch iren, wie ich min lüt vnd hinderſäſſen mit ſchatzung oder
mit andern ſachen handlen, âne geverd. Wër' ŏch, daß die von
Zürich oder mich an dewederem teil von jeman in ſolich ſachen an-
gienge, davon krieg vffſtund'; was dann Stetten, Veſtinen, Sloſſen,
Land vnd Lüten von vns beiden teilen gewunnen, erobert oder
behaupted wurden, da der von Zürich panner bi wër': daſſelb
alles das, ſo alſo gewunnen wurd', ſoll dien von Zürich gentzlich
werden vnd beliben. Wër' aber, daß Ich old die minen Jeman
in dien kriegen viengen: die ſullent ŏch vns volgen, vnd beliben
von deñ von Zürich unbekümbert, doch alſo, daß Ich vnd die
minen dieſelben gevangnen mit vrfecht nach der von Zürich Rat
von vns ſullent laſſen, vnd nicht anders. Eroberte vnd gewunne
Ich oder die minen in ſölchen kriegen dehein Statt, Sloſſ, Veſtinen,
Land oder Lüt, da der Statt Zürich panner nicht bi wër', daſſelb
alles ſoll mir ŏch volgen vnd beliben, doch alſo, daß ich dien
von Zürich damit warten vnd behulfen ſin ſoll als mit andern
minen Veſtinen, Stetten, Sloſſen, Landen, Lüten vnd gûtern, âne
widerred. Ich mag ŏch herren, minen fründen vnd geſellen wol
dienen vnd behulfen ſin, doch alſo, daß Ich, noch die minen, mit
deheinen ſachen wider die von Zürich, noch wider jr Eidtgnoſſen
nicht ſin noch tun ſullen, diewile ditz min Burgrecht wëret. Wëre
aber, daß die von Zürich min zu jren Eren, nutz vnd notturft be-
dörfften vnd ſi mich darumb mit jrem brieff mantin in dien ziten,
ſo Ich Herren, Fründen vnd geſellen diente: ſo ſoll Ich one ver-
zug zu Inen komen vnd Inen zu jren ſachen helfen vnd raten in
der maß, als vor iſt beſcheiden, ân alle widerred. Vnd vmb was
ſachen ich deheinen Herren, minen Fründen, oder minen geſellen
behulfen wër', ſtunde mir oder den minen davon dehein ſchad
oder gebreſt vf, das ſoll die von Zürich nicht angân vnd enſullent
ŏch davon enkein gebreſten noch ſchaden haben, ſi tuond es denn
gern. Vnd was ſachen von der hilf, ſo Ich Herren, Fründen oder
geſellen tât, vfflöffen, die den frid anrürtin, ſo min Herſchaft von
Oeſterrich vnd die von Zürich ietz mit enandern hânt oder noch
fürbas mit enandern machtin, darumb ſoll Ich dien von Zürich,
nach der fridbriefen ſag, von mines Burgrechtens wegen gehorſam
ſin, âne widerred.
Wër' ŏch daß dehein Herr oder Statt, old dehein Ritter oder
Edelknecht, old dehein Burger Zürich, krieg oder miſſehellung
mit mir hinnenhin gewunnen vnd was ſach es ie dann wëre, wölt'

dann derfelben deheiner von der ftöß vnd mißhellen wegen für ein
Burgermeifter vnd ein Rat Zürich komen zů dem Rechten, fo foll
Ich öch vmb jeklichs derfelben ftucken für fi komen vnd darumb
gehorfam fin, was fich ein Burgermeifter vnd Rat Zürich gemein-
lich oder der Merteil vnter Inen, nach jetweders teiles red vnd
widerred, vmb jeklich ftuck ze dem rechten erkennend. Doch
hab Ich mir felber iu difem ftuck vorbehept, daß ich gen den
minen, noch gegen dien, fo in minen gerichten vnd Twingen gefeffen
fint, nicht gebunden fin fol alfo, dehein fatz ze tun als vorgefchri-
ben ift vnd als der Statt Zürich lüt', gericht vnd gůter, vnd ouch
min' lüt', gericht vnd gůter in gemeind mit einander nieffent.
Wër' da, daß die von Zürich von der gemeinen Statt, vnd öch
Ich von der obgenannten Lüt' vnd Gericht von deheinerlei fach
wegen ftößig wurden: darumb fullent die von Zürich vnd Ich gen
enander ze früntlichen Tagen komen vnd vmb jeklich fach kunt-
fchaft verhören vnd da befuchen, ob man die ftöß mit Lieb über-
tragen müg'. Möcht' man aber die ftöß alfo mit Fründ nicht
ubertragen, fo foll Ich vmb jeklich ftuck, darumb Ich denn ftöß
hab, ein' gemeinen Mann Zürich in dem Rat nemen, welchen ich
je dann will, vnd fullen öch die von Zürich denfelben wifen, daß
er fich der fach anneme, ob er es vor der Dat: ditz briefs·nicht
verfworen hätt. Vnd zu demfelben Gemeinen fol iedweder teil
ein' erbër Mann fetzen, für die Dry wir beid teil dann die ftöß
bringen fullen, vnd wes fich dann diefelben Dry gemeinlich oder
der merteil vnder jnen vmb jeklich ftuck, das jnen alfo fürbracht
wirt, ze dem Rechten erkennent, das fullen wir beid teil war vnd
ftët halten vnd volfüren.

Wër' aber, daß ich mich in der Statt Zürich mit Todfchlegen
oder mit andern Freffinen verfchulte, darumb fol Ich die buoßen
liden, als ander jr jngefäffen burger thůnd, vngevarlich. Vnd
enfull öch Ich mit der von Zürich geltfchuld vnd ftüren nicht ze
fchaffen haben, Ich tuo es dann gern, âne alle geverd.

Es ift öch in difen fachen berett vnd hab öch Ich mich fel
ber verdinget: Wëre, daß Min Gn. Herfchaft von Oefterrich die
gůter, die min pfand von derfelben fint, deheineft von mir löfen
wölten, daß öch Ich jnen, nach miner pfandbrief wifung, derfelben
lofung ftatt tuon foll vnd mag, von den obgenannten von Zürich
genzlich vngehindert, vngferlich.

Ich mag mich öch hinnenhin wol gen Herren, gen Stetten
vnd gen andern lüten verbünden, als mir dann füglich ift, doch

difem Burgrecht vnfchedlich: wôn dis Burgrecht vor allen andern Burgrechten vnd Bünden ftêt beliben vnd vorgên fol âne geverd.

Es ift ôch in difen fachen berett, daß kein Ley den andern vf dewederem teil vmb dehein weltlich fach vf dehein gericht, frömd, geiftlichs noch weltlichs, laden noch triben fol; wôn daß jederman von dem andern ein Recht fuchen vnd nemmen fol an den Stetten vnd in dien gerichten, do der anfprechig fitzet oder hingehöret, vnd fol man ôch do dem Klager vnverzogenlich vnd befcheidenlich richten. Befchech' das nicht vnd das kuntlich wurd', fo mag der Klager fin Recht wol fürbas fuchen, als jm fuglich ift: Aber jedermann mag vmb fin zins mit allen fachen werben, als vntzher gewonlich gewefen ift.

Es enfol ôch von wederm teil nieman den andern verheften noch verbieten, wôn den rechten fchulden oder bürgen, der jm verheißen oder gelopt hätt.

Wenn die vorgenenten achtzehn jar ditz Burgrechtens vßgând, fo fol doch daffelbe dannenhin von vns beiden teilen mit allen ftucken, punkten vnd artikeln, als an difem brief gefchriben ftat, wâr vnd ftêt beliben, alle die wile, fo Ich daffelb Burgrecht dien von Zürich nicht wiffentlich vfgeben hân. Vnd wenn ôch Ich daffelb nach dem vorgenannten Zill alfo vfgeben hân, das man ôch von mir vfnemen fol, fo fuln Ich, min Stett, Sloß, Veftinen, Tälr, Land vnd Lüt, fo ich ietz hab oder noch fürbas gewunn, von dien von Zürich vnd ôch fi von mir ledig vnd loß fin vnd darumb gentzlich vnbekümbert von enander beliben, âne geverd.

Die vorgeñ: von Zürich vnd Ich haben ôch in difen fachen vorbehept vnd vßgelaffen den Allerdurchlüchtigoften Fürften. Minen Gn. Hn. den Romifchen König vnd das Hl. Röm. Rych. Herüber ze einem offnen vnd veften vrkund, daß dis vorgefchriben alles wâr vnd ftêt belib, fo hab Ich min eigen Infigel offenlich gehenket an difen brief, der geben ift an dem 17. tag Ögften, do man zalt von Kriftus geburt 1406 Jare.

Perg.-Urk. im Staatsarchiv Zürich, Abtheilung Grüningen, Bündel 3, No. 22
Ueber diesen Vertrag Gefzlers mit Zürich, ausdrücklich geschlossen auf Grund-lage des bereits geltenden Friedens: »fo min Herfchaft von Oefterrich vnd die von Zürich ietz mit enandern hânt oder noch fürbas mit enandern machtin« — erlaubt fich Tschudi 1, 633 folgende Verdächtigung: »Difz 1406ten Jares ward Herr Her-man Gefzler, Ritter, Vogt ze Rapperswyl, fo der Herrfchaft Öfterrich Rat und Diener was, Burgere ze Zürich, hinderrucks derfelben Herrfchaft, wann Er fprach die Herrfchaft folt Im grofz Gut gelten, vnd gab Im nützit, als ouch war was.«

1406, 18. August, Schaffhausen.

Herzog Friedrich von Oesterreich urkundet, dass sein getreuer Hans von Bonftetten für ihn Bürge geworden ist gegen Hermann den Gäßler um 1200 rhein. Gulden.

Gubernialarchiv Innsbruck.
Anzeiger für schweiz. Gesch. und Alterth. 1864, S. 45, Regesten no. 98.

1406, 4. Nov., Brugg.

Im Namen seines Herrn Herman Gessler fertigt Burkart Buri, Vogt zu Schenkenberg und auf dem Bözberge, an offenem Gerichte in Brugg vor dem Niederen Thore Zu der Zuben den Verkauf eines Drittheils des Waldes Widacher auf dem Bözberge, um 16 Pfd. Pfenninge.

Argovia, Histor. Zeitschr., Bd. 4, 383.

1406.

Vertrag zwischen Hermann Geßler von Grüningen, Ritter, und der Stadt Zürich wegen solcher Leute aus dem Grüninger Amte, welche ehedem in's Bürgerrecht der Stadt Zürich aufgenommen, nun wieder in das Amt zurückziehen wollen; in letzterem Falle sollen sie ausschliesslich dem Geßler zu gehorsamen haben.

Staatsarchiv Zürich. Mitthl. durch Hrn. Th. v. Liebenau, nach dem Alten Archivs-Repertorium der Luzerner Stadtbibliothek.

1407, 10. Januar (Montag vor St. Hilarius).

Herr Heinrich Geßler von Zürich, Ritter, verkauft die i. J. 1393 von Walther und Burkhart von Hohenfels um 7600 Gulden erworbene Schlossherrschaft Gutenburg, ein Lehen der Freien von Krenkingen, gelegen auf dem Schwarzwalde ob Waldshut, an Wilhelm Im Thurn von Schaffhausen. Urkunder: Ammann und Rath zu Schaffhausen.

Wurstisen, Baslerchronik 1580, 68. — Kurtze Befchreibung defz Weyland Edlen vnd Veften Hanfen Im Thurn etc. zu Schaffhaufen Lebens vnd Sterbens. Sampt weitleufigem Bericht vom Vrfprung vnd Namen etc. Zürych, bei Wolffen 1611. 4°. pag. 8b. — Mone, Oberrhein. Zeitschr. III, 369. — Vgl. Regest: 1393 Donnerstag vor hl. Kreuz. Demselben Wilhelm Im Turn verschreibt Herzog Friedrich von Oesterreich am 29. Jan. 1407 zu Schaffhausen den von Diethelm v. Krenkingen pfandweis bekommenen, auf den Schwarzwald gesetzten Zins von 21 Mark Geldes mit dem Beding, dass die Herzoge diese Summe mit 210 M. S. jederzeit wieder einlösen mögen. Letzteres thun hierauf i. J. 1427, 22. Dez., die drei Waldstädte Waldshut, Laufenburg und Seckingen, indem sie mit Herzog Friedrichs Genehmigung das dem Eberh. Im Thurn verschriebene Pfand und besonders die 21 M. Geldes um 2200 Gulden an sich lösen und dagegen den Schwarzwald sammt dem Hauenstein und allen Zöllen daselbst zu eigen nehmen. Mone, Oberrhein. Zeitschr. 10, 362 und 363.

1407, 25. Oktober (Dienstag nach eilftausend Jungfrauen), Kloster Rüti.

Hermann Geßler, Ritter, Vogt zu Grüningen, erkennt in einem Span zwischen Hanſen und Ulrich Wirt und dessen Sohn Ulin Trollen, zu dritt von Seegreben, einerseits; und Hans Dietſchin daselbst anderseits; wegen einer Rüti im Aathale unter der Mühle gelegen, die Hans Dietſchi gemacht und gerütet hat: dass dieselbe zu des Gotteshauses Rüti Gütern gehöre. Geßler siegelt.

Monumenta Rutinensia, in Zurlaubens *Mon. Tug., tom. VI, 188;* und in desselben *Stemmatographia, tom. 69, Bl. 14 bb.* — Staatsarchiv Zürich, Amt Rüti. tom. II, pag. 625.

1407, 8. Dez., Brugg.

Ulrich Kerer von Rämingen, Untervogt des Amtes Bözberg, fertigt im Namen Burkart Buri's, Vogtes zu Schenkenberg, und zu Handen des Ritters Herrn Herman des Gässlers, Namens der Herrschaft Oesterreich, an offner Gerichtsstätte zu Brugg vor dem Niedern Thore dem Heini Kriſtinen, Schuhmacher und Burger zu Brugg, um 18 Pfd. guter gemeiner Pfenninge aargauer Münze sechs Viertel Kernen jährlichen Zinses ein.

Argovia IV, Regesten der Stadt Brugg, S. 383.

1408, 1. Juli (Sonntag vor St. Ulrich), Brugg im Aargau.

Erbvertrag zwischen Frau Margarethen, Wittwe des Ritters Heinrich Geßler, und deren Söhnen Hermann und Wilhelm.

Wir der Schultheiß vnd Rât Tûnd kund aller menglich mit dem brief, daȝ vff den tag als dirr brief geben iſt, für vns kam die Edel frǒ margarecht geſſlerin, geboren von Elibach, vnd ȝögt vns einen Richtungbrief, der dar rûrt von des gûtȝ vnd erbs wegen, ſo der from veſt her heinrich gëſſlër ſëlig nah tod gelaßßen hett, gantȝ vnd vngeletzt an Berment, an geſchrift vnd an den inſigeln, der hienach von wort ȝe wort geſchriben ſtât vnd hebet an alſo:

Wir Margaretha Geſſlerin die Elter, Heinrich von Elrebach, Ritter, ir wiſſenthafter vogt dirre ſach, herman vnd wilhelm Geſſler Tûnd kund vnd veryehend offenlich mit diſem brieff: alſ der from veſt herr herman gëſſler ritter, gûter ſëliger gedechtnüſſ,

wilend min der egeñ: Margarechten elicher man vnd vnßer der
vorgeñt: hermans vnd wilhelms vatter, leider von tods wegen ab-
gangen ift, daʒ wir von deʒ erbs wëgen, fo er geläffen hät, fölicher
täding vnd einung überkomen find vor difen nachgefchribenen herren,
Rittern vnd knëchten, vnßern gûten fründen, als hienach gefchriben
ftät. Des erften, waʒ ordnung der egeñt: herr heinrich fëlig vor
ʒiten getân oder verfchaffet hatte der egeñ: frô Margarethten, daʒ
das gëntʒlich ab fin fol, es fig do ʒe mal verbrieffet oder nit. Dar-
nach fol die yetʒgeñt: frô Margr., vnfre liebi fröw vnd mûter, be-
liben vnd beftân by der vefte Brunegg mit ʒûgehört der gült, fo
darʒû gehörte.

Darʒû font wir yetʒgeñt: herman vnd wilhelm fy vfwyfen vff
gelegnen gûtern derfelben vefte allerbeft gelegen, daran fy habend
fy achtʒig Mûtt kernen, dryffig Mûtt Roggen, ʒwentʒig Malter
haber, fûnf vnd fûnftʒig phund ftëbler vnd daʒ ampt hermantfwilr
mit ʒûgehörd, mit geding: daʒ wir all fchulden gentʒlich abtragen
vnd vfrichten fond, ân der egeñ: vnfer mûter fchaden vnd mitt-
liden, vnd daʒ fy die vorgeñ: gûter alle fol vnd mag nütʒen, niefßen,
befetʒen vnd entfetʒen ʒe ënd ir wîl, wie ir fügt vnd wol kunt:
Alfo daʒ fy der keins befunder noch famenthaftklich keins wegs
verfetʒen, veruënden noch bekûmbern fol, denn vffgenomenlich bis
an Tufent guldin mag fy wol verfchaffen vnd vermachen, wâr fy
luft vnd ir fûgt. Alfo dʒ das befcheh mit Rât vnd gunft des ob-
geñ: herre heinr. von Elrebach, vnßers lieben vetters. darumb er
fin offen verfigelt vrkünd gëb. Doch fo mag fi dar vnder machen
vnd gëben ein befcheiden Selgerët, ob fy wil, ân gunft oder mit
gunft des egeñ: vnßers vetters, des fy vollen gewalt fol haben.
Vnd von der vorgenanten gült wëgen, als wir fy dero vffwifen font,
ob das ʒe fchulden këm, daʒ fy nit ein benügen von vns haben
wôlt, vnd aber vns duchte, wie fy billich benügen fölt harvmb, fo
hät vns der obgeñt: herre heinrich Elrebach, vnßer lieber vetter,
gebñ den fromen veften herr henman von Mülinon, Ritter,
ʒe einen gemeinen man, ʒû dem denn die vorgenañt vnßre fröw
vnd mûter geben vnd genempt hät ʒe jr handen Albrecht Bû-
finger vnd Imer von Sengen, fo hand wir darʒû genempt vnd
geben Bertfchman von Mülinon vnd Walther Kaftler ʒû
vnfern handen; vnd wes fich die einhelklich bekennent oder fuff
das mêr vnder inen wirdt, womit dewederer teil dem andern teil
genûg tûn föll oder getân föll haben: daby fol es beftän. Dewederer
teil die finen (Schiedsmänner) öch nit haben möcht, der fol vnd

mag dar geben einen anderen an deſſelben ſtatt, ſo jm denn ge-
broſten iſt. desglich ob der gemein nit komen möcht vnd das kunt-
lich wurd, ſo ſol vns der dickgeñt: von Elrebach, vnßer vetter,
einen andren geben, vmb daʒ die ſach nit verʒogen werd. Die
vorgeñt: vnſri mûter ſol vnd mag ôch ʒühen in das hus ʒe Brugg
vnd daʒ ira darin ʒühen vnd gehalten, als ira daʒ fügt. Item har-
wider ſol aber ich êgeñt: Margareth mit dem vorgeñt: minem vogt
mich entʒichen in gericht, wo das notdurftig iſt, aller der vordrung,
rechtung vnd anſpräch, ſo ich an die yetʒgeñt: min Sün von des
vorgeñt: erbs wegen gehaben möcht, wie das dar Rûret von erb-
ſchaft wegen des vorgeñt: herr heinr. gêſſlers, wilend mines elichen
mannes ſeliger gedêchtnüſſ, oder wannen har ich deñ anſpräch an
ſy gehaben möcht, Es ſig ligend gût, phandgût, Erbgût, Eigen oder
Lehen, nütʒit vſgenomen denn allein varend gût von huſrat, ſilber-
geſchierr desglich, vnd vêch (Pelzwerk). wo aber ſy duchte, daʒ ich
ʒe [viel] verlangen wôlt, das ſol ôch beſtän by den gemeinen vnd
den vieren in aller wis, als dauor geſchriben iſt, ân geuâr. Vnd
ſint hieby gewêſſen Die fromen veſten herr hans von Fridingen,
herr Rûdolff von Hallwil, herr hanman von Mülinon, Ritter; heinr.
Hagnöwer von Zürich, Bertſchman von Mülinon korher, hans Has-
furter kuchimeiſter, albrecht Bûſinger, ynmer von Sêngen, Rûtſch-
man landAmman, Felix Manaſſ, vnd ander uil erbêr burger. Ze
vrkund vnd einer beſtêtung dirre ſach, ſo habend wir obgeñt:, Ich
Margareth min inſigel gehenkt an diſen brieff, vnd ich heinr. von
Elrebach hab min inſigel für ſi in vogts wis gehenkt ʒû dem iren,
vnd wir die vorgeñt: herman vnd wilhelm geſſler habend ôch vnſri
eigni Inſigel offenlich gehenkt an diß brieff vnd ʒe noch merer
ſicherheit vnd ʒe veſtung dirre dingen erbetten den fromen veſten
herr hanman von Rinach, Ritter, vnßern lieben öchen, daʒ er ſin
eigen inſigel ʒû den vnſern gehenkt hett an diſen brieff, jm ſelber
vnd ſinen erben ân ſchaden; des ich henman von Rinach mich alſo
vergiche, von ir beider bett wegen min Inſigel gehenkt hab an
diſen brieff, dero ʒwên glich geben ſind ʒe Brugg in Ergöw an
dem nechſten Samſtag vor Sant ûlrich tag des iares do man ʒalt
von gotz gepürt Thuſing vierhundert in dem achtdenden iar, Indic-
tione prima.
    Vnd wen wir denſelben brieff eigenlich geſehen vnd verhört
haben, dem ôch dis abgeſchrift an allen ſtucken vnd artickeln ge-
hillet: Darvmb haben wir vnſer Statt gemein Inſigel heiſſen henken
an diſen brieff, Doch vns vnd vnſren nachkomen vnd gemeiner Statt

in allwëg vnfchëdlich. Geben am Samftag vor Sant Gregoryentag
Nach Crifts gepürt viertzehenhundert iar vnd jm zwëntzigoften iar.

Vidimus auf Pergament. Staatsarchiv Luzern.

1408, 11. Juli.

Ritter Herman Gëßler und Wilhelm, sein Bruder, ver-
setzen mit Beistimmung der Frau Margarethen Gäßlerinen, gebornen
von Ellerbach, Unfer Lieben Mûter, zur Deckung ihres bei der
Stadt Zürich gemachten Baaranlehens von 8000 alter rhein. Gulden,
an diese Stadt folgende österreichische Pfandlehen.

Burg, Veste und Stadt Grüningen, sammt dem hintern Haus
an der Burg, welches Landenberg heisst; das Amt Grüningen; die
Dinghöfe zu Stäfa, Hombrechtikon und Mönchaltorf mit Land und
Leuten, Zinsen und Zehenten, Nutzungen, Gülten, Fall- und Lass-
recht, hohen und niederen Gerichten; eilf Juchart Reben zu Grü-
ningen und am Zürichsee; den Lützelsee mit Wassern, Fischenzen,
Wald und Feld und allen den Rechtungen, wie dies der fromm
vest Ritter Her Heinrich der Gëßler selig, unser Vater, besessen,
und auch was wir hergebracht und weiter dazu erkauft und erlost
haben; dazu unsere Veste Liebenberg, mit dem Hofe Im Brand,
Hof und Mühle zu Liebenberg, nebst acht Malter Weisskorngeldes
zu Mönchaltorf.

Die Verkäufer versprechen, Alles was an den genannten Gütern
Lehen ist, beim Lehensherrn zu Zürichs Handen zu ledigen, so
lange dies nicht geschehen sein wird, Zürichs »Trager« (verant-
wortlicher Einzüger aller Bodenzins-Erträgnisse) für diese Güter
sein zu wollen und über Sämmtliches, nichts ausgenommen, vor
Gericht gut zu stehen. Herman und Wilhelm die Gässler siegeln,
desgleichen mit ihnen Herr Johans von Bonftetten, Ritter, und
Heinrich von Hettlingen.

Zürch. Staatsarchiv, Abthl. Grüningen, Bündel 3, no. 23. Eben daselbst auch
ein Vidimus. — »Grüeningen, Amtsrecht und Urkk., copiert nach dem Canzley-
Exemplar;« aargau. Kt.-Bblth.: MS. *Bibl. Nov. 33, Folio, pag. 53.* — Bei Tschudi 1,
647 mit irriger Datierung. — Bluntschli, Zürch. R.-G. I, 345.

1408, 15. Juli.

Herman Geßler, Ritter, und Wilhelm Geßler, Gebrüder,
versprechen, die am 11. Juli obigen Jahres an die Stadt Zürich um
8000 Gulden verkauften und urkundlich aufgezählten Pfandlehen
von Amt, Stadt und Veste Grüningen, nebst den 3 mitgenannten
Dinghöfen, wo selbige etwa noch einzeln verhaftet und versetzt

wären, los und ledig zu machen und im Säumnissfalle dem Käufer für allen Schaden gut zu stehen. Beide Brüder siegeln.

>Grüeningen, Amtsrecht und Urkk., copiert nach dem Canzley-Exemplar;« aargau. Kt.-Bblth.: MS. *Bibl. Nov. 33, Folio, pag. 55.* — Die Original-Urk. liegt im Zürch. Staatsarchiv, Abthl. Grüningen, Bündel 3, no. 24.

1408, Konstanz.

Schreiben Kaisers Rupprecht an die Stadt Zürich, dass dieselbe den Grafen Friedrich von Toggenburg und den Hermann Geßler, als ihre beiderseitigen Bürger, dahin verhalte, und zwar jenen, das einem Bürger von Schaffhausen abgenommene Eigenthum zu restituiren; sodann diesen, einen andern Schaffhauser Bürger der Gefangenschaft ledig zu lassen. Schaffhausen erbietet sich, der Stadt Ansprache vor dem Hofgerichte zu Rotwil, ingleichen vor den Räthen zu Ulm, Basel oder Konstanz zu verantworten. Hierauf gestützt, mahnt Kaiser Rupprecht die Stadt Zürich, sich des dargeschlagnen Rechtes genügen zu lassen, anderen Falles würde er Schaffhausen erlauben, sie vor seinem Hofgerichte zu belangen.

Der Sacristei zum Zürcher Frauenmünster Erste Trucke, Urk. no. 1, laut der in der Bibliothek der aargau. Histor. Gesellsch. liegenden handschriftl. Sammlung >Kayser, Römisch Reich und Haus Oesterreich«, 2. Thl. (pars 16), Seite 485.

Melchior Kirchhofer: Schaffhauser Neujahrsgeschenke v. J. 1833, no. XII. S. 3, bezieht sich auf vorstehende Urkunde gleichfalls, jedoch ohne Quellenangabe.

1409, 22. Juni (Samstag vor St. Johanns Sonngichten).

Ritter Herman Gessler, Wernher von Schenkon, Custor zu Beromünster, und Imer von Seengen, sesshaft zu Bremgarten, ertheilen Richtung um das zu Rüstenschwil gelegne Grotzinengut, welches streitig gewesen zwischen dem Convent zu Muri und dem Cläwin Pfisterwerch zu Meienberg, dahin lautend: Das Grotzinengut verbleibt dem Gotteshause Muri die nächstfolgenden fünf Jahre, worauf es an obigen Cläwin Pfisterwerch oder dessen Erben fällt und dann forthin an Muri 1 Malter Korn und 10 Schillinge jährlichen Martinszins entrichtet. Obige drei Urkundsmänner siegeln.

Klosterarchiv Muri, Dokumentenbuch Q IV, S. 229; aargau. Staatsarchiv.

Rüstenschwil, Freienämterdorf, Pfr. Auw, Bez. Muri. Das Grotsinnengut wird im jetzigen Grodhof, Gem. Beinwil, Bez. Muri, zu suchen sein.

1409, 29. Juni (Samstag nach St. Johannes Sonngichten), Bremgarten.

Ritter Hermann Geffler sammt folgenden Schiedsmännern: Wernher von Schenkon, Stiftscustos zu Münster; Imer von

Seengen, sesshaft zu Bremgarten; Pentelly Brunner, der neue, und Rudolf Landammann, der Alt-Schultheiss zu Bremgarten — schlichtet die Misshelligkeiten zwischen Abt Conrad [II., Brunner von Muri] und dessen Convent zu Muri gegen den Conventbruder Hans Camber dahin: dass Letzterer ohne Pfründe auf fünf Jahre aus dem Kloster entlassen wird und von demselben eben so lange jährlich 10 Mütt Kernen bezieht, deren er jedoch verlustig geht, wenn er inzwischen den eingegangenen Friedensvertrag brechen oder nach fünf Jahren nicht freiwillig in den Convent zurückkehren würde.

Archiv Muri, Dokumentenbuch Q IV, pag. 7; aargau. Staatsarchiv.

1409, 3. Juli.

Walther von Castelen streckt der Stadt Zürich 200 rhein. Gulden vor, wofür ihm Zürich die Veste Liebenberg sammt Zubehör verpfändet unter dem Vorbehalt, dass dieselbe der Stadt offnes Haus sei, und mit Wahrung des Wiedereinlösungsrechtes, sowie aller derjenigen Rechte, welche die Gebrüder Wilhelm und Hermann Geßler daran haben.

Aus Felix Ulrich Lindiner's hf. Gesch. des Johanniterordens im Kt. Zürich, pag. 17; mitgeth. durch Hrn. Th. v. Liebenau in Luzern.

1409, 16. November, ipsa die Ottmari.

Schultheiss und Rath von Luzern schreiben »dem frommen vesten Her Hermann Geffler, irem guten fründ«, sie wüssten sich nicht zu erinnern, einen seiner Briefe ihm nicht beantwortet zu haben, verhoffen aber, falls sie ihm über irgend etwas zur Rede stehen müssen, »by gelimpff ze stan; vnd als Ir vns verschribent, wie Hans von Lütishofen einen der üwern gefangen habe etc., der hat vns geseit, von was sachen wegen er In gefangen hatte vnd daz er Im vrfecht, vmb die sache vnd gefengnüsse niena nüt ze tunde, gesworn hette vnd daz recht ze Rotenburg von Ime ze nemmende. Aber hat derselb Hans dehein (eine) freuenheit an dem üwern verschuldet, da wollen wir In vnverzogenlich ze dem rechten halten, so Ir daz von sinen wegen an vns vordrent.«

Missive im Staatsarchiv Luzern, mitgeth. durch Hrn. Th. v. Liebenau, Archivar daselbst.
Die Burg des Edelgeschlechtes von Lütishofen liegt in Trümmern ob dem luzern. Pfrd. Doppleschwand im Amte Entlebuch. Kas. Pfyffer, Der Kt. Luzern II, 294.

1410, 11. Januar, o. O.

' Vögte, Schultheissen, Räthe und Burger nachbenannter Städte,
sodann ebenso mit ihnen nachbenannte Herren, errichten zu gegen-
seitigem Schutze und zur Vertheidigung der bei ihnen geltenden
Rechte des herzoglich-österreichischen Hauses ein zweijähriges Bünd-
niss. 1) Die Städte Schaffhausen, Winterthur, Rapperswil, Ratolfs-
zell, Diessenhofen, Frauenfeld, Ach*); darnach die oberrhein. Wald-
städte Rheinfelden, Seckingen, Laufenburg und Waldshut; die von
Tottnau und Schönau und die Einungsmeister auf dem Schwarz-
walde; ferner die aargauer Städte Sursee, Zofingen, Aarau, Lenz-
burg, Bremgarten, Mellingen, Baden, Brugg, alle der Herrschaft
von Oesterreich zugehörend; 2) die Freien, die Ritter und Edel-
knechte im Aargau: Otto Graf v. Tierstein, Hammann v. Rinach,
Rud. der Hallwiler, Rud. v. Büttikon, Rud. v. Hunaberg, Hammann
v. Mülinen, sämmtlich Ritter; sodann Hammann v. Liebegg, Rud.
v. Baldegg, Hans Kriech, Thüring v. Hallwiler, Hans v. Büttikon,
Walther v. Hallwiler, Hans Conrad und Hans Rudolf, Söhne des
weil. Matthisen von Büttikon, Hammann v. Wolon, Petermann
v. Luternau, Albert Businger, W i l h e l m G r a s s l e r (?), Anton
v. Ostra und Hans Schultheß, Vogt zu Lenzburg. Namens des
genannten aargauer Adels siegeln: Hamm. v. Rinach, Rudolf v.
Hallwiler und Hamm. v. Liebegg.

Kaiserl. Geh. Archiv. Lichnowsky V, Regesten no. 1128. — Tschudi I,
pag. 650—652, mit irriger Datirung.

1410, 23. April, feria IV^{a.} ante Georii.

*Dies ex parte geslers vsque ad vsgender phingstwuchen, dz
es vncz in eim guten bestande.*

Rathsprotokoll von Luzern II, 13 b. Mitthl. von Hrn. Archivar Th. v. Liebenau.

1410, 18. Juni.

Ritter Herm. Geßler verkauft eine seiner Leibeignen und deren
in Ungenoßsamer-Ehe erzeugten vier Kinder dem Kloster Reinau
um 20 rhein. Gulden.

---

*) A c h ist das im Habsb.-österreich. Urbar, S. 290 genannte Offitium Aha,
Städtchen Aach im Badischen Bez. Stockach. Der unter den Nichttrittern mitge-
nannte Wilhelm Grassler wird der E d e l k n e c h t W i l h e l m G a e s s l e r sein sollen.
Obiges Bündniss bestätigt auf Befehl der Herzoge Leupold, Ernst und Friedrich am
11. Februar 1410 Graf Herman v. Sulz, herzogl. Landvogt, Landgraf im Kletgau.
Lichnowsky V, Regest no. 1132.

Ich Herman gåffler, Ritter, tůn kund allermenglich mit difem
brief. Von der vngenoffamy wegen, Als hainr. Stark von benken,
der dem gotzhus ze Rinow mit dem lib zugehört, fich elichen
veraint hett zů Elfbechten Möflinen von Slatt, die min recht aigen
gewefen ift: Da han ich mit gůtem frigen willen vnd ouch von
befundern gnaden wegen, fo ich zů dem felben gotzhus han, die
vorgenanten elfen möflin vnd darzů hanfen, elfbechten, adellaiten
vnd ůlin, jriv. kind, die fi bi dem felben irem elichen man yetzo
hat, vnd mit namen all die kind, die von den felben zwain ege-
mahelnn in künftigen ziten jmmer komen vnd gebornn werden,
es figin knaben ald tochtran, wi fi denn genant find, für mich
vnd für all min erben vnd nachkomen an daz egenant gotzhus
ze Rynow ze ainem ftätten ewigen ymmer werenden kouff ze
kouffen geben vmb zwaintzig gůter Rinnfcher guldin, der ich ouch
gentzlich vnd gar gewert vnd bezalt bin: Alfo vnd mit fömlichen
gedingten worten, das die vorgenant elfin möflin, hans, elfbecht,
adelhait vnd ůlin, iriv kind, vnd befunder all die kind, die noch
von ir lib komen vnd gebornn werden, nu hinnan hin ymmer
Ewenclich von aigenfchafft wegen dez libz an das ê benempt gotz-
hus ze Rynow dienen, gehören vnd gewärtig fin fond, als ander
dez felben gotzhus aigenn lůt, vngeuarlich: Vnd dz ich, noch
kain miner erben vnd nachkomen, noch nÿeman von vnfern wegen,
nu fürbaz hin zů der felben elfen möflin noch zů iren kinden, die
fi yetzo hat, oder die noch von ir lib komen vnd gebornn můgen
werden gemeinlichen, noch zů jro kains lip noch gůt befunder, bi
irem leben noch nach irem tod kainen zůfpruch, vordrung, an-
fprach noch recht, von kainer aigenfchaft, vngenoffamiy, erbz,
våll, gelåfſz, ftüren, diennften, gewaltfaminen, noch andern fachen
wegen, nymmer me gehaben noch gewinnen füllen noch můgen
mit kainen gerichten, gaiftlichen noch weltlichen, noch ân gericht,
jn dehain wis; wôn ich mich dez allez vnd befunder aller gewër
vnd allez rechten, fo ich ůtzher ye zů jñ gehept han ald fürobaz
zů jñ ymmer gehaben möcht, gentzlich vnd gar verzigen han, vnd
verzich mich öch dez für mich vnd für min erben mit craft vnd
vrkund diz briefs, daran ich min aigen Infigel offenlich gehenkt
han, geben an mitwochen vor fant Johanns tag ze Sůngichten
nåch criftus gebůrt vierzehen hvndert Jar vnd jn dem zehen-
den Jar.

Perg.-Hf. im Staatsarchiv Zürich, bezeichnet Aq und darunter G IV, 35.
Siegel abgerissen.

1410, 24. Juni, feria VI^{a.} post Johannis.

Coram Centenariis ex parte Geſlers et Heinis ʒer A.

Luzern. Rathsprotokol II. 21.

Heinrich und Jost Z e r A erscheinen zu Anfang des 15. Jahrhunderts häufig bei luzern. Gerichtsverhandlungen, bald als Zeugen, bald als Partei. Eine persönliche Streitlust führte sie öfters vor Rath, auch in Bussenrodeln stehen ihre Namen. (Mittheilung von Hrn. Archivar Th. v. Liebenau.) Jost Zer A, Spitalmeister zu Luzern und als solcher Lehensträger des Kirchensatzes und Widems im Dorfe Ruswil, eines schon 1. Aug. 1408 dem Spital pfandweise hingegebenen österreich. Lehens (Segesser RG. I. 611. 612), ist wahrscheinlich durch dieses sein Amt in Collision mit den Geſzlerischen Anforderungen gekommen. Er erscheint drum 1415, also zur Zeit, da alles österreichische Lehen der Luzerner Herrschaft anheimfiel, in unsern Regesten wiederum im Prozesse gegen Wilh. Geſzler.

1411.

Beschwerdeschrift der Stadt Baden im Aargau an Herzog Friedrich von Oesterreich gegen dessen Landvogt. »Item so hat herr H e r m a n d e r G e s l e r geben Grüningen das Sloss und das Amt in der von Zürich hand, die doch Nacht und Tag niemer ruew geben, wan daʒ si ůch bringen umb Land und Lüt und uns umb Lip und Gut, als ůch das die Iwern von Raperswil wol underwiſen kunnen.« Den früheren badener Stadtschreiber Hans Grünstein habe der Landvogt in der Absicht bei sich aufgenommen, um mit dessen Beihilfe Land und Leute zu gefährden.

Archiv für schweiz. Gesch. VI, 141.

1411.

Beschwerdeschrift der Stadt Rapperswil, gerichtet an Herzog Friedrich von Oesterreich, über den Landvogt Hermann Geßler, der, seitdem er das Amt Grüningen den Zürichern übergeben, die In- und Ausbürger von Rapperswil unaufhörlich bedränge. Grüningen sei dem Geßler aber nur unter der Bedingung versetzt worden, dass die Burg aller Leute des Amtes offnes Haus sei. Als der Geßler »mit Unſrer Herrſchaft kriegte,« schrieben die Rapperswiler den Zürchern, »daß dieſe den Geßler weiſen ſollten, ſie nach des Friedbriefs Sag (Wortlaut) ʒu ſichern.« Obschon Zürich dies gethan, raubte Geßler gleichwohl den Rapperswilern das Vieh. Als er die Rapperswiler-Veste innehatte, besetzte er sie heimlich mit Mannschaft, wurde, ohne dem Städtlein Kenntniss zu geben, Bürger in Zürich und bereitete seitdem im Einverständnisse mit letzterem Orte den Rapperswilern Nachstellungen.

Archiv für schweiz. Gesch. VI, 153 f.

1411, 28. Dez., feria II ª· post Thome.

Coram Centenariis ex parte Herman Geſler legatur littera ſculteti.

Rathsprotokoll von Luzern II, 32 ᵇ· Mittheilung von Hrn. Archivar Th. v. Liebenau.

1412, 12. Jan., Muri.

Konrad Megger von Bremgarten verkauft die Buhlmühle *) bei Althäuseren an das Gotteshaus Muri. Die Urkunde besiegelt Hans Frühauf, »Burger ze Mellingen, diſer ʒiten (Unter-)Vogt des frommen, veſten Ritters Her Hermann Geßlers.«

Archiv Muri, Dokumentenbuch G III und IV, pag. 164. Staatsarchiv Aargau.

1412, 8. Febr., Montag vor der Pfaffen Fasnacht, Wiggwil.

»Hans Früguff von Mellingen, des frommen, veſten Ritters Herrn Hermann Gefflers, Mins gnädigen Herren (Unter-)Vogt ʒe Meyenberg, fitʒt ʒu Wiggwil in dem Dorf an offener freier Straße öffentlich ʒu Gericht Jnnamen, an ſtatt und von Empfelchens·wegen des Egenanten Mins Gnädigen Herrn, des gefflers« und überantwortet dem Cläwin Brisleder, Burger zu Bremgarten, die Hinterlassenschaft des verstorbenen Heini Ströuli von Wiggwil, abzüglich der Erbzinse und der Vogtsteuer.

Klosterarchiv Muri, Dokumentenbuch Q IV, S. 205, aargau. Staatsarchiv.

1412, 6. Merz, Wiggwil.

Bürgi Sachs von Wiggwil, Untervogt, sitzt daselbst öffentlich zu Gericht im Namen des frommen festen Ritters Her Herman gefflers, und auf besonderes Geheiss des bescheidenen Hans Frühauf von Mellingen, jetzt Vogt zu Meienberg. Klaus Brugger, den man nennt Brisleder, Burger zu Bremgarten, lässt sein Guthaben auf den verstorbenen Heini Ströüli von Wiggwil dreimal öffentlich zu Kauf bieten um desselben Hinterlassenschaft. Ersteres beträgt 8 Pfund Pfenninge, ferner 4 Pfund 6 Schilling, item 14 Blapart, item 15 Schilling Begräbnisskosten und 4 Schillinge Altarzins gen Hohenrain; sodann 10 Malter Korn minder 5 Viertel, 10 Malter und 13 Viertel Haber, 5 Mütt Kernen. Da kein Uebernehmer sich meldet, so wird um die vorgenannte Summe Ströülis Gut, fahrendes, gehendes und stehendes, dem Gläubiger

---

*) B ü h l m ü h l e, Getreidemühle bei der Ortsbürgerschaft Althäuseren, Pfr. Muri.

nach Gantrecht zugeschlagen und den Seinigen erbrechtlich über-
tragen, mit Ausnahme der darauf stehenden Erbzinse, welche
Eigenthum der Wittwe Ströuli und der Gotteshäuser Muri und
Hohenrain sind.

Klosterarchiv Muri, Dokumentenbuch Q IV, S. 210; aargau. Staatsarchiv.

1412, 24. März, Frauenabend in den Fasten. Rheinfelden.

Graf Otto von Thierftein, Herr zu Farnsberg, und seine drei
Töchter, die Gräfinnen Dorothea, Johänneli und Claränneli, mit
dem frommen feften Herrn **Hermann Geszler**, Ritter, ihrem
Vogte, der ihnen nach der Stadt Rheinfelden Recht um diese
nachgeschriebene Sache mit Urtel und Recht zu einem Vogt ge-
geben ward, verkaufen um fünfthalbhundert und vierzig Gulden
an die Stadt Solothurn: die Herrschaft, Vesten und Stadt Bipp,
Wietlisbach und Ernlisburg, die sämmtlich von der Herrschaft
Kyburg an die Herrschaft Oesterreich, dann von dieser um 2000
Gulden an den Kyburger Grafen Egen versetzt, schliesslich durch
Herzog Friedrich von Oesterreich an den Grafen Otto v. Thier-
stein sammt diesem genannten und dem übrigen Pfandschilling
vergabt worden waren. — Es siegeln: Hemmann Truchseß,
Schultheiss von Rheinfelden; Otto von Thierstein und Hermann
Geßler.

Staatsarchiv Bern. Solothurner Wochenbl. 1825, pag. 359. — Vergl. Justin-
ger's Chronik, Ausg. 1819, S. 272.

1412, 5. April, feria tertia Pascharum.

Schultheiss und Rath von Bremgarten schreiben an Schultheiss
und Rath von Luzern wegen der Vogteileute im Amte Muri: man
solle dafür sorgen, dass dieselben bis zur Entscheidung des Geß-
lerischen Prozesses sicher verbleiben (nicht aus der Amtei weg-
ziehen); denn sie seien Eigenthum der Bremgartner Bürgerin Frau
Margareth Geßler, und während deren Sohn Hermann von
dem gleichfalls in jenes Amt hörigen Bächler seither eine Busse
habe eintreiben wollen, sei dieser inzwischen flüchtig gegangen.

Missiven im Luzern. Staatsarchiv, mitgetheilt durch Th. von Liebenau, Ar-
chivar daselbst.

1412, 19. Juli, wahrscheinlich Bremgarten.

Erbvertrag zwischen **Hermann Geßler**, Ritter, und seinem
Bruder **Wilhelm** über ihr väterliches Gut.

Hermann erhält die Gülten im Kyburger Amt (zu Kloten, Billikon, Stampfenthal, Seheim, Wisentangen), die Vogtsteuer zu Tagelschwangen, Effretikon, Wolleschwil im Kyburger Amte, das Amt Meienberg, die Vogtei Wiggwil mit Zubehörde (ausgenommen die Gült daselbst der Margareth Geßler) und bezahlt seinem Bruder jährlich 5 ₰. 5 β. Stebler als Antheil vom Zehnten zu Alikon.

Wilhelm Geßler erhält den Zehnten zu Rüti, Schongau, Meienberg, Althüsern, das Amt Muri und die Vogtei Althüseren (ausgenommen die dortige Gült seiner Mutter Margareth).

Ungetheilt bleiben: das Amt Richensee, von welchem jeder der Gebrüder in seinem Nutzungsjahre die Einkünfte bezieht; die Zehnten zu Alikon und Endingen und die Burg Wandelburg, deren Erträgnisse sie jährlich theilen; ebenso das Gut Wagenberg und Emmerach. Die Schulden des Vaters wollen sie gemeinsam abtragen.

Es siegeln die beiden Geßler, Imer von Seengen, Albrecht Businger und Rudolf Landamman, Schultheiss zu Bremgarten. Hermanns Siegel zeigt die österreichische Helmzierde des Pfauenbusches.

Staatsarchiv Luzern, in der Abthl. Akten: »Civiljustiz«, Faszikel 92; mitgeth. durch Hrn. Archivar Th. v. Liebenau.

1412.

Margarita Gefflerin, geborne von Ellerbach, verkauft mit ihres Vogtes, des Hemman von Mülinen Handen, einige Erträgnisse von Lehen, »gelegen ʒe Brunek unter der Burg,« an die Klosterfrauen zu Königsfelden.

Königsfeldn. Abschriftenbuch im aargau. Staatsarchiv. Kopp, Geschichts-Blätter 1, 244.

1412, 3. Oct., Zürich.

Schreiben von Burgermeister und Rath der Stadt Zürich an den Ritter Burkard von Mannsperg, österreich. Landvogt in der Grafschaft Baden, wegen der Angelegenheit des Zürcher Burgers Burkard Slatter, welchem als einem Diener Herrn [Hermann] Gefflers auf Herzog Friedrichs Befehl die Augen ausgestochen, die Zunge ausgeschnitten und sein Gut im Etschlande eingenommen worden ist. Hat auf künftigen Dienstag nach Galli zu Fahr im Kloster zur Teidigung zu kommen.

Kaiserlich. Geheimarchiv in Wien.
Lichnowsky, Geschichte des Hauses Habsburg V, Urkk. no. 1342.

Vorgenanntes Schreiben Zürichs lautet:

Dem frommen Veſten und würdigen Ritter her Burkart von Manſperg etc. Lantvogt, Enbieten wir der Burgermeiſter und der Rat der ſtat Zürich unſer willig dienſt. Als euch wol kunt iſt, das der durchluchtig hochgeborn furſt, unſer gnediger herr Herzog Fridrich, Herzog ze Oeſterr. etc., Burkart Slatter, unſerm Burger, geſchaffet hat ſin Ougen uſgeſtochen, ſin zunge ausgeſnitten und darzu ſin gut an der Etſch genomen und entwert Und dazſelb gut einem andern Ingeantwurt, und Iſt dem Slatter der Smerz und ſchad beſchechen von hr. Herman Geſſlers wegen, Als er (Schlatter) ſin diener geweſen iſt, darumb aber der Geſſler mit des obigen unſers herren von Oeſterr. Gnaden genczlich verflochtend waz (geſchlichtet war) für ſich und ſin diener, als uns dz vil geſeit iſt, und da wiſſet der Slatter nit anders, wan daz er daruff ſicher ſin ſölte.

Nu iſt dem Slatter ſin eigen gut noch nicht bekert und ſin Smärz und ſchad nicht abgelait etc. Wan aber die ſache in dem Erern friden uſgeluffen iſt, daz man ſi nach deſ ſelben fridbriefs wiſung berichten ſol etc., Harum ſo manen wir iuch alles des, ſo wir iuch nach des ietzgenanten fridbriefs ſag ze manen haben, daz Ir mit vollem gewalt gen Vare in daz Cloſter ze tagen koment, das ir uff den Cinſtag, der nu nach Sanct Gallen tag nechſt kunt, ze tagzit da ſyent. Dann wollen wir unſern burger vorgenant und ouch unſer botſchaft da haben und daz man dann da laſſe beſehen, ob die ſachen mit fruntſchaft mugen ubertragen werden. Beſchicht das nicht, daz man dann gemein neme und darzu tüge daz billich ſie, nach wiſung des vorgeſeiten friden.

Diſer manung ze Urkund geben und beſigelt mit unſrer Statt uſgetrucktem Inſigel ze ende diſer ſchrift an dem dritten tag des andern herpſtmanods *anno domini Mmo. CCCCo. duodecimo.*

Dazu gehört folgende Stelle im Stadtbuche von Zürich vom Jahre 1414.

Anna von Braunſchweig, Herzog Friedrichs Gemahlin, bittet den Rath zu Zürich für die Bürgen des Cuni Riſen von Adlikon. Man ſoll antworten: Als die Herzogin zu Zürich war, haben wir ſie ſehr gebeten, zu ſchaffen, daſs dem Burkard Schlatter ſein Gut an der Etſch wieder zurückgegeben werde. Wenn wir derselben Bitte geehrt werden, so wollen wir sie der ihrigen auch ehren.

Mitgetheilt durch Hrn. Archivar Th. v. Liebenau in Luzern.

1442, 12. Juni. Der Rath der Stadt Zürich ertheilt seinem Bürgermeister, dem Ritter Heinrich Schwend, schriftliche Instruction, die mit König Friedrich III. in Achen begonnenen Unterhandlungen über Bestätigung und Erweiterung aller der Stadt Zürich bisher zugekommenen Privilegien fortzusetzen.

Eidgenöss. Absch. II, S. 160. Dabei erscheint auch die Schlattersche Angelegenheit. Sie ist schon in vorausgehenden Berathschlagungen genannt: »Her Swenden fach von des Schlatters wegen (ibid. 152); »Von des Schwenden wegen, als wir die [Sache] zu Infprugg fürbracht hand, darrürend von des Schlatters feligen wegen, begeren wir ouch ein gnedig antwurt.« Jetzt erhält der Zürcher Abgefandte deshalb folgenden Auftrag: »So wiffend Ir denn wol, dafz Hans Schwend, vnfer lieber mitgefell, als von Burkard Schlatters, fins fchwagers wegen, in allen friden vnd fetzen zum rechten vfgefetzt ift, beuelhen wir üch och, das Ir in der felben fach das beft tügind, ob Im ein Summ gutz für fölich zufpruch vff fine pfand möcht geflagen werden; ob aber dz nit möcht gefin, das doch besorgt wurd, das er vnd fin erben by Iren pfanden blibind vntz vff die zitt, das femlich zufpruch, fo er zu der herrfchaft meint ze habend, mit recht vftragen worden an glichen billigen enden, vor vnd ee fi Ir pfand zu löfen gebind. Vnd was üch in femlichem das beft dunk, das nemend für, als üch das wol zu getruwen ift.«

1413, 22. März, Baden.

Mathys von Trostberg, als Aeltester seines Geschlechtes, und Hanman von Trostberg, genannt von Liebegg, urkunden für sich und ihre Nachkommen: Nachdem und wie Wilhelm Hegnauer den von ihren Vorfahren und von ihnen empfangnen Laienzehnten zu Nieder-Endingen unter ihrer Zustimmung dem fromen veften Ritter herrn Heinrich geffler feliger gedechtnúzz, vnferm gúten fründ, pfandweise um 310 Gulden versetzt hatte, so vergaben sie jetzt diesen Laienzehnten, der ihr eigen ist und von keiner Oberhand zu Lehen kommt, der lieben Jungfrau Sanct Verena und deren Stifte in Zurzach und stellen ihn als deren Eigenthum zu Handen des Probstes und des Capitels daselbst. Vorbehalten bleibt dem genannten Hegnauer die Ablösung des Zehnten um 310 Gulden, sofern er dieselbe noch bei seinem Leben thun wird, und worein dann das Stift Zurzach gehorsam zu willigen hat. Die Vergabenden verpflichten sich, dem Stifte alle auf die Donation bezüglichen Lehen- und Pfandbriefe auszuliefern, »fo der Hegnôwer oder der geffler darüber gehept vnd yetzund uff jn iren gewalt

geben hând. Zeugen sind folgende Bürger zu Baden: Rüdger
Spengler, der Leutpriester. Ulrich Klingelfuß, der Vogt. Claus
Sendler, Schultheiss. Hans Holzach und Hans Erishaupt. Ge-
geben zu Baden, Mittwoch vor Unser Frauen Tag in der Fasten.
Die beiden Troftberge siegeln.

Perg.-Urk. im Stiftsarchiv Zurzach, die beiden Siegel hangen. Vgl. Huber,
Die Urkk. des Stiftes Zurzach, S. 265.

1413, 22. März, Baden.

Die Brüder Hermann und Wilhelm Geßler verpfänden ihren Zehnten
zu Meienberg dem Verenenstifte zu Zurzach.

Ich Herman geffler, Ritter, vnd Wilhelm geffler, gebrü-
der, tůn kunt mit difem brief für vns vnd vnfer beder erben vnd
nachkomen. Als vns Wilhelm Hegnöwer den leyen zehenden ze
nideren-Endingen, der fin lehen ift von Troftberg vnd von Lieb-
egg, in pfandes wife verfetzt hat für drühundert vnd zehen guldin,
als die brief denn wol wifent; Wan denn yetzind Mathis von
Troftberg vnd Hemman von Liebegg denen gnedigen herren dem
probft vnd dem Capittel der Stift ze fant Frenan zurzach die gnad
vnd früntfchaft getän vnd jnen denfelben zehenden geeignot, vnd
damit yetz von hand vffgeben vnd ingeantwurt hant all brief,
fo der hegnöwer oder andere vor jm in lehens- oder in pfands wife
gehept hant, oder darüber geben fint, Doch demfelben wilhelm
hegnöwer vorbehept bi fim leben der lofung um die 310 Guldin,
der fi jm ouch gebunden fint vnd gern ftatt tůn wellen: Wurdent
aber fy ald die jren darüber bi finem leben von des zehenden
wegen bekümbert vnd angefprochen, oder in dehein weg ge-
fchadget, : Da loben wir, fy bi vnfern trüwen, eiden vnd eren ze
verftän vnd ze vertretten nâch recht, vnd von allem fchaden ze
wifen, ledgen vnd lôfen, wie oder in wely weg fy das ze fchaden
kom; Vnd habend jnen harumb ze einem rechten werenden pfand
ingeantwurt vnd ingefetzt vnd fetzent jñ öch wüffentlich in mit
kraft ditz briefs vnfern zehenden ze Meyenberg, der vnfer lehen
ift von den durchlüchtigen hocherbornen fürften, vnfrer gnedigen
Herfchaft von Oefterrich. Vnd verfprechend jnen öch damit,
kraftz ditz gegenwertigen briefs, derfelben vnfer gnedigen Her-
fchaft oder irs Lantuogtz brief ze fchaffen zwüfchent hie vnd difem
nechften künftigen fant Jacobs tag. Mit fölicher befcheidenheit
vnd rechtem geding, daz fy denn denfelben vnfern zehenden ze

Meijenberg vnd die Lüt, so jn denn inne oder enpfangen hant, ald damit jerlich vmbgänd, bekümbern vnd angriffen süllent vnd mugent mit geiftlichem oder weltlichem gewalt vnd gericht, als lang, als dik vnd als vil, vntz daʒ sy darumb alwent abgetragen, abgeleit vnd än allen iren schaden vnd koften entschlagen werden. Vnd sol vns, noch die selben Lüt, so den ʒehenden enpfahent, oder damit vmbgänd, nit schirmen noch tekken kein geiftlicher noch weltlicher gewalt, noch gericht noch recht, so ye funden, geben ald erdacht wart, oder noch funden, geben ald erdacht möcht werden mit geuerden oder än geuerd. Wenn aber der vorgeñ: Wilh. Hegnöwer von tods wegen abgangen ift vnd die herren deffelben ʒehnden in rûwig nutzlich gewër komen fint: So süllent vns die obgeñ: hrn: von ʒurʒach difen brief heruff geben än geuerd.

Hie by wärend die Erberen herren: Rüdger Spengler, Lüt-priefter. Volrich Klingelfûs, vogt. Claus fendler, Schultheiß. Hans Holtzach vnd Hans erifhoupt, Burgere ʒe baden.

Vnd des ʒe einem waren offen vrkünd vnd rechter vergicht aller vorgefchriben fach vnd geding, So haben wir die obgeñ: Herman vnd wilhelm die geffler, gebrüder, Jetweder fin eigen Infigel für vns vnd vnfre erben vnd nächkomen offenlich gehenkt an difen brief. Geben ʒe Baden an der nechften Mitwuchen vor vnfer fröwen tag in der vaften Nach Chrifts gebürt vierʒehn hundert darnäch im Drüʒehenden Jar.

Perg.-Urk. im Stiftsarchiv Zurzach. Beide Siegel hangen, das erste Hermanns zeigt die Helmzierde des Pfauen mit dem Kopfbusche, dasjenige Wilhelms den einfachen Gefzlerischen Wappenschild mit den drei Sternen.

1413, 24. März, Baden.

Ich herman géffler Ritter, vnd wilhelm géffler, gebrü-der, tün kunt für vnfer beder erben vnd nächkomen: Daʒ vns die Erwirdigen herren der Bropft vnd das Cappittel ʒurʒach von des Leyʒehenden wegen ʒe nidern-endingen beʒalt vnd gewert hant Drühundert guldin. Darumb so fagen wir fy vnd all ir nachkomen der felben gulden gar vnd gentzlich quit, ledig vnd los, än geuerd, Mit vrkünd ditz briefs, Befigelt ʒe end difer ge-fchrift mit vnfer beder vff gedruktem jnfigel. Geben ʒe Baden an vnfer Lieben fröwen abend jn der vaften Anno Dm. Mo. CCCCo. tredecimo.

Pap.-Hf. im Stiftsarchiv Zurzach, die beiden grünen Wachssiegel der Gebrü-der sind abgefallen.

1413, 24. März, Baden.

Ich herman geffler, Ritter, tûn kunt für Wilhelm minen
brüder vnd vnfer beder erben, daʒ mir der erbër herre der Cuſter
ʒe ʒurʒach beʒalt vnd gewert hat an den ʒehenden ʒe nidern-en-
dingen hundert Sibentʒig vnd vier guldin. Dar umb fo fagen ich
die felben herren ʒurʒach vnd öch In der obgen: guldin gar vnd
gencʒlich quit, ledig vnd los, Mit vrkünd dis briefs. Geben ʒe Baden
an vnfer fröwen abend in der vaſten, Anno ʒiijo.

Papier-Hf. im Stiftsarchiv Zurzach, das beigedruckte Siegel Herman Geſʒlers
ist abgefallen. Zu den vom Stifte bereits empfangenen 300 Gulden beträgt also
nun die ganze Verkaufssumme 474. Gulden.

1413, 1. April, Baden.

Ich Margret Gåfflerin, geborn von Ellrebach, tûn kunt
für mich vnd all mine erben vnd nåchkomen, daʒ mir die erwirdigen
herren der Bropft vnd dʒ Kappitel ʒurʒach von deʒ leyʒehenden
wegen ʒe nidren-Endingen beʒalt vnd gewert hånd drûhundert gul-
din, darvmb fo fagen Ich fy vnd all ire nåchkomen der felben
guldin gar vnd gentʒlich quit, ledig vnd los, ån geuërd, Mit vr-
künt ditʒ Briefs, Befigelt ʒe end difer gefchrift mit minem aigen
ygfigel, Geben ʒe Baden vff den nåhften famftag vor dem funen-
tag mittervaften. Anno dm. 𝕸o. 𝕮𝕮𝕮𝕮o. Tredecimo.

Papier-Urk. im Stiftsarchiv Zurzach. Margarethens grünes Rundsiegel ist zu
zwei Drittel abgebröckelt; es zeigt zur Linken den Geſʒlerschild mit den drei Sternen,
das Ellerbachische zur Rechten nur stückweise.

1414, 3. Horn.

Hermann Geßler, Ritter, versetzt seiner Mutter Margareth
von Elrebach und seinem Bruder Wilhelm Geßler um 270 rhein.
Gulden seinen halben Theil Kornzehnten zu Alikon im Amte Meyen-
berg, so der Herrschaft Oesterreich mannlehig ist. Datum Samstag
nach U. L. Frauen tag ʒer Liechtmeß.

Ist ein Vidimus, ausgestellt von Schultheiss und Rath zu Waldshut am Samstag
vor Sant Gregoryentag 1420. Das dreieckige Stadtsiegel hangt.
Geschichtsfreund, Bd. 25, S. 99.

1414, 15. Febr., Freiburg i/Br.

Hermann Geßler gelobt dem Herzog Friedrich, der ihm
bewilligt, die Höfe Teltschenmatt und Breitenloo im Kyburger Amte
an Rudi Bruchi um 114 Gulden zu versetzen, es solle damit dem
Wiedereinlösungsrechte des Lehensherrn kein Schaden gethan sein.

Lichnowsky l. c. V, Urkk. no. 1439. — Breitenlo, in der Zürch. Gem. Bassersdorf; die Stadt Winterthur erkaufte 1753 den Hof um 9811 Gulden. Troll, Gesch. der Stadt Winterthur VI, 240.

1414, 25. April, Luzern.

Hans Bechler von Abtwil schwört nach der Entlassung aus dem Gefängnisse dem luzerner Schultheissen und Rathe Urfehde »von deswegen daʒ ich ſumpt vnd irt Wernher Greter von Greppen an den gütern, da er meint, recht ʒe hânt von ſines Sunes Henſlis wibs wegen, genempt Ite Richwins, derſelben Iten vogt ich bin. Derſelb Wernher Greter ouch vil vnd dik für die egenanten min Herren von Lucern kam, ſi ʒe bittende, dem fromen, veſten Her Herman Geſler, Ritter, vnd ſinem vogt ʒe Meyenberg ʒe verſchriben vnd ʒe bittende, mich ʒe wiſent vnd ʒe haltende gegen Im ʒe rechte. Daʒ aber noch nie geſchehen kond. Vnd erloubtent da die obgenanten min Heren von Lucern demſelben Wernher, Im ſelb ʒe helfende in der Sach. Vnd alſo von der ſach wegen hat er vnd ſin frünt mich harumb in ir gefangniſſe bracht.«

Bechler gelobt, in Konstanz am 24. Juni den Streit vor Gericht auszutragen. Für ihn siegelt Johan Brunner, Bürger von Zürich.

Originalurkunde im luzerner Staatsarchiv, mitgetheilt durch Hrn. Archivar Th. von Liebenau.

1414, 14. Juni.

Ritter Hermann Geßler und sein Bruder Wilhelm bekennen, dem Johann Segeſſer, Bürger zu Aarau, fünfzig rhein. Gulden schuldig zu sein.

Familienarchiv der Segesser von Brunegg zu Luzern, mitgetheilt durch Hrn. Th. von Liebenau, Archivar daselbst.

1414.

Johann Geßler, Heinrichs des Ritters Sohn, Leutpriester zu Huttwyl.

Joh. Nyffeler, Heimatkunde von Huttwyl (Bern 1871), S. 177. — Stammtafel der Geſʒler, bei Hisely: *Mémoires et Documens de la Suisse Romande (Lausanne 1838) II, 128.*

1415, 14. Juni.

Feria VI^a post Barnabe, und *Feria IV^a post Pentecoste* [19. Juni] *Coram Centenariis ex parte* Geſlers vnd Heini's ʒer A.

Rathsprotokoll von Luzern II, 54.

Eodem anno, 3. August.

Feria VI^a post vincula Petri. Littera ad Herman Geſler *ex parte* Sidlers. *ibid 56^b.*

Eodem anno, 21. August.

Feria IV^a post Assumptionis. Der geſflerin vnd Wilhelm irm ſun gib tag. *ibid. 56^b.*

Mitthl. durch Hrn. Staatsarchivar von Liebenau.

In Folge der mit dem Jahre 1415 in den österreich. Vorlanden eingetretenen Gebiets- und Herrschaftsveränderungen hat Graf Wilhelm von Arberg, Herr zu Valangin, Meierhof, Leutkirche und Kirchensatz zu luzernisch Ruswil, Lehen der österreich. Herzoge, am 28. Weinm. 1419 an den luzern. Spitalmeister Joſt ʒer Aa um 1200 Gulden verkauft und bittet am 4. Winterm. darauf den König Sigmund, dies Lehen auf das luzern. Spital übertragen zu dürfen. Geschichtsfreund, Bd. 26, 358. Am 3. gleichen Monats übergibt der luzern. Schultheiss Petermann von Moos das genannte Lehen demselben Joſt ʒer A in solcher Art, dass dieser und wer je Spitalmeister ist, dasselbe haben, geniessen, besetzen und entsetzen solle. (Noch heutigen Tages hat das luzerner Spital das Patronatsrecht in der Kirchgemeinde Ruswil.) Segesser, R.-G. 1, 613. — Hiemit scheint der seit Regest von 1410 andauernde Rechtsstreit der Gebr. von A gegen Wilhelm Gefʒler und dessen Verwandtschaft zusammen zu hängen, da der Gefʒler österreich. Pfandschaften zum Theil gleichfalls im sog. äusseren Amte zu Ruswil gelegen waren. Ein ähnliches Verhältniss spricht auch aus dem Vorladungsbriefe des Sidler gegen Hermann Gefʒler. Dieser Sidler fällt 1423 als Judex vor Consuln und Hunderten im Rathe zu Luzern das Urtheil über Luzerns Vorrecht auf den Besitz der eroberten drei Aemter Meienberg, Richensee und Vilmergen. Segesser, R.-G. II, 71. Er und seine Erben sind noch 1440, 10. Aug., im Besitze gewesner Lehen der Herrschaft von Oesterreich. Argovia 8, 51. Also ist auch Sidler, wie vorher Zer A, ein luzernischer Lehensrivale gegen die Gefʒler.

1415. Aus dem Lichbůch des Klosters Muri.

Bl. 92: Ovwe vnd Růstiſchwile. Item des Schmits gůt giltet ʒv fiertel veſen vnd ʒv fiertel habren, het peter von lutzern. (Mit späterer Hand und besserer Tinte): iſt abkőſt vnd ward dem geſfler für die vogty der gueteren ʒe Allikon, ſo henſli gretår kőſt (hat) von vnſrem gotʒhuß.

Bl. 109: Wolen. Item die hofſtat, gelegen vffen dorf, vnd der Bőngart vffen dorf by dem Brunnen, jtem ein åckerlin am Gruſakker (des) Hanſen ab dorf: geltent ij fiertel kernen. (Mit anderer Hand): des het henſli geſfler dʒ bőmgårtli vnd die hofſtatt vnd git davon 1 quartale roggen vnd 1 quartale auene (Habers).

Das Lichbůch nennt sich ein Lehens-Urbar des Klosters Muri, Pap.-Hſ. Gross 4°, 137 paginirte Blätter haltend, nun im aargau. Staatsarchiv B 2. Es ist das Concept des in unsern Regesten schon voraus genannten Klosterurbars B 1, es wiederholt dieses, enthält aber mehr als dieses, hat Einträge aus ältesten Zinsroteln, Lehensbriefen und Anniversarien, und zählt die Bestänter eines und desselben Zinsgutes manchmal bis zu zehen auf einander folgenden Geschlechtsnamen auf, durchstreicht dieselben und fügt bei: ist verkôft, gilt nit von kôffens wegen. Die von gleicher und erster Hand darin verzeichneten frühesten Jahrgänge sind 1412 (Bl. 65), 1417 und 1420 (Bl. 101), 1419 (Bl. 97b). Somit reicht dieses Urbar in die Zeit der Güter-Confiskation, welche die Geßler durch die das Aargau überziehenden Eidgenossen 1415 in den Freienämtern und hier speziell zu Ober- und Unter-Alikon erlitten, zweien Dörfern der Civilgemeinde Meienberg, die damals zur Geßlerischen Vogtei gehörten und in dem voranstehenden Texte mitgenannt sind. Der Eroberer wollte den Geßlern gegen ihre Einbusse anfänglich ein Gut im Ertrag von 30 Viertel Korn, jedoch als blosses Leibgedinge, eintauschen und gewährte ihnen, als dieses nicht angenommen worden war, gar keinerlei Entschädigung. Das Freienämter Urbar, welches nach der Eroberung von den mitbetheiligten Ständen ausgearbeitet und im Jahre 1532 revidirt wurde, schreibt darum Fol. 48: »deß Erften in dem Ampt Meyenberg. Der Zehenden zû Alikhen ghört den Eydtgnoſſen gantz vnd gar zû.«

1415. Aus dem Rechnungsbuch der luzernischen Aemter und Vogteien, handschriftl. im luzern. Staatsarchiv.

1415: Item, als Meienberg, Richenfee vnd Vilmeringen in vnfer hand ift komen, haben wir Hans Wiechfler darüber ze vogt gefetzt, der hat vns fürbracht, was nütz vnd rechtung wir da han föllen, als harnach ftat, eins iars.

Des erften die ftü'r ze Meienberg.

Gênt die in der ftat dafelbs x lib. vnd das ampt xvi lib. nûws geltz, darûs gât der gefflerin xiij lib.

Item x mütt kernen geltz ze Apwil, was der geflerin.

Ze Alikon vj mütt kernen geltz, was der geffler.

Ze Alikon v lib. iiij β vnd ein halb mütt kernen ze ftü'r.

Item ze têtnôw: lit wûft. galt ein halben mütt kernen, da meint der pfaff, er gehör an die kilchen.

Ze witwil v lib. vogtftür, xxxij hûnr, hörent eim vogt, vnd git iederman da ein vafnacht hûn.

Wer im twing fitzet, der git ein vafnachthûn eim vogt.

Der zehent ze Alikon ist hü'r gelihen vmb xxiij malter lucern-mës, vf dem zehenden het Ymer von Se'ngen v ftuck geltz.

Henfli von Kulm git ein mütt korns ein iar, daz ander habern von eim aker, wenn aber es brach lit, fo git es nüt.

Item in der Statt iij lib. von freuel eim vogt, vnd dem fêcher iij lib. vnd der Statt x β.

Vßrent der Statt ist iij lib. ein bûß, vnd dem vogt drîualt bûß.

Item vff der fwand ij akerftückli.

Item Henſli greten ſol v viertel bêder gutz ab dem zürich-hinderbûl.
Dis vorgeſchriben iſt alles der geſlerin geſin.

. Richenſê.

Dis ſint die ſtüren vnd rechtung, ſo die Herſchafft ze Richenſê in
dem ampt hat, als das in vnſer hand iſt komen, vnd als die
geſſlerin daſelbs hat.

von der ſtü'r iij lib. iiij β den:

von acht ſchuppos von ieklicher vij β, daz wirt ij lib. xvj β.

So ligent ze Richenſê xxiij hofſtett, da git iekliche vj den: vnd ſint
der herſchafft eigen.

da ligent acht garten, gilt ieklicher viij den: zins; vnd iiij garten,
git ieklicher iiij den: zins.

ze Altwis xxx β vogtrecht.

ze Moſheim von eim zehenden j mütt dinkel.'

ze Eſch j viertel kernen.

von den fêwen und der â git man ij lib.

Summa: xi ℔. iiij β.

Es git iederman, der ze Richenſê ſiczet, j vaſnacht hûn, als die,
die vff dem land ſiczent.

E⸜ git iederman, der vff den drî'n Jarmerkten wîn ſchenket ze
Richenſê, eim herren oder eim vogt j viertel wîns.

Die herſchafft hat twing vnd bann vnd gericht (über) düb vnd
frêuen ze Richenſê vnd in dem Ampt.

Es iſt ouch ze Richenſê recht, këm ein frômbder man, wer der
wër, wil der hûſen vff ein hofſtatt, den ſol man hûſen lân darûf,
es well denn der, der die hofſtatt innhat, innrent iarsfriſt darûf
hûſen. vnd derſelb, der denn darûf hûſet, der ſol den bürgern
gên ein viertel elſêſſer vnd dem Herren ein halb viertel.

Luzerner Staatsarchiv. Mitgeth. durch Th. von Liebenau, Archivar daselbst.

1416, 15. Hornung.

»Es iſt ze wüſſent, als die Geſſlerin, cloſterfrow ze Küngſuelt,
viij Gulden an golt hat ze lipding uf dem zehenden ze Alikon, die
jr Her Herman vnd Wilhelm Geſler verſchafft hattent, dar-
umb ſi guot brieff hat; vnd hant ſich vnſer Herren erkent, daz
man jr dz Lipding ſol laſſent, doch wenn ſi abgât, ſo meinen wir
darzuo recht ze hant. *Actum ipſa die Agate.*

Luzerner Rathsbuch I, 326a. Kopp, Gesch.-Bl. I, 244.
Obige Klosterfrau Gefzlerin hiess Kunigunde; s. Regest von 1420, Montag
nach Mittfasten.

1416, 4. Oktober.

Fröw Margareta gefflerin, closterfröw zů difem gotshuff.

Jahrzeitbuch des Frauenklosters Hermetswil, Einzeichnung: »am vierten Tag des andern Herbstmonats.« Darunter geschrieben von späterer Hand: Margret Geffleri, Münchinfchwester vnferfz Conventfz.

12. Oktober.

Margaretha Gefselerin, *Monialis hic.*

15. November.

Johans Gessler vnd Bertha fin Wirthin hand an den Kelch geben j ℔.

Dieses Jahrzeitbuch, Perg.-Hf., ist laut Einzeichnung auf seinem letzten Blatte i. J. 1441 geschrieben, also die Umschrift eines älteren. Im Dokumentenbuch des Archivs Muri, tom. B, pag. 812, steht in der Reihe sämmtlicher Nonnen, welche zu Hermetswil Profess gethan, Margaretha Gefzlerin unmittelbar nach den daselbst i. J. 1452 eingetretnen oder verstorbnen Conventschwestern.

1417, 29. März, Konstanz.

König Sigmund, der das Schloss Schenkenberg und das Amt auf dem Bözberg, beides ein herzoglich-österreichisches Erblehen, der bisherigen Besitzerin Frauen Margareth Geßler entzogen hatte, stellt es ihr als Reichslehen wieder zu.

Wir Sigmund von gotes gnaden Romifcher Kunig tzu allen tzyten merer des Richs, vnd Vngern, Dalmacien, Croatien etc. Kunig, Bekennen vnd tun kunt offenbar mit difem briefe allen den, die jn fehen oder horen lefen. Wann wir nu alle vnd iglichle land vnd lüte, herfcheffte, Sloße, Stete, Dorffere, vnd alles anders, das Hertzog Fridrich von Osterrich innegehebt hat, durch fines groffen, fwaren vnd freuellichen miffetat willen, die Er mit hinweg helfen ettwann Babft Johannfen wider die heilig kirchen, das heilig Concilium tzu Coftentz, Vns vnd das Riche vnd maniche andere des Richs vndertane, geiftlich vnd werntlich, frowen vnd mannen, on alles Recht vnd glimpf getan vnd begangen hat, an vns vnd das Riche geruffet, bracht vnd genomen haben; vnd wan ouch die vorgen: Lande, lüte, herfcheffte vnd Sloße, Stete vnd dorffere, lehenfchafft vnd pfantfchafft von deffelben Fridrichs gelübde, eyde, briefe vnd Infigel wegen, damit Er fich gegen vns verbunden vnd verfchriben hat, vnd das freuenlich vnd offenlich gebrochen hat, an vns vnd das Riche recht vnd redlich gefallen vnd komen fint: Als dann das fin briefe, vns doruber gegeben, clerlichen innchaldet; Vnd als

dann ouch das Sloß Schenkenberg mit aller finer tzugehorung in
pfantfchafft wife der Edeln Margreten Geßlerin vnd jren erben
von Hertzog Fridrichen von Ofterrich verfchriben was vnd nu an
vns vnd das Riche in der vorgefchribenn mafze recht vnd redlich
komen vnd gefallen ift: Alfo hat vns der Strenge vlrich von Fri-
dingen, Ritter, vnfer diener vnd lieber getrüer, fliffiglich gebeten,
daz wir Margrethen Geßlerin, fines Bruders, etwann Hanfen von
Fridingen feligen, weipp, vnd wilhelmen, jrem Sune, Gretlin vnd
Magdalenen, jren tochteren, vnd Jm als eynem lehentrager, das
Sloß Schenkenberg mit aller herlikeit, lüten, gütern, wunnen, weiden,
holtze, velde, waffern, vifchentzen, mit allen geleiten, pennen, wilt-
pennen, gerichten, ftüre, nützen, dienften, vellen, gleffen vnd mit
allen vnd iglichen jren tzugehorungen vnd nemlich das Ampt an
dem Bôtzberg, mit allen Rechten vnd gewonheiten, als das alles
die herfchafft von Ofterrich innegehebt vnd herbracht hat vnd das
ouch vormals von derfelben herfchafft pfand geweft ift, Jñ tzu rechtem
lehen gnediclich geruchten zuleihen, wann Er vns bereit were, doruf
huldung tzutun mit dienften, gelübden vnd eyden, als lehenfrecht
were: Des haben wir angefehen foliche demutige bete vnd minc-
lich betrachtet getrüe, nutze, willige vnd dankneme dienfte, die
ettwann der Strenge Hans von Fridingen, Ritter, wilhelms von
Fridingen vatter feliger, vns offt fliffiglich vnd in merklichen ge-
fchefften getan, vns vnd dem Riche Wilhelm, fin Sune, fo Er tzu
finen jaren komet, tun fol, vnd ouch foliche dienfte, die vns vlrich
von Fridingen, Ritter, teglichen tut vnd die vns das geflecht von
Fridingen alltzit getan hat, vmb des willen Si an vns funderliche
gnade behalden haben. Dorumb mit wolbedachtem mute, gutem
rate vnferr vnd des Richs fürften, Edeln vnd getruen vnd rechter
wiffen haben wir der egenañt: Margrethen Geßlerin, wilhelm jrem
Sune, Gretlin vnd Magdalenen jren tochtern, vnd vlrichen von Fri-
dingen an jrer Stat als einem Lehentrager, das vorgeñ. Sloß Schenken-
berg mit aller herlikeit, allen wirden, eren, rechten, gewaltfame,
mit allen geleitten, tzolen, pennen, wiltpennen, allen lüten,
Stüren, gerichten vnd aller anderr tzugehorung, als obgefchriben
ftat, nichts vßgenomen, vnd nemlich daz Ampt an dem Bôtzberg
mit allen rechten vnd gewonheiten, als das alles die herfchaft von
Ofterrich innegehabt vnd herbracht hat, vnd das ouch vormals der-
felben Margarethen von derfelben herfchafft von Ofterrich pfand
gewefen ift, als ein recht lehen gnediclich verlihen vnd verleihen
Jñ das in kraft diß brieffs vnd von Romifcher kuniglicher maht-

volkomenheit: daſſelb Sloß Schenkenb. mit lüten, gütern, wunnen, weiden, mit aller herlikeit, wirden, eren vnd gewaltſame, mit gelaitten, pennen, wiltpennen, gerichten, Ampte-Rechten vnd andern tӡugehorungen vnd gewonheiten, als vor gelutert iſt, hinfür in lehenſwiße mitſampt jren erben tӡuhaben, tӡuhalden, tӡubeſitӡtӡen, tӡugenießen vnd vns vnd dem Riche dauon mit demſelben Sloße mit jren leiben vnd mit allem dem, daӡ ſi haben oder haben werden, tӡudienen als billich vnd recht iſt. Vnd der egeñ: vlrich von Fridingen hat vns doruf als ein lehentrager geſwaren mit dienſten, eyden vnd gelübden, als lehensrecht iſt. Wenn aber der egeñ: wilhellm tӡu ſinen jaren komet, ſo ſol Er ſelbs das egeñ: Sloß von vns oder vnſern nachkomen an dem Riche tӡulehen empfahen, vnd deßglichen ſollen ouch alle ſine nachkomen, die das Schenkenberg haben werden, tun als recht vnd billich iſt. Doch ſo ſetӡtӡen vnd wollen wir, daӡ das egeñ: Sloß vnſer vnd vnſer nachkomen an dem Riche vnd ouch vnſers Lantvogts, der yetӡund iſt oder in tӡyten wirt, tӡu allen vnſern vnd des Richs geſchefften vnſer offen Sloß vnd hawß ſy on alle widerrede, vnd daӡ wir, vnſer nachkomen an dem Riche, oder vnſer Lantvogte, in derſelben herſchafft nach vnſerm willen vnd nach vnſerm Luſte yagen mögen wann wir wollen. Mee ſo ſetӡtӡen vnd wollen wir, daӡ die egeñ: von Fridingen daſſelb Sloß Schenkenb. nyemands verkouffen ſollen noch mögen, es ſy dann mit vnſerm oder vnſer nachkomen an dem Riche guten willen. Mûſten ſi es aber verkouffen von Rechter not wegen, ſo ſollen ſi es doch nyemands jenſyt Reins verkouffen, ſunder hiedieſhalb, vnd das ſol dennôch geſcheen mit vnſerm odèr vnſer nachkomen gunſt, wiſſen vnd willen. Ouch wollen wir daӡ die egeñ: Margreth Geßlerin by dem egeñ: Sloß Schenkb. mitſampt dem Ampt an dem Bötӡberg vnd allen jren rechten vnd tӡugehorungen jre lebtag belibe vngedrungen vnd vngehindert dauon von allermennclich. Dortӡu ſo erlouben wir den êgenanten: Margrethen, Wilhelmen, jrem Sune, vnd Gretlin vnd magdalenen, jren tochtern, ouch in krafft diß brieffs, was die herſchafft von Oſterrich vß derſelben herſchafft vnd vß dem Ampt vormals verſetӡtӡet habe, daӡ Si das alles an ſich widerlöſen mogen in glicher wiſe als die herſchafft von Oſterrich, vnd doran ſol Si niemands hindern, als lieb Iñ ſy vnſer vnd des Richs ſwäre vngnad tӡuuermyden. Mit vrkund diß brieffs, verſigelt mit vnſer kuniglicher Majeſtat Inſigel. Geben tӡu Coſtentӡ Nach Criſts geburt viertӡehenhundert Jare vnd dornach in dem Sibentӡehenden Jare des nechſten Montags nach dem Suntag Judica in der vaſten,

vnſerr Riche des vngriſchen etc. in dem driſſigſten, vnd des Ro
miſchen in dem Sibenden.

*(Per Dm. G. Comitem de Swartzburg. Judicem curie Michel,
canonicus Wratiſlawiensis.)*

Perg.-Urk. mit unverletztem Grossem Reichs-Insiegel an rothblauen Seiden-
schnüren. Aargau: Staatsarchiv, Abthlung. Amt Schenkenberg, Y 1.

1418, 14. Januar, Brugg.

Uoly Vischer, Vogt auf dem Bözberge und Burger zu Brugg,
sitzt zu Brugg vor dem Niedern Thore zu Gericht und urkundet:
»die Edle frow Margarethe von Fridingen, geborne Geßlerin,
und an ihrer Statt Hans Türinger von Alb eines Theils, sodann
Junker Heinrich Effinger andern Theils seien vor Gericht erschie-
nen, und Frau Margaretha habe mit allen Förmlichkeiten an
Effinger verkauft eine jährliche Gült (ausser 1 Viertel Kernen
jährlich gen Umikon, und 18 Pfn. gen Elfingen) und ein Gut ge-
legen zu Linn (dreien Dörfern zunächst der Stadt Brugg gelegen)
mit allen Rechtungen, Gewohnheiten und Zugehör, Haus, Hof,
Steg, Weg, Aecker, Matten, Wunn und Weid u. s. w., und habe
dafür achtzig Gulden empfangen. Die Zeugen sind 3 Bürger aus
Brugg: Hans Moser genannt Vogt; Rudolf Etterli und Hans Beck;
und 4 Bauern von Remigen, Rain und Villigen. Geben des Jahres
als man zalt von Chriſtz geburt vierzehen hundert vnd achtzehen
iare vff den nechſten Fritag nach Hylari.«

Perg.-Urk. mit dem Siegel Uly Vischers. Schenkenberger Urkk. Y 43, im
aargau. Staatsarchiv.

1418, 25. April, ipsa die stI. Marci, Luzern.

Der Rath zu Luzern beschliesst: »Vnſer Herren hant sich
erkent von der ſtür des amptz ʒe Meyenberg wegen, alle die im
ampt daſelbs ſitzend vnd wun vnd weid da nieſſent, die ſond ouch
die ſtür gên, ufgenommen vnſer alten burger, die wir vor den
vögten von Meyenberg hant beſchirmt, ê daʒ Meyenberg in vnſer
hant kam, die ſond kein ſtür gên, vnd welche gen Rotenburg
gehörent vnd von alter har dahin gedienet hant, die wir bi her
herman geſſlers ʒiten behebt hant, die ſont inen ouch nit
ſtür gên.«

Luzern. Rathsbuch I, 316 a.
Segesser, Rechtsgesch. II, 63.

1418, 20. Juni.

Wilhelm und Hermann Gäszler, Gebrüder, haben dem
Bürgermeister, Räthen und Bürgern der Stadt Zürich versetzt und
verkauft »unsre Burg, Veste und Stadt Grüningen, und besonders
das Hinterhaus an der Burg daselbst, so man nennt Landenberg,
die ganze Herrschaft Grüningen, die Dinghöfe zu Stäfan, zu Hum-
brächtikon und zu Münchaltorf [folgen die ferneren in Urk. vom
11. Juli 1408 bereits aufgezählten Güter] um 8000 alter guter
rhein. Gulden gewichtigen Goldes, darum uns die Stadt Zürich
gegeben 6000 Gulden und uns diese Summe also darauf ge-
setzt hat.«

> Weltliches Pfrundenbuch etc. in under-Schieden Tafflen, von dem Jahre 1674,
> pag. 105; Hf. auf der aargau. Kt.-Bblth. MS. Nov. 10 quarto. — Vergl. Stumpff,
> Chronik, Ausgabe Froschauer 1548, lib. VI, cap. III, pag. 125; wobei irrig der
> 11. Juli angesetzt ist.

1419, 13. Aug., Meran.

Der edelvest Hermann der Gässler, Hofmeister der Her-
zogin Anna von Oesterreich, besiegelt einen Brief für Christoph
den Büchsenmeister.

> Gubernial-Archiv Innsbruck.
> Schweiz. Anzeiger für Gesch. und Alterth. 1864, S. 46, Regesten no. 108.

1419, 19. November, Sonntag vor Cäcilia, Ensisheim.

Anna von Braunschweig, Herzogin von Oesterreich, sendet
an Bürgermeister und Rath von Basel den Grafen Hans von
Thierstein, Landvogt, und den Hermann Geßler, ihren Hof-
meister, um Werbungen ihres Gemahls Herzogs Friedrich anbringen
zu lassen.

> »Richtung zwischen dem Haus Oesterreich und der Stadt Basel,« Hf. in Fo-
> lio, Bl. ꬴꬴiiij, im Staatsarchiv Basel. Mittheilung durch Th. v. Liebenau.

1420, 22. Januar, Ensisheim.

Frau Anna von Braunschweig, Herzogin zu Oesterreich,
scheidet und sühnt die Fehde zwischen der Stadt Freiburg im
Breisgau und dem Konrad Loupp von Zäringen, genannt Bern-
loupp. Unter den herzoglichen Räthen als Schiedsrichtern:
»Hermann Geszler, vnser Hofmeister«.

> Heinr. Schreiber, Urkundenbuch der Stadt Freiburg, II. 2, pag. 295.
> Die Bärenlapp, Berenlaupp, Berenlaupt (bei Lichnowsky V, Urkk. S. 139
> römisch) führten im Wappen zwei empor gestreckte Bärentappen (Läufe) und waren

einer der vierzehn Zweige, in welche sich das Breisgauer Adelsgeschlecht der Schnewelin schied; die Namen dieser Linien stehen bei Leop. Maldoner, Beschreib. des Breysgau, sub voce Bolschweil.

1420, 20. April, feria sexta post antonii.

Coram Centenariis ... von der geſſlerin wegen vmb Meienberg, als der apt vnd offenburg rett.*)

Rathsprotokoll von Luzern III, 64 b. Mittheilung von Herrn Archivar Th. von Liebenau.

1420, Samstag vor Mittfasten, 14. März.

»Copie der Richtung zwüschen Lucern vnd der gäſſlerin,
von Richensee vnd Meyenberg wegen.«

Es iſt ʒe wiſſent, Als Margrech Geſſlerin, geborn von Elerbach, wilent hr. heinrichs geſſlers ſeligen wirtin, ettwas ʒŭſprúch hat an die fromen wiſen Schulthʒ vnd Rat ʒe Lucern, nemlich von wegen der Aemptern Richenſê, Meyenberg etc. vnd von des ʒehenden wegen ʒe Alikon vnd ander gült, ſo ſy meint in dien ſelben emptern ʒehaben, Es ſy von ir heinſtú'r, êrecht oder verpfendens ald verſchaffens wegen, So her Hemman geſſler vnd wilhelm Geſſler, jr Sún, ir verordnet hant; das aber die obgeñ: von Lucern, in dien lôuffen vnd ſpennen ʒwüſchent únſerm herren dem Kúnig vnd dem herʒog fridrichen von ôſterrich, jngenomen hant vnd ouch darʒŭ recht getrŭwent ʒehaben, von beuelhens *vnd gewaltʒ* wegen únſers herren des kúnigs, darumb ſy gŭt brieff vnd jngſigel hant; harʒwúſchent der Erwirdig herr der Apt von Mure ſo frúntlich gerett hât, daʒ die vorgeñ: frow Margrech geſſlerin vnd wilhelm ir Sun eins teils, vnd die von Lucern des andern vmb die vorgeñ: ſtôße, ʒŭſprúch vnd ſachen wegen Tugentlich miteinander in ein komen ſint in der mäß, als hienach geſchriben ſtant.

Item des Erſten, das die vorgeñ: frow Margrech vnd wilhelm jr ſun vnuerʒogenlich ſôllent gen Bremgarten keren vnd da die ſelb frow Margrech eiñ vogt nemen ſol, es ſye wilhelm jr Sun oder ein andrer, mit gericht vnd vrteil, in der beſten wiſe, nach Rât der Erbêrn wiſen Schulthʒ vnd Rât ʒe Bremgarten. Vnd ſond ſy bede daſelbs mit gerichten vnd vrteilen ſich entʒihen vnd

---

*) Die beiden erwähnten Rechtsbeiſtände der Geſſlerin ſind Jörg Ruſſinger von Rapperswil, von 1410 bis 1440 Abt von Muri, und muthmaſſlich Peter von Offenburg, Chorherr zu Beromünſter.

ufgeben die êgenanten zwôy empter mit aller zůgehôrt vnd all ir
rechtung daran, vnd die vertigen in hend der von Lucern Bot-
fchafft etc., als verr das vrteil gebe, das fy daran habent vnd
beforget fyent nach dem beften. Aber von der zehenden, nútzen
vnd gúlt wegen, fo in denfelben emptern fint, Sint fy lieplich mit
einander verkomen alfo: daz der von lucern vogt, welher ye in
den zwein emptern vogt ift, die zehenden, nútz vnd gúlt inziehen
ierlich fol, wo die fint oder noch erînlet (ereilt) werdent. Darufz
fol man des Erften bezalen vnd richten daz lipding der Gefflerin
gen Kúngfvelt, vnd die gúlt gen Egre vnd Imer von Se'ngen fin
gúlt. Vnd was denn des úbrigen zehenden, gúlt vnd nútzen ift,
die fol der vogt în nemen vnd des ein zwênteil der vorgen: frow
Margreten jerlich geben ze end ir wîl, vnd den dritteil jnhân zů
der von lucern handen; vnd wenne das ift, das fy abgât: lebt
denn der Egenant Wilhelm, dem fol man ze gelicher wife vnd
finen lîberben alfvil vollangen lâffen als der Mûtter vnd hie vor
ftât. Stirbt er aber ân lîberben, fo fol das gentzlich ledig vnd
ab fin deñ von Lucern. Vnd fol die gefflerin vnd jr fun alle die brieff
vnd vidimus harufz geben fo fy hant, nemlich den vergunftbrieff
etc. Vnd vmb die andern brieff, fo ze Waltzhůt ligent, font fy
ervordern vnd darzů ir beftes tůn, wie fy inen werdent; múgent
inen aber die nit alfo werden frúntlich, fo fônt fy die ervordern
mit dem rechten. Vnd wenn fy die habent, fo font fy zů ftund
die brieff deñ von lucern harufz geben. Vnd wenne dif vertigung
befchicht, fo font fy bêde fweren, daby bliben fúr fich vnd ir
erben vnd das ftet ze hânt vor gericht, vnd das fol verbrieft wer-
den nach der beften form. Des zů vrkund hab Ich obgen: wil-
helm geffler min Ingfigel offenlich gedrukt ze end difer fchrift uf
difen brieff fúr. mich vnd frow Margreten min mûtter, Der geben
ift am Samftag vor Mitterúaften Anno 𝔐ℭℭℭℭ𝔯𝔯º.

Foliobogen im luzern. Staatsarchiv, bezeichnet C; vgl. Ph. Segeffer, Luzern.
Rechts-Gefch. I, 453.

1420, 23. März, Bremgarten.

Copie des zu Bremgarten gefällten Schiedsfpruches und
beschworenen Vertrages zwischen den Geßlern und der Stadt
Lucern.

Ich Rûdolf Landammann, zů difen ziten Schulthz ze Bremgarten,
tůn kunt vnd vergich offenlich mit difem brieff Allen den, die In
an fechent oder hôrent lefen, das Ich dafelbs ze Bremgarten

in der ſtatt an offner fryer ſtrâſʒ offenlich ʒe gericht ſaß in
namen vnd an ſtatt des aller durchlúchtigoſten fúrſten hrn. Sig-
munds, von gotes gnâden Rômiſchen vnd ʒe Vngern etc. Kúngs,
ʒů allen ʒiten merer des Richs, mins aller genedigoſten heren;
Da in offem vnd gebannem gericht fúr mich kament die edel wol
erboren frow Margrecht geſſlerin, geboren von Elrbach,
wilent des fromen veſten hrn. Heinrich geſſlers ſeligen, Ritters,
eliche wirtin, mit dem veſten Junkher wilhelm geſſler, Iro
elichen ſun vnd rechten wiſſenthaften vogt, den ſy in gericht ʒů
einem vogt nam, als ſy ein wittwe iſt; der ir ouch mit gericht
vrteil vnd nach recht ʒů einem vogt geben vnd ʒů geſtelt ward
nû vnd hienach, als lang ſy ſîn begert ir vogt ʒů ſin, mit fúr-
ſprechen eins teils; Vnd der from wiſe Volrich Walcher, Burger
ʒe Lucern, in namen, anſtatt vnd ʒů handen der fromen wiſen
Schulths., Reten vnd gemeiner ſtatt ʒe Lucern, miner lieben heren
vnd ir nachkomen, mit fúrſprechen deʒ andern teils. Vnd ſtůnd
die obgen: frow Margrecht geſſlerin mit dem obgen: Jungkher
wilhelmen geſſler, ir elichem ſun vnd rechtem vogt vnd des gunſt
vnd willen, in gericht wolbedacht, wolbeſinnt, geſund libs vnd
ſinnen nach ʒitlichem raut, offnet vnd vergach: Als ſy ettwaʒ ʒů-
ſprúchen gehebt hetti an die fromen wiſen Schulths vnd Rät ʒe
Lucern, nemlich von der Empter wegen Richenſew vnd Meyen-
berg etc., vnd von des ʒechenden wegen ʒe Allikon vnd anderer
gúlt, ſo ſy meint in den ſelben emptern ʒe haben, es wer' von ir
heinſtü'r, êrecht, verpfendens oder verſchaffens wegen, ſo der from
ueſte Ritter Her hemman geſſler vnd ouch der êgen: wilhelm
geſſler, ir Sun, Ira geordnet hettend: Da aber die obgen: von
Lucern in den vergangen lôffen vnd Spennen ʒwüſchent dem ob-
gen: únſerm genedigoſten heren dem Kúnig, vnd dem durlúch-
tigen vnſʒerm gnedigen heren Hertʒog fridrichen von ôſterrich etc.
die êgen: empter vnd gúlt ingenomen hettend, alʒ ſy ouch daʒů
getrúwotend recht ʒů haben, von empfelhentʒ vnd gewaltʒ wegen
des êgen: vnſers gnedigen heren des Kúnigs, darumb ſy gůt
brief vnd Ingſigel hettent: Daʒwúſchent aber der Erwirdig geiſt-
lich her Jôrg, von gotes verhengde Apt des gotʒhus ʒe Mure,
Sant Benedicten ordens, vnſer lieber here, ſo frúntlich gerett hett,
das ſy vnd Wilhelm, ir Sun, einsteils; vnd die obgen: von Lu-
cern des andern teils vmb die vorgn: ſtôſſe, ʒůſprúche vnd ſachen
tugentlich vnd frúntlich mit einander in ein komen vnd bericht
hânt vnd ſind, mit der beſcheidenheit alʒ hienach verſchriben ſtaut.

Des Erften, dʒ die obgen: frow Margr: geſſlerin vnd Junkher
wilhelm, ir elich Sun, vnuerʒogenlich keren ſüllent gen Bremgarten
in die ſtatt vnd ſy denne da eiñ vogt nemen ſolte, Eʒ were Wil-
helm, jren ſun, oder einen andern, mit gericht vnd vrteil, nach
Rât der Erbërn wiſen Schulths. vnd Rät ʒe Bremgarten. Da ſy
ſich alſo nach Irem Rât vnd nach der ſtatt recht ʒe Bremgarten
beuogtet hette mit dem obgn: Wilhelmen ir ſun, alʒ vorſtat, vnd
als dʒ beſchach nach recht, ſo ſöllent ſy ſich denn bede mit ein-
ander entʒihen vnd vfgeben der obgn: ʒwöyer empter Richenſê
vnd Meyenberg mit allen ʒûgehörden vnd aller ir rechtung, ſo ſy
daran hând, vnd die denn vertigen in hand der von Lucern Bot-
ſchaft als verre, dʒ ſy daran habent vnd verſorgt ſyent nach recht.
Aber von der ʒechenden, nútʒen vnd gúlten wegen, ſo in den
ſelben Aemptern ſint, ſint ſy ouch lieplich mit enander úberkomen
alſo, daʒ dera · von Lucern vogt, welher je denn in den ſelben
ʒwein Emptern vogt iſt, die ſelben ʒechenden, nútʒ vnd gúlt jer-
lich inʒihen ſol, wo die ſint oder noch ſunden oder erînnlot (er-
jagt) werden. Darufʒ ſol man jerlich deʒ Erſten beʒalen vnd vfʒ-
richten dʒ lipding der Erwirdigen frawen frow Kúngunden geſlerin,
Cloſterfrowen ʒe Kúngſſeld, vnd ouch die gúlt gen Egre, vnd
Imârn von Sengen ſin gúlt, nach ir briefen lut vnd ſag. Vnd waʒ
denn deʒ úbrigen ʒechenden, gúlt vnd nútʒen iſt, die ſol der
êgn: vogt der Emptere ínnên vnd denne deʒ ʒwên teil der
êgn: frowen Margrehten geſlerin jerlich geben vntʒ ʒû end ir wile,
vnd den dritten teil jerlich jnnhân ʒû der êgn: von Lucern han-
den. Vnd wenn aber dʒ iſt, dʒ dú ſelb frow Margreth geſlerin
von tod abgât vnd von dirʒe welt geſcheiden iſt: Lebet denn der
Egenant Wilhelm geſſler, dem ſol man denn ʒû gelicher wiſe vnd
ſinen liberben alʒ vil verlangen lauffen alʒ der êgen: ſiner Mûtter,
alʒ vor ſtât. Stirbt aber der ſelb wilh: geſſler ân liberben, ſo ſol
daʒ gentʒlich ab, ledig vnd loſ ſin deñ von Lucern, jrhalb vnd
menglichshalb vnbekúmbert von iro wegen. Eʒ ſol ouch die ſelb
frow Margr: geſlerin vnd wilhelm ir Sun alle die brief vnd vidi-
muß, ſo ſy hand, herufgeben, vnd och namlich den vergunſtbrief.
Vnd denn vmb die andern brief, ſo ʒû Waltʒhût ligend, ſond ſy
eruordern vnd darʒû ir beſtʒ tûn, wie ſy jnen werden mûgen; aber
die jnen nit alſo frúntlich werden, ſo ſond ſy die eruorderen mit
dem rechten, vnd wenn ſy die habent, ſo ſond ſy die ʒû ſtund
deñ von Lucern heruf geben. Doch alſo: ob ſy deheineſt der-
ſelben brief notdurftig wurden, gegen wem dʒ wer, daʒ man Inen

denn die lihen ſölte ʒů ir notdurft, uf troſtung, dʒ die widerkert werden gen Lucern. Vnd wenn die vertigung alſo beſchicht mit den gedingen, alʒ vor beſcheiden iſt, ſo ſůllen ſy bede denn ſweren fůr ſich vnd ir erben, da by ʒů bliben, vnd ſölte ouch denn dʒ allſo verbrieft werden nach dem beſten.

Alſo was ſy, die obgn: Margrecht geſlerin, mit dem obgn: wilhelmen, irem ſun vnd rechtem vogt, hie vnd wolten dʒ alſo volfůren in aller der wiſ vnd mauſʒ alʒ vor geoffnet iſt. Vnd ſtůnd och die ſelb frow Margrecht geſſlerin dar in gericht mit dem obgn: ir Sun vnd vogt vnd deʒ gunſt vnd willen, vnd der- ſelb junkhere Wilhelm̃ ouch fůr ſich ſelber, vnd Entʒogent ſich der obgen: ʒweyer empter Richenſew vnd Meyenberg mit allen ʒůgehörden vnd aller ir rechtunge, ſo ſy daran hånd, Mit allen den dingen, ſtuken vnd artikeln, alʒ vor beſcheiden iſt, für ſich vnd ir erben, gegen dem obgn: Volrichen Wælker, Burger ʒe Lucern, in namen, anſtatt vnd ʒů handen der obgn: fromen wiſen Schulths. vnd Reten vnd ouch gemeiner ſtatt ʒe Lucern vnd allen ir nachkomen, vnd gaubent Inen daʒ uf vnd vertigoten Inen daʒ alſo mit den gedingen in gericht mit hand, mit mund vnd mit aller andern gewarſemy, ſicherheit, worten vnd werken, ſo darʒů gehort vnd alʒ ʒe Bremgarten vmb ſolich ſachen recht, ſit vnd gewonheit iſt, alʒ verre, daʒ uf den eide nach vmfräg einhelklich erkent vnd erteilt wart, daʒ die obgn: ſach, åls vorbeſchriben, beſchechen vnd folfürt wer' in gericht nach recht, daʒ es alſo by den obgenanten gedingen vnd der offnung, alʒ vorſtåt, billich nü vnd hienach ſtët bliben, kraft vnd macht haben ſol ewklich, vnd daʒ ouch die obgn: von Lucern vnd ir nachkomen daran haben ſin ſond. Vnd alʒ nü diſ alles nach recht volgieng, da ſtůnden die obgn: frow Margr. geſlerin, geborne von Erlrbach, vnd Wilhelm, ir Sun vnd vogt in vogtʒ wiſ vnd fůr ſich ſelber, vor mir dem obgn: Schulths. vnd ouch den Reten ʒe Bremgar- ten hienach verſchriben, dar bedrachtenlich, můtwilklich vnd vn- betwinglich, vnd ſwůren liplich ʒe·got vnd den hëlgen mit u(f)ge- hebten henden vnd gelerten worten fůr ſich vnd ir erben; die obgn: vertigung alſo war vnd ſtët ʒů halten vnd daby bliben vnd wider die obgn: offnung, wider dʒ entʒihen, ufgeben vnd vertigen niemer mê ʒe tůnd, noch ſchaffen getan werden mit worten noch werken, Reten noch geteten, heimlich noch offenlich, in kein weg noch mit deheinen ſachen, ſo Jeman erdenken mag. Vnd alſo wart ouch brief vnd vrkund von dem gericht vmb diſe ſach ʒe geben uf den eid erteilt. Harumb ʒe veſter vrkund älleʒ deʒ, so diſer brief wiſet, So han ich der obgn: Rŭdolff Land Amman, Schulths, min eigen Insigel für mich von deʒ gerichtes wegen offenlich gehenkt an diſʒ brief, doch mir vnd minen erben vnſchedlich.

Hie by in gericht waren die wiſʒen beſcheidnen ŭlrich von wile. heinrich ʒoller. Rŭdolf haſʒ. Arnolt megger. heinrich ſcherer. hanſ merkly. henſly reig. heny ſchodoller. henſly hŏptikon vnd ŭly gugerly: deʒ Räteʒ. henſly mellinger. henſly andreſ. Jacob Mäller. Clewy Widmer. Jacob Criſtan. hentʒly wolenber. welty meger. werner heggli. hans ſchenk. Rŭdy loucher. henſly Blitʒenbŭch: Burgere ʒe Bremgarten, vnd ander érberen lúten vil. Geben an Mentag nach Mittenuaſten nach Criſtus gebúrt vierʒehen hundert vnd ʒwentʒig iar.

Staatsarchiv Luzern; Pap.-Hf. in Gross 4º, bezeichnet D. Der hier für die Stadt Luzern mitvertragende Ulrich Walker hat 1386 in der Schlacht »ʒe Sempach getan alʒ ein biderbman vnd iſt nit geflochen« (luzern. Rathsbuch v. J. 1417), er ist im Jahre 1415 Schultheiss und Anführer der Truppen bei der Einnahme von Sursee und der Besetzung der drei österr. Aemter Meienberg, Richensee und Vilmergen; er bereinigt im gleichen Jahre die Gerichtsmarken der Stadt Sempach, ist 1420 Vogt im St. Michaelsamt, macht noch die Schlacht bei Bellenz 1422 mit und tagt 1423 nebst dem Luzern. Schultheissen Heinrich von Mos als Bundesgesandter zu Bern (Segesser RG. I, 272. 737. II, 45.) Zum letzten male erscheint er 1427 als Landvogt zu Rothenburg; Schwz. Geschichtsfr. X, S. 203.

1420, 3. Juni, feria IIa. ante corporis christi.

dem geffler ist beuolhen, deñ von Zürich die beſorgniſſe ʒe bremgarten în ʒe nement.

Rathsprotokoll von Luzern III, 67. — Protokoll der Tagfahrt zu Luzern, in den Eidgen. Abschieden I, Ausgabe 2, S. 230. Dieser Tagsatzungsbeschluss stützt sich auf die unterm 8. Wintermonat 1419 eingelaufene Beschwerde: die Leute im Hermetswiler Amte vermögen ihre Steuer nicht einzubringen, weil desselben Amtes neue Unterthanen aus der Zürcher-, Luzerner- und Bremgartner Herrschaft dabei mit behülflich zu sein sich weigern. Abschiede I, 104 F.

1420, 29. Juni, Ensisheim.

Anna von Braunschweig, Herzogin zu Oesterreich, Steier, Kärnten und Krain, an Statt und in Namen des Herzogs Friedrich, ihres Gemahls, übergiebt dem Spital zu Bremgarten die Pfarrkirche daselbst mit allen Freiheiten und Rechten zu eigen. Dafür hat jeder Leutpriester zu Bremgarten jährlich 8 Tage nach Johannstag zu Sunngichten eine Vigil und ein gesungenes Seelamt zu halten zum Andenken der Herren von Oesterreich und

von Braunschweig, ihrer Vorfahren und ihrer Nachkommen. Die
Pfarrkirche ist von der Stadt Bremgarten und deren Spitalmeister
stets mit einem ehrbaren, wohlgelehrten Priester zu besetzen; sonst
fällt diese Stiftung an das Haus Oesterreich zurück. Ensisheim,
Dienstag nach Peter und Paul. Zeugen: Joh. Balm, de Tierstein,
hermann gessler.

Perg.-Urk. mit hangendem Siegel, im Stadtarchiv Bremgarten; vgl. dieser
Stadt Regesten im 8. Bd. der Ztschr. Argovia, S. 92.

1420, 1. Juli, Bremgarten.

Rudolf Landammann, Schultheiss zu Bremgarten, daselbst
Namens des römischen Königs Sigmund zu Gericht sitzend an
offner freier Strasse, erkennt zu Handen des Heinrich Uesikon,
Landvogtes in den Freienämtern einerseits und anderseits des
veften Junkers Wilhelm Geßler und dessen ehelicher Mutter,
der edeln, wolgebornen Frau Margret Geßlerin, geborne v. Eller-
bach, wie folgt. Mutter und Sohn für sich und ihre Erben be-
geben sich ihrer bisherigen Anrechte auf Zwing, Bann, Gericht,
Jahresnutzung und Steuerantheil, die ihnen bis anhin zugestanden
in den Aemtern Muri, Hermetswil und zu Althäusern, und stellen
dies insgesammt zu Handen der Eidgenossen von Zürich, Schwyz,
Unterwalden, Zug und Glarus, als der jetzigen Landesherren.
Letztere hinwieder übertragen die in den genannten Aemtern ihnen
aufgegebenen Gilten (nicht aber auch die Vogteirechte) als
lebenslängliches Leibgeding an Mutter und Sohn und an dessen
einstige Leibeserben, so lange er, Junker Wilhelm, den Eidgenossen
nicht öffentlich zuwiderthun, sie bekriegen und sich damit um die
Rente bringen wird. Der Gesammtbetrag der hiemit stipulirten
jährlichen Bezüge ist 26 Mütt Kernen, 30 Mütt Roggen und 8 Pfd.
Stäblerpfenning aargauer Münze. — Zeugen: Junker Hans von
Reinach und 16 genannte Bürger von Bremgarten.

No. 15 der 146 Urkunden aus dem Alten Gemein- Eidgen. Schlossarchiv zu
Baden, nun im aargau. Staatsarchiv, registrirt von Franz Xaver Bronner †. — vgl.
Tschudi 2, 134 und Eidgen. Abschiede I, Ausg. 2, S. 231.

1420, 4. Juli, o. O.

Wir die nachgefchribnen Frovw Margreth Gefflerin, ge-
boren von Elrbach, Wilhelm Geffler, mîn Sun, tûnd kund vnd
vergichen offenlich mit vrkúnd dis brieffs, dʒ wir bêde recht vnd
redlich verköft vnd ʒe köffen geben hând fúr úns vnd únser nach-
komen den Erbërn geiftlichen Frowen frô Adelheit vnd frô

Margreth Ammanine, gefwiftren, klofterfröwen ʒe Gnadental, Sant
Bernhartʒ ordens: ʒwên befchlagen köpf, ein karalin pater-nofter,
ein ftůllachen, eiñ groffen hölʒin kopf, ʒwœi fingerli. dife ftuk fi
köft hând mit vrlob vnd gunft der Aepptifchin vnd gemeins Couentz
da felbs ʒe Gnadental vmb ʒwenʒig vnd acht guldin ån ein ort,
gůter vnd genger an gold. Dʒ felb gelt in únfer bêder fromen vnd
gůten nútʒ komen find, dis vorgenant ftuk wir fröw Margreth Geff-
lerin vnd Wilhelm mîn Sun den vorgenant. klofterfröwen ingeant-
wúrt vnd geben hând ʒů ira vnd ir nachkomen handen von únſʒ
vnd únfer nachkomen handen in eines Ewigen vnwiderrůffenden
köffes wîfe vnd kraft, mit vrkúnd dis briefs, für únſʒ vnd all únfer
erben vnd nachkomen, da wider nút ʒe tůn noch fchaffen getǎn
mit gericht noch ån gericht in keinem weg. Vnd des ʒe vrkúnd
einer vergicht aller vorgefchribnen dingen, fo hând wir, die vorgen:
fröw Margreth gefflerin vnd Wilhelm mîn fun, vnfer eigne Jnfigel
offenlich tǎn henken an difen brieff fúr únf vnd all únfer nach-
komen, darvnder wir únf feftenklichen verbindent, ʒe halten alles
daʒ hie vor an difem brief gefchriben ftǎt, der geben ift an fant
ůlrichs tag in dem jar do man ʒalt von gottes gebúrt vierʒechen
hundert vnd ʒwenʒig Jar.

Perg.-Urk. no. 37 aus dem (1876 aufgehobenen) aargau. Kloster Gnadenthal
an der Reuss. Der Mutter und des Sohnes (der sich Domicellus betitelt) gleich-
namige kleine Rundsiegel hangen wohlerhalten und tragen beide die Legende:
S. WILHELM. DCI. GESLER. Die in der Urk. genannten, um 28 Gulden ver-
äusserten Habseligkeiten waren: zwei beschlagne Trinkgeschirre, ein grosses ge-
schnitztes, ein Paternoster aus Korallenperlen, zwei Fingerringe und ein gestickter
Teppich.

1420, 23. October, feria IVᵃ· post Galli.

Der Rath von Basel schreibt an Ritter Hermann Geßler
über den zwischen Graf Conrad von Freiburg und den Herzogen
von Oesterreich wegen der Herrschaft Badenweiler waltenden Streit.

Conceptenbuch im Staatsarchiv Basel, mitgetheilt durch Hrn. Th. von Liebenau.

1420, Feria Sabbato ante Nicolai 30. Nov. et Feria IVᵃ ante Thomae Apostoli, 20. Dez.

Der Rath von Basel schreibt an Ritter Hermann Geßler,
herzoglichen Hofmeister, über Veranstaltung von Tagleistungen
im Streite des Bischofs von Basel mit dem österreichischen Land-
vogte.

Conceptenbuch im Basler Staatsarchiv; Mitthl. durch Hrn. Th. von Liebenau.

1421, 4. Januar, Sabbato ante Epiphanie.

Der Rath der Stadt Basel schreibt an Hermann Geßler, Hofmeister und Ritter, wegen einer in Sachen des Johann Ludmann von Ratperg mit den herzoglich-österreichischen Räthen abzuhaltenden Tagfahrt.

Conceptenbuch im Staatsarchiv Basel; Mitthl. durch Hrn. Th. v. Liebenau.

Das basler Rittergeschlecht Ratperg blüht heute als das der Frhh. von Rotberg im Breisgau. Ritter Hans Ludman v. Ratperg war Vater der Frau Sophie, Gemahlin des Junker Burkhard Ziboln, obersten Zunftmeisters zu Basel. Basler Chroniken (1872) I, 293; vgl. das Regest von 1404, 26. Juli.

1421, 19. Februar, Baden.

Auf der eidgenössischen Tagfahrt wird die Frage wegen der Oberherrlichkeit über die Aemter Meienberg und Richensee verhandelt. Der Bote von Luzern ist beauftragt, sein Votum dahin abzugeben: Diese Aemter ständen, laut der in König Sigmunds Briefe den Eidgenossen gegebenen Zusicherung, zu Luzerns Handen und dies Besitzrecht lasse sich auch noch daraus erweisen, dass die Leute des Amtes Meienberg auf des Geßlers Rath den Luzernern die Landwehre haben machen helfen.

Missive im Staatsarchiv Luzern.
Samml. Eidg. Absch. II, S. 2.

1421, 2. April, Mittw. nach Quasimodogeniti, Ensisheim.

Anna von Braunschweig, Herzogin von Oesterreich, Steyer, Kärnten und Krain, Gräfin von Tirol, bewilligt, dass Rudolf von Ramstein die Ehesteuer der Ursula von Geroldseck auf die ihm von Herzog Friedrich von Oesterreich um 3300 Gulden verpfändete Stadt und Festung Tattenried verschreibe. Die Urkunde ist unterzeichnet: *D. ducissa pr. Conf. Wilh. d. Gessl. et aliis Conf.*

Originalurk. im Staatsarchiv Luzern, Abthl. Herrschaft Heidegg. Mitgetheilt durch Hrn. Th. v. Liebenau.

1421, 27. April, Baden.

Auf der Geschäftsliste der zur Tagfahrt versammelten Eidg. Boten steht die Entschädigungsangelegenheit »Wilhelm Geßlers wegen« vorvermerkt, wird jedoch aus den Verhandlungsgegenständen nachträglich gestrichen.

Staatsarchiv Luzern.
Eidg. Absch. 2, S. 4, *sub littera T*

1421, 1. October, feria IV^a post festum S. Michaelis.

Hermannus Gefzler et Wilhelmus Gefzler, fratres (Rittere), obfidum onus in fe fusceperunt.

Stanislaus Wülberz, Genealogische Analecten, Hf., in Zurlaubens Stemmatographie. Bd. 69, Bl. 14 bb.

1421, 22. Dez., feria II^a ante Nativ. Christi.

Der Rath der Stadt Basel schreibt an Herrn **Herman Geßler**, herzoglichen Hofmeister, in Sachen Conrad Schweighufers.

Conceptenbuch im Staatsarchiv Basel, Mitthl. durch Hrn. Th. von Liebenau.

1421, 28. Dez., die Innocentium.

Bürgermeister und Rath von Basel empfehlen den Luzernern das von Ritter **Hermann Geßler** im Auftrage der Herzogin von Oesterreich gestellte Ersuchen, dass einer der herzoglichen Knechte, der wegen ungeschickter Reden zu Luzern gefangen liegt, dorten losgegeben werde.

Conceptenbuch im Staatsarchiv Basel, mitgeth. durch Hrn. Th. von Liebenau.

1422, 11. Febr., Mitw. vor Valentin, Winterthur.

Heinrich von Mandach, Burger zu Schaffhausen, verkauft in seinem und seiner Schwester Namen, der Frauen Margareth, Conrads von Fulach eheliche Hausfrau, an Abt Gotfried und Convent zu Rüti seinen eignen Hof zu Ottickon um 154 Goldgulden rhein. Den Kauf haben aufgenommen Herr Albrecht, Prior; und Herr **Heinrich Geßler**, Subprior und Kammerer des Gotteshauses Rüti. Siegler: Hans von Sal, Schultheiss, und acht der Stadträthe von Winterthur.

Monumenta Rutinensia, in Zurlaubens *Mon. Tugiensia, tom. VI, 212.* — Ottikon, Burg in der Zürcher Gem. Gossau. — ›Herr Heinrich Gefzler, Subprior 1422.‹ *Eteologia Abbatum et Conventualium Monasterii in Rüti ab anno 1260 usque ad 1425.* Zurlauben l. c., pag. 226.

1422, 9. Sept., Innsbruck.

Caspar Preisinger gelobt dem Herzog Friedrich von Oesterreich, mit der Veste Ywan treu zu dienen. Zeugen: Hans Wilh. v. Mülinen; Siegler: **Herman Geffler.**

Gubernial-Archiv Innsbruck.

Schweiz. Anz. für Gesch. und Alterth. 1864, S. 46, Regest no. 110.

›Schloss Ifan,‹ nebst der Herrschaft Ivano, nördlich von Brixen, ist bis Ende des 15. Jahrh. im Besitze der Wolkensteiner; vgl. die Urkk. in Mone's oberrhein.

Zeitschr. X, S. 438, 439. Der Personenname I w a n war schon in der zweiten Hälfte des 12. Jahrh. unter der baier. Ritterschaft verbreitet und das bekannte Geschlecht der von Kammer führte ihn seit 1160 und 1190. *Mon. Boic. IX, 546. X, 403.* Ebenda Bd. 27, pag. 58 erscheint um 1249 ein *Eibanus servus*, und Bd. 28, 477 ein *Heinricus de Ybanstal* in einem Passauer Zinsregister. Nach diesem Iwein, dem Namen eines der epischen Helden der Tafelrunde, theilte der höfische Ulrich v. Lichtenstein 1240 auf seinem abenteuerlichen Zuge auch den Ehrennamen Yban aus. J. Grimm, Kl. Schrift. II, 357.

Ein tirol. Edler Eiben von Prauneck ist 1369 urk. Zeuge. Argovia, Bd. 8, 276.

1423, 19. Februar.

Lienhart Willending, Bernischer Landvogt zu Schenkenberg im Aargau, lässt 1525 durch Schultheiss und Rath der Stadt Brugg das Vidimus einer bereits von der Stadt Seckingen vidimirten Abschrift der Urkunde vom 19. Februar 1423 ertheilen und besiegeln, »die wil doch der recht brief, daruon das vidimirt were, nit mer vor hand were,« nachfolgenden Inhaltes:

Schultheiss und Räthe der Stadt Bern schlichten Streitigkeiten zwischen »der Edlen vnd guten Frowen Margrethen von Fridingen, Frowen ʒe Schenkenberg vnd burgerin ʒe Brugg, (vertreten) für ſich vnd ire kind mit hand vnd gewalt des frommen W i l h e l m e n g e ß l e r s, Edelknechts, jrs bruders vnd rechten vogts in der ſach, einerſits; vnd anderſits ʒwiſchen den erberen Lüten der gantʒen gmeind vf dem Bötʒberg, (vertreten) durch die nachgeſchribnen knechte: nemlich ûli kilcher, Hans ʒuber, Heini vogt, Heini wiggli, Cûni fürſt, all von Viligen; Hans vogt, Hans Logner, bed von Remigen; Heini meyer von Rein; Heini beldin von Rüfenach; Friſchhans von Veltingen; Heini Geißberg von Riniken vnd rûdi Hinʒ von Linn; für ſich vnd die andern ir genoßen gemeinlich ab dem Bötʒberg.«

Die Bauernschaft ist beklagt, Bündnisse und Sondersatzungen gegen die Frau von Fridingen und deren Kinder errichtet zu haben. Der Letzteren Rechte stammen, wie die des Amtes Bötzberg gleichfalls, von der Herrschaft Oesterreich her und sind den Fridingen durch königliche Lehensbriefe noch besonders verbürgt, welche man im Rathe zu Bern und in der Bötzberger Gemeindeversammlung öffentlich habe verlesen lassen mit dem Beifügen: Wer dawider handle, solle der Herrschaft Huld verloren haben und ohne Gnade zu Busse verfallen sein. Die Bötzberger Abgeordneten ziehen die Feindseligkeit ihrer angestellten Versammlung ganz in Abrede und beschränken letztere auf eine Beråthung, wie man während der Eichelernte mit dem Kleinvieh in die Gemeindewaldungen fahren

wollte. Gerichtsentscheid: Die Eichelweide wird durch vier Ge-
schworene anberaumt, gehört zu gleichen Theilen der Gemeinde
und der Herrschaft, an diese letztere wird von jedem mit in die
Eichelmast getriebenen Stücke, das nicht in's Haus, sondern auf
Verkauf gezogen wird, der »Holzhaber« entrichtet.

Den Vogt und Amtmann am Bötzberge haben die Fridingen
zu setzen und ihnen hat er den Diensteid zu schwören, nicht aber
ernennt und beeidigt ihn die Gemeinde; darum steht dieser auch
nicht das vermeintliche Recht zu, denselben zu besteuern, wogegen
er verpflichtet ist, in der Gemeindeberathung mit zu sitzen und mit
zu berechnen, wohin die einzelne Steuer entfalle.

Aus den Gemeindewäldern hat die Herrschaft Bau- und Brenn-
holz nach der Bauersame Bedürfniss auszuscheiden und anzuweisen
»allzit dem Hêlgen Rîch vnfchedlich vnd den welden vnwûftlich.«

Die der Gemeinde obliegenden Spann- und Fuhrdienste, um
Holz, Korn und Mehl nach Brugg oder auch anderswohin zu fahren,
bleiben aufrecht erhalten; und die Frau von Fridingen hat dabei
ihren Leuten die altüblichen Vergünstigungen (Handreichung an
Wein und Brod) zu gewähren.

Die Frau von Fridingen ist nicht berechtigt, Jemand, welcher
Bürgschaft zu leisten vermag, gefangen legen zu lassen, er hätte
denn den Leib oder ein Glied verwirkt; dafür aber dass die Bauern-
same etliche von der Schlossfrau gefangen genommene Knechte
den Schlossdienern entrissen (vorgebend, man wolle die Gefangnen
ausser Landes schleppen) und den Dienern durch Feld und Wald
schmählich nachgejagt hätten, für diesen gegen die Amtleute be-
gangenen harten Frevel, den beide Parteien bereits an die Ritter-
schaft in Schwaben appellirt hatten, haben die Bötzberger bis zu
beiden nächsten Sonnenwenden 300 rhein. Gulden Strafe sammt
Schadenersatz an die Schlossfrau zu bezahlen.

Also erkannt von den 19 Schiedsrichtern: Peter von Krouch-
tal, Altschultheiss; Hans und Ulr. von Erlach, Franz v. Scharnach-
tal, Henzman v. Bubenberg, Edelknechte; Hans und Rud. v. Ringgol-
tingen, Gevetter; Bernhart Baliner; Peter Pfyster; Vincentius Matter;
Anthon. Gugla, Nicol. v. Enfenstein, Ital Hezel von Lindnach,
Peter v. Hürenberg, Peter v. Wabron, Peter Brugler, Nicl. Naburger,
Heini Grosso, Peter Schopfer, — Burger und des Rats zu Bern.

Schultheiss und Rath zu Bern siegeln. Fritag vor Sanct Peters-
tag im Februar 1423. Berner-Vidimus von 1463. Brugger-Vidi-
mus von 1525.

Perg.-Urk., aargau. Staatsarchiv, Amt Schenkenberg Y 7. — Zeitschr. für schweiz. Recht, Bd. 17, S. 90, no. 466, 467 und 468.

1423, 29. Juli, Innsbruck.

Götz, Schultheiss von Schaffhausen, gelobt dem Hrzg. Friedrich von Oesterreich, der ihm bewilligt, den lehenbaren Zoll »in Werd under dem groffen Laufen« und den Hof zu Hofstetten an den Schaffhauser Bürger Conrad von Fulach zu verkaufen und die ihm selbst für 35 Mark Silbers verpfändete halbe Vogtei des Dorfes Rickenbach im Thurgau mit einem Weingarten dem Meister Ulrich, Arzt zu Constanz, zu lösen zu geben, von dem ersteren Besitz einen Lehens-, und von letzterem einen Lösungsrevers beizubringen. Siegler: Jkr. Heinr. von Stoffeln, Her Hermann Geßler, Ritter, Hofmeister; und Conrad Seffler.

Kaiserl. Geheim. Archiv in Wien. — Mitthl. durch Th. von Liebenau.

1423, 11. August, IV^a. feria post Laurentii.

Der Rath von Luzern theilt dem Junker Wilhelm Geßler sein Dafürhalten mit, er möge wegen seiner Zehent-Ansprüche zu Alikon mit Lüpold Busingern »tedingen,« sich aussergerichtlich vertragen.

Luzern. Rathsprotokoll IV, 43^b, mitgetheilt durch Hrn. Archivar Th. von Liebenau.

Albrecht Businger und Imer von Sengen, beide Burger zu Bremgarten, sind als Schiedsleute genannt 1408 und 1412 in der zweimaligen zwischen der Wittwe Margareth Geſƶler von Brunegg und deren Söhnen Hermann und Wilhelm errichteten Erbtheilung. Junker Imar von Sengen sitzt seit 1408 zu Bremgarten im Gericht und ist daselbst seit 1414 Schultheiss. Argovia Bd. 8, 58 und 49. Er besitzt auf denselben Zehnten zu Alikon, den die Geſƶler als ihr Eigenthum und Erbe beanspruchen, fünf Stuck Geldes als herzogliches Pfand verschrieben und steht darüber seit 1415 gegen Luzern in Unterhandlung, welches hier erobernd zugreift. Darüber heisst es im Jahre 1416 im luzerner Rathsbuche I, Bl. 326^a: »Es iſt ƶe wüſſent, als Imer von Sengen vnd ſin wyb von Bremgarten etwas Zinſen vnd Gült hant ƶe Alikon, ƶe Meyenberg vnd anderswo in vnſern gebieten, daƶ aber ir pfant vnd lehen iſt von der Herſchaft von öſterrich; das mag man Jnen löſen nach der friheit vnd verpfandung, ſo wir von eim Römiſchen Küng hant. Darƶu ſo han wir recht darƶu, wen ſi abgán, wan ſi nit Kinden han.« Segesser, Luzern. R.-G. II, 69. Diese Ansprüche Imars von Sengen scheinen übergegangen zu sein auf Lüpold Businger von Bremgarten und dessen Sohn Heinrich: Regest von 1432, 13. Nov.

1423, 2. Oktober.

»ipſa die leodegarii, iſt herƶog fridrichs von öſterrich kanƶler vnd ſin kuchimeiſter [Her Herman Geßler] vor vns geſin, hânt

vns gebeten, irem herrn die brieff, so hinder vns ligend vnd vns
nüt nützent, hin vs ze geben, dz wellen wir bringen für vnser eit-
gnoffen.«

Luzern. Rathsbuch IV, Bl. 46a.

Segesser, Luzern. Rechtsgeschichte Bd. 1, pag. XIII, Note. — Eidgen. Ab-
schiede II, pag. 23—24.

Auf obiges Begehren wurde erst am 6. Juli 1424 zu Zürich und abschlägig
geantwortet. Abschiedband A, fol. 28; Segesser l. c. — Der röm. König Sigmund
schreibt 1424, Samstag nach Valentini, aus Ofen an die Eidgenossen: die Fürstin
Katharina von Burgund, Herzogin von Oesterreich, sei wieder zu ihrem Lande
Elsass und Sundgau gekommen und ermangle da der diese Lande betreffenden
Urbarbücher, Register und Briefe, welche auf der Veste Baden verwahrt gelegen,
als die Eidgenossen den Ort zu des Reiches Handen einnahmen. Er gebiete da-
rum den Letzteren, der benannten Fürstin die auf deren Besitzungen bezüglichen
Urkunden heraus zu geben. Eidgen. Abschiede II, 94. Dieses Verlangen wird
erst i. J. 1474 und auch da nur theilweise erfüllt in der Ewigen Richtung, die
zwischen den Eidgenossen und dem österr. Herzog Sigmund unter dem Schieds-
spruche des französischen Königs Ludwig XI. geschlossen wurde. Ein besonderer
Artikel dieses Traktates verordnet, dass die Eidgenossen dem Herzog alle Briefe,
Urbarien und Register, die der Herrschaft Oesterreich zugehören, übergeben
sollen, ausgenommen diejenigen, »so die ynnhablichen Land, Stett vnd Slöffer der
Aidgenoffenfchaft befagend.«

1423.

Revers Ritter Hermann Geffslers um feinen Dienst »als.
Hofgefind der Fürftin von Braunschweig«, und Gelöbniss, derselben
gegen 200 Gulden Jahressold mit 6 gerüsteten Pferden zu dienen.

Schatzarchiv Innsbruck.

Schweiz. Anzeiger für Gesch. u. Alterthum 1864, S. 46, Regesten no. 112.

1424, 12. Mai, Innsbruck.

Hermann Geffler als Zeuge in einem Lehensbriefe Her-
zog Friedrichs von Oesterreich an Hans von Ems, wegen der
Veste Tauer.

Gubernial-Archiv Innsbruck.

Schweiz. Anzeiger für Gesch. und Alterth. 1864, S. 46, Regesten no. 114.

1425, 19. April.

*Henricus Gefsler et Mechtildis, uxor sua de Herznach,
constituerunt pro se et Antecessoribus suis duo quartalia tritici,*

annuatim dandorum de bonis dictis intra Len*) cum pratis et agris ac aliis attinentiis, sitis circa et iuxta villam in Herznach, quae proprietas praedicti Len ac bonis spectat ad Joannem Hemmiker de Arow, datis ao. Dni. M. CCCC. XXV. Feria 5. post octauas Paschae.

Chronologia Capituli Siss- et Fricgaudiae etc., per Fridolinum Wild, Seggingensem, Decanum et Parochum in Laufenburg et Kaisten anno 1700. Aargau. Kt.-Bibl.: MS. Bibl. Nova, 54 fol., pag. 90 und 98.

1425, 10. Juni, Hall.

Ritter Hermann Geffler, herzogl. Hofmeister, besiegelt in Gegenwart des Otto Grans und Jost Werchenschlager den Reversbrief Heinrichs von Mörsberg über die Veste Ivan.

Gubernialarchiv Innsbruck.
Schweiz. Anzeiger für Gesch. und Alterth. 1864, S. 47, Regesten no. 117.
— Ueber Schloss Ivan vergl. Regest 1422, 9. Sept.

1425, 17. Juli, Hall.

Herzog Friedrich von Oesterreich ernennt im Streite mit Hans von Embs wegen der Veste Tauer als Schiedsrichter u. A. den edlen vesten Herrn Hermann Geffler, Hofmeister der Herzogin.

Gubernialarchiv Innsbruck.
Schweiz. Anzeiger für Geschichte und Alterthum 1864, S. 47, Regesten no. 118.

1425, 24. September, feria secunda post Matthei.

›Wilhelm Gefflern ift geantwurt von der empteren Meyenberg, Richensee vnd des Zehenden ze Allikon wegen, waʒ er da gut an vnfern eidgenoffen erwerben vnd gefchaffen mag, dʒ fy Ime das alles oder zem teil wider laffent, des wellen wir (Luzern) Ime gern gönnen vnd Ine als früntlich halten als yemant.‹

---

*) Bei der ersten der beiden Einzeichnungsstellen pag. 90 steht, statt *intra Len*, geschrieben *Italen* (Höfe am Bözberg, Bezirks Brugg); Geſzlers vorgenanntes Vermächtniss auf diese Italen-Güter findet sich ebenso unter gleichem Jahre im Anniversarium des St. Johannserstiftes zu Laufenburg, fol. 7, einer Perg.-Hf. im Laufenburg. Stadtarchiv, deren Einzeichnungen von 1337 bis 1483 reichen. Das mitgenannte Herznach ist ein Pfarrdorf im Frickthal, Bezirk Laufenburg, dessen Pfarrpfründe 1406 von Herzog Friedrich IV. von Oesterreich an das St. Martinsstift in Rheinfelden gegeben wurde. Die betreffende Urk. vom 29. September aus Baden steht bei Marian, *Austria Sacra I. 2*, pag. 362.

Rathsprotokoll von Luzern IV, 85. Mittheil. durch Hrn. Archivar Th. von Liebenau.

1425, ohne Datum.

Kundschaft der Leute aus dem Amte Merischwand über die Marchen der Aemter Merischwand und Meienberg, sowie über die Ausübung der hohen Gerichtsbarkeit in Merischwand.

»Wir die vorgenennten perfonen alle vnd jeklicher infunder, die hie an diefem brieff vorſtând, ſprechent, dʒ ouch wir dʒ nie vernomen habent, dʒ dhein Herſchafft, weder d e r G e ſ ſ l e r oder Jeman anders, habe geführt vſſer dem ampt ʒe Meriſwanden weder tod noch lebend, dʒ er über ſy wölte richten oder habe gerichtt, denne allein vnſer Herren von Lucʒern, vnd anders habent wir nie vernomen von vnſren fordren.

Item vnſer HHn. v. Lucern hant ʒe Meriſwant gerichtt ab Weltin Hilfingen, der wart erſtochen; ouch ab Jennin Hug, den fiengen wir ʒe Meriſwant vnd ſlugent im hie dʒ houbt ab; ouch ſayt (säte) einer gifft ʒe Meriſwant, den fiengen wir vnd verbranden den. An difen dingen irrt vns vnd ſprach vns darin nieman, vnd waʒ d e r G e ſ ſ l e r vogt.

Staatsarchiv Luzern. Akten: Landvogtei Merischwand. Mittheil. durch Th. v. Liebenau.

1426, 23. Febr., Mellingen.

J k r. W i l h e l m G e ß l e r verkauft dem Burkard Ammann von Mellingen 4 Mütt. Kernenzins zu Bublikon.

Aus dem Familien-Archiv der Segesser-Brunegg zu Luzern, mitgetheilt durch Th. v. Liebenau daselbst.
B ü b l i k o n, aargau. Dörflein bei Mellingen.

1426.

Der Rath zu Luzern bestimmt, wohin die Unterthanen seiner neu erworbnen Vogteien ihre Steuerquoten abzugeben haben. Die, welche im Amte Meyenberg-Richensee sitzen und da Wunn und Weide geniessen, sollen in dieses Amt steuern, mit Ausnahme jedoch derjenigen, die hier von Alter her und zu »Hern Herman Geßlers Ziten« in das Amt Rotenburg gehört haben; diese, ihre Erben und ihr Stamm, ob sie auch im Meyenberger oder Richenseer Amte sitzen, sollen nach Rotenburg steuern.

Luzerner Rathsbuch I, 304.
Segesser, Luzern. Rechts-Gesch. II, 317.

1427, 11. Juni, Mittwoch nach Pfingsten, Reinfelden.

Die Brüder Hermann und Wilhelm Geſſler
verkaufen das Erbe von ihrer Baſe Frau Eufemia von Küngſtein,
bestehend aus Gütern in den rechtsrheinischen Dörfern Wil, Her-
ten, Warmbach, Tegerfeld, Eichsel, Hagenbach und Ottwang, an
das Chorherrenstift zu Reinfelden um 830 Gulden.

Wir der ſchultheiß vnd der Râte ʒe Rinfelden Tûnd Kunt
menglichem mit diſem brief, Das vff hüttigen tag für vns Komen
ſind Die frommen·veſten Her Herman Gêſſeler, Ritter, vnd
wilhelm Gêſſler ſin Brûder ʒû eim teile; vnd die Erwirdigen
herren her Oſwalt von Wingarten, probſt, vnd her hans Scholl,
Corherr der Stift vnd Kilchen ſant Martins ʒe Rinfelden, an ſtatt
vnd jn nammen jr ſelbs vnd der gemeinen Corherren derſelben
Stift ʒe Rinfelden, ʒû dem andern teile; Vnd offnetent vnd ver-
jahent da vor vns offenlich die vorgen: hr. herm. vnd wilh.
Gêſſeler, daʒ ſy beid gemeinlichen vnd vnuerſcheidenlichen durch
jr ſelbs nutʒes vnd notdurft willen, meren jren ſchaden hiemit ʒe
fürkommende, für ſich, alle jr erben vnd nachkommen verkouft
vnd ʒe kouffende gegeben hettent Recht vnd Redelich Eines
rechten ſtêten Ewigen kouffes vnd gabent ʒe kouffende vor vns
offenlich den obgen: herren dem probſt vnd her Hans Schollen,
jn des egen: Capittels vnd gemeiner Stift nammen, Dis nach-
geſchriben gülte, nütʒ, ʒinſe vnd die gûter damit, darab ſy jêr-
lichen gangent, wa die gelegen oder wie ſy genant ſind, Es ſyent
acker, matten, holʒ, veld, wunne oder weide, nütʒit vßgenommen
noch vorbehept, die gelegen ſind jn den dörffern vnd Bênnen ʒe
wilen, ʒe herten, ʒe Têgerfeld, ʒe Eychſel vnd ʒe Ott-
wang, die da habent, buwent vnd ʒinſent dis nachgenêmpten
perſonen.

Des erſten ʒwo viernʒal Roggengeltes. jtem driſſig vnd ſêhs
viernʒal vnd Einlif vierteil dinckeln geltes. jtem driʒêhen viernʒal
vnd vier vierteil habern geltes. jtem driſſig vnd ſiben ſchilling vnd
acht pfênnig geltes. jtem achtʒêhen vaſnaht hûner, Eins vnd vier-
tʒig herbſt hûner, vierhvndert vnd vier vnd driſſig eiger-geltes, die
ſy erblichen ankommen werent von frôw Eufemigen von
Küngſtein, jr Baſen ſeligen. Vnd ſind dis die ʒinſlüte, die den
obgeſchriebñ ʒinſe jêrlichen gêbent vnd die gûter habent vnd
buwent. Jtem ʒe Wilen peter ſmid git drye viernʒal dinckeln,
ʒwo viernʒal habern, vier herbſthûnr, ʒwey vaſnahthûnr vnd acht-
ʒig eyger von heygerlis gût jn dem Banne ʒe wilen, Jtem vnd

ein halbe viernʒal habern von eim holtz hinder der hohen Straß
jn Jntʒlinger Banne. Jtem winterſperg hanns jm Graben vnd
Cŭntʒli hŏld gend acht viernʒal vnd ʒwey vierteil dinckeln, vier
herbſthŭnr, ʒwei vaſnaht hŭnr von dem hof ʒe wilen, vnd vier
ſchilling ʒŭ wiſvng, jtem vnd ʒwo viernʒal korns, ein viernʒal ha-
bern, ʒwey herbſthŭnre, Ein vaſnahthŭn vnd driſſig eiger von
einer Schŭpoſſen jn dem Banne ʒe wilen. Jtem Rŭdi ʒimberman,
Jĕnny Höfli vnd hans lieſtal gend fünf ſchilling von Reben in dem
Banne ʒe wilen. Jtem Claus vinck git ein vierteil habern vnd
ein herbſthŭn von eim hus jn dem kilchhof. Jtem henman Bu-
man git ʒwo viernʒal dinckeln, ein viernʒal habern, ʒwey herbſt-
hŭnr, ein vaſnahthŭn vnd driſſig eiger von einer ſchŭpoſſen, gelegen
jn dem Banne ʒe wilen. Jtem hans Bŏiti git ein viernʒal dinckeln
von der herberg ʒe wilen by dem Brunnen. — Jt. hans himelrich
git ein viernʒal dinckeln, ein halbe viernʒal habern von gŭtern,
gelegen in dem Banne ʒe wilen; des wirt den herren ʒe Bügk-
hein vierthalb ſchilling ʒe wiſung. Jtem Symon Schindeler git
ʒwey vierteil habern von eim hus jm Kilchhof. Item hemman
Schindeler git fünf ſchilling von Reben, gelegen in dem Banne
ʒe wilen. — Jt. paſi git ein halbe viernʒal Korns, ein halbe habern,
ein herbſthŭn vnd einen ſchilling ʒe wiſung von gŭtern, gelegen
in dem Banne ʒe wilen. Jt. heiny Bertʒſchman vnd hans Müller
gend ʒwo viernʒal dinckeln, ein viernʒal habern, ʒwen ſchilling ʒe
wiſung, ʒwey herbſthŭnr, ein vaſnahthŭn vnd driſſig eiger von
einer Schŭpoſſen, gelegen in dem Banne ʒe wilen. Jt. heintʒ Rüti,
hans Knŏringer vnd Cŭny Teſchler gend ʒwo viernʒ. dinckeln,
ein halbe habern, ʒwey herbſthŭnr, ein vaſnahthŭn vnd driſſig
eiger von einer ſchŭpoſſen, gelegen i. d. B. ʒe wilen. — Jt. hen-
ſeli vŏgtli git drü vierteil dinckeln von gŭtern i. d. B. ʒe wilen.
Jtem ʒe Herten Soder vnd hans Bürrer gend ein viernʒ. Roggen,
ein viernʒ. habern, ʒwen ſchilling ʒe wiſung, ʒwey herbſthŭnr, ein
vaſnahthŭn vnd driſſig eiger von einer ſchŭpoſſen jn dem Banne
ʒe Herten. Jt. heiny lŏli vnd hans hĕr gend ein viernʒ. roggen,
ein viernʒ. habern, ʒwen ſchilling ʒe wiſung, ʒwey herbſthŭnr, ein
vaſnahthŭn vnd driſſig eiger von einer ſchŭpoſſen, gelegen i. d.
B. ʒe herten. heiny wiechs vnd Till gend ʒwo viernʒ. dinckeln,
ʒwey herbſthŭnr, ein vaſnahthŭn vnd driſſig eiger von einer
ſchŭpoſſen in den Bännen ʒe Herten vnd ʒe Warmbach. Rĕſy
der metʒiger von Rinfelden git ʒwo viernʒ. dinckeln, ein viernʒ.
habern, ʒwey herbſthŭnr, ein vaſnahthŭn vnd driſſig eiger von

einer fchûpoffen, gelegen in den Bênnen ʒe Herten vnd ʒe Warm-
bach. Tantʒer git ʒwo viernʒ. dinckeln, ʒwey herbfthûnr, ʒwey
vafnahthûnr vnd driffig eiger von einer fchûpoffen, gelegen i. d.
B. ʒe Herten. peter Grêfy git achtʒêhen vierteil dinckeln vnd
ein herbfthûn von einer halben fchûpoffen i. d. B. ʒe Herten.
Rûdi Küng git sêhs phennig von einem holtʒ an lôwen Graben.
Vêringer git ʒwentʒig phenning von eim hus vnd einer hofftatt,
gelegen jn dem dorff ʒe Herten. Jtem ʒe Tegerueld heiny Spind-
ler git ein halbe viernʒal dinckeln von eim ftuck reben, gelegen
i. d. B. ʒe Tegerfeld; jtem drye fchilling phênnigen von eim
Garten by finem hus; jtem einen fchilling vom Trotthus; jtem
1 fchilling vnd 1 herbfthûn von den ftuden am Rôtenwêg i. d.
B. ʒe Tegerfeld. Die êberlin git 5 fchilling pfêningen von hôl-
tʒeren, gelegen i. d. B. ʒe Tegerfeld, vnd 20 phennig von einem
vierdenteil der Tafern im ʒwing vnd Banne dafelbs; ʒe Eychfel
Rûdi Renck tʒwo viernʒal dinckeln, 4 vierteil habern, 8 pfênnig
ʒe wifung, drü herbfthûnr, ein vafnahthûn vnd 30 eyger von eim
lehen jn d. B. ʒe Eichfel. hans Rorberg ʒe Hagenbach git 1 viernʒ.
dinckeln, $1/_2$ viernʒ. habern von einer halben Schûpoffen, gelegen
i. d. B. ʒe Hagenbach. Item ʒe Ottwang Cûntʒ Dauor git drye
viernʒal dinckeln, drü vnd ʒwentʒig vierteil habern, 1 fchilling ʒû
wifung, Sêhs herbfthûnr, 2 vafnahthûnr vnd 40 eyger von einem
lehen, gelegen i. d. Bênnen ʒe Ottwang vnd ʒe Eychfel. Item
vnd Rûdi woler git 1 viernʒ. dinckeln, 4 vierteil habern, 4 pfênnig
ʒe wifung, 2 herbfthûnr, 1 vafnahthûn vnd viertʒêhen eyger von
einem lehen i. d. B. ʒe Ottwang.

Die obgenent. Hr. Herman vnd Wilhelm Gêffeler hand ouch
die vorgefchriben gülte, nütʒ vnd gûtere vnd alle die Recht, fo
fy vntʒ har darʒû vnd daran gehept habent, vor vns vffgeben mit
mund vnd handen vffer jren hênden vnd gewalt: Den êgen. her
Ofwalten dem probft vnd her hans Schollen, An der vorgen.
Corherren gemeinlichen ftatt, jn jr hênde vnd gewalt, vnd fatʒtent
fy der jn gewalt vnd nûtʒlich gewêre an jr aller ftatt, Alfo daʒ
fy die hynnanthin ewenclichen haben, nutʒen, nieffen, befetʒen vnd
entfetʒen fôllent vnd damit tûn vnd laffen môgent als mit andern
jren eigenen gûtern, âne jra, jrer beider erben vnd menglichs von
jren wegen fumniffe, jrrung vnd widerfprêchen. Vnd geloptent
vnd verfprachent damit für fich, alle jr erben vnd nachkomen:
dis kouffes recht wêren ʒe finde vnd gûte wêrfchaft darumb ʒe
tûnde, beide jn gerichten, geiftlichen vnd weltlichen, vnd vfferhalb

gerichtes an allen den ſtetten, da ſin die obgen: Corherren oder
jr nachkommen bedôrſtent oder notdurftig wurdent, Als Recht iſt
âne geuêrde; Vnd ouch diſen kouff vnd alles das, ſo haran geſchriben
ſtat, war vnd ſtête ʒe haltende vnd dawider niemer ʒe kommende,
ʒû Redende noch ʒe tûnde, noch ſchaffen getan wêrden, wêder
mit gericht, geiſtlichem noch weltlichem, noch âne gericht, noch
ſuſt mit deheinen andern ſachen, fünden oder geuêrden, damit ſy,
jr erben oder nachkommen, alder jemand von Jren wegen jemer
ütʒit hiewider gereden oder getûn kôndent oder môchtent jn de-
heinem wege, alle geuêrde harjnne gentʒlichen vßgeſcheiden. Vnd
iſt dirre kouff geben vnd beſchêhen vmb achthundert vnd driſſig
guldin Rinſcher, gûter, gênger vnd genêmer an gold vnd an ge-
wicht, Dera ouch die vorgen: hr. Herm. vnd Wilh. Gêſſeler von
den êgen: Corherren gar vnd gentʒlich beʒalt vnd gewêrt wêrent
vnd ſy jn jren beſſern nutʒ vnd frommen bewêndet vnd bekert
hettent, des ſy offenlich veriahent vnd ſy der ledig·vnd quitt vor
vns feitent. Dirre kouff vnd alle vorgeſchribenen dinge find vor
vns beſchêhen vnd vollefûrt worden von eim ſtuck an das ander
mit aller der gewarſame, ſicherheit, worten vnd wêrcken, ſo dar-
tʒû gehortent vnd notdurftig warent von Recht oder gewonheit
der obgen: Statt Rinfelden, Alſo daʒ ſy billich kraft vnd macht
haben ſôllent nu vnd hienach ewenclichen. Des batent jnen die
vorgen. herren her Oſwalt der probſt, vnd her hanns Scholl, an
der êgen: Corherren vnd jr ſelbs ſtatt, einen brief ʒe gebende.
Harüber ʒû ſtêtem, veſten, waren vrkünde, ſo hand wir der
Schulths. vnd die Rête ʒe Rinfelden vnſer ſtatt ſecret jngeſigel
offenlich gehênkt an diſen brief. Vnd ʒe noch merem vrkünde
vnd beſſer geʒügſame Aller obgeſchribener dingen, ſo habent die
êgen: her Herman vnd wilhelm Gêſſeler jre eigene jngeſigele ʒû
der vorgen: vnſer ſtatt jngeſigel ouch gehênckt an diſen brief, Der
gegeben iſt an der nêchſten mittwuchen nach dem heiligen pfingſt-
tag des jares do man ʒalt Nach Criſts geburte viertʒêhenhundert
ʒwentʒig vnd ſiben jare.

Perg.-Urk. im Stadtarchiv Rheinfelden mit zwei noch hangenden Siegeln; das
erſte mit der Umſchr.: † 8: secretum. civium. rinfelden; das mittlere (des Ritters Herman)
iſt vom Riemchen geriſſen; das dritte, ein winziges Rundſiegel, zeigt den n a c k t e n
Gefʒler-Schild mit den drei Sternen und den Spuren der Umſchrift† 8: . . . LER.
Auf der Rückſeite der Urk. ſteht von alter Hand: Littera, ſo wir kôfft haben von
Hr. Herm. geſſler die gûtter vnd gût ʒe Willen, die er geerbett hatte von der
von Kûngſtein. — Archivzeichen F.

Die Urkunde ist hier vollständig wieder gegeben; denn sie enthält das Erbe der Eufemia Geſzler, verwittweten von Küngstein, das auf deren Vettern Hermann und Wilh. Geſzler übergegangen war, und nennt dazu viele Personen- und Lokalnamen, welche für die Bevölkerung beider Rheinufer um Rheinfelden belangreich sind.

1427.

»Junker Wilhelm Geßler het klagt, das Hans Wagner jm freventlich iſt jn ſin Hus gelouffen vnd hatt jm ſin türen frevenlich ʒerſtoſſen, vnd ſin wib vnd geſint übel gehandlet mit worten, vnd heiſſen liegen.«

Rathsbuch von Luzern IV, 274. Mittheilung durch Th. v. Liebenau.

1428

ſtirbt *Heinricus Gessler de Meienberg, alias Gisler,* zu luzernisch Hochdorf als Ortspfarrer und Dekan.

Dörflinger, Verzeichniss der Pfarrer von Hochdorf, Hf. aus dem Ende des letzten Jahrhunderts, im Pfarrhofe zu Hochdorf liegend. Notizgabe durch Herrn Th. von Liebenau, Archivar in Luzern.

Im Jahre 1461 deponirte vor dem bischöflichen Gerichte zu Basel, in einem wegen des Zehntens zu Hochdorf und Hohenrain zwischen dem Stifte Münster und der Commende Hohenrain schwebenden Prozesse, Rugker (Rüdiger) Gassmann, Kammerer zu Beromünster, 70 Jahre alt, wie folgt:

Ante spacium quadraginta annorum, tempore iſto quo adhuc scholaris fuerit, multocies iverit ad villam Hochdorf et tunc a plebano ibidem, dicto der Giſſler, audiverit, quando dederit testi loquenti bibere, illud vinum est de decimis in Hohenrein et de prebenda mea. Procedur im Stiftsarchiv Münster, 2 Fol.-Bände.

1428.

Item Junkher Wilhelm Geſſler iiij flor. auri, daʒ er iſt burger worden.

Rathsbuch von Luzern IV, 346 b, über die Einkaufssumme, die von Geſzler bei der Einbürgerung ins luzerner Stadtbürgerrecht entrichtet worden. Mittheilung durch Hrn. Archivar Th. von Liebenau.

1429, 7. April, Rheinfelden.

Hermann und Wilhelm Geßler, Ritter, Gebrüder, verkaufen zu Gunsten der Kaplaneipfründe am Spital zu Rheinfelden an Ulrich Martin, Kaplan an diesem Spital, Bodenzinse von dortigen Gärten: »So aber einen garten ʒe nechſt vor Hermans thor, vnd ist der Oelgart, gegen dem Keppelin an der straſʒ, vnd stoſʒet hinten an den statgraben.«

Perg.-Urk. im Stadtarchiv Rheinfelden, beide Siegel der Verkäufer hiengen. —
Mitthl. durch Hrn. C. Schröter, Stadtpfarrer in Rheinfelden.

1429, 26. September, Montag vor St. Michael, Zürich.

Bürgermeister und Räthe von Zürich entscheiden in dem
Pflichtigkeitsstreite, welcher andauert zwischen den Leuten der
Dingstatt Grüningen, des Hofes Tünraten, Binzikon und Bertschi-
kon eines Theiles, andern Theiles zwischen denen von Münchaltorf,
Wald und Nieder-Esslingen. Die Abgeordneten der erstgenannten
Leute beklagen sich, dass sie die Veste Grüningen zu Handen des
Züricher Landvogtes unter grossen Kosten mit Brennholz beholzen
müssten, während diese Verpflichtung nicht ihnen allein, sondern
ebenso der hier stehenden Gegenpartei obliege. Diese Letztere
aber erwidert: »Jr keiner hab nie vernommen noch gehört, daß
die von Münchaltorf, von Wald oder Nider-Eßlingen Brennholz
gen Grüningen ze füren gehabt; dann uf einmal, do der Geßler
mit finen Kinden ze Grüningen hofete, da brachte jm Gemein Ampt
Brennholz zu der Hochzit, von finer Bete wegen vnd von keines
rechten wegen.«

Zürch. Staatsarchiv, *Corpus Documentorum Tigur:* Grüningen-Greifensee VI
D., pag. 95. *Scripfit* Christof Fridr. Werdmüller, Stadtschreiber 1702.

1429, 28. September, Innsbruck.

Friedrich, Herzog von Oesterreich, ertheilt die Einwilligung,
dass sein Rath H e r m a n G e s s l e r sein Drittel von dem herzog-
lichen Lehen Pewrn*) an Hanfen von Ramftein aufgegeben.

Kaiserl. Geh. Archiv. Lichnowsky V, Urkk. no. 2796.

1430, 15. Februar, Quarta feria post Valentini.

»Beide ret. J u n k h e r W i l h e l m G e f f l e r ift vff hütt vor
vns gefin vnd (hat) vns gar ernftlich gebetten als von der verlornen
fchüfflen wegen, die hinder finen floffen funden fint, die Gret jr
Junkfröw jra fwefter verflagen (unterschlagen) hat vnd daran Er
vnd fin wip aber kein fchuld nit hant, wônt die egenant Gret da-
rumb flüchtig worden ift: Daz wir fy hierjn an argen nit verdenken,
funder gentzlich für vnfchuldig haben wellend. Haben wir Jme
früntlich geantwurt, dz wir ouch da dz beffer glouben vnd ouch

---

*) Gemeint wird sein B e u e r n im tirol. Pusterthale, im ehemaligen Schönecker
Gericht; doch war auch Beuren, ein Schlösslein im Höhgau, hrzgl. österreichisches
Lehen gewesen.

ſy für luter vnſchuldig haben wellen. Vnd were, dʒ demſelben Junkher Wilhelm Geſſler oder ſinem wip jemant darüber von diſer ſach wegen ůtʒet ʒuretti, das Jnen vnlidenlich were, nu oder hernach, dem mugent ſy tagen für vns, ſo wellen wir Jnen darumb richten.«

Rathsprotokoll von Luzern IV, 149. Mitthl. durch Hrn. Archivar Th. von Liebenau.

1430, 7. Juni, Baden.

Auf des (Wilhelm) Geßlers bei der Tagsatzung abermals gestelltes Ansuchen, dass man ihm das Seinige zurückerstatte, wird beschlossen, wie folgt:

Dem Geßler ist erlaubt, die 5 Mütt Kernengeld auf einem Zehenten zu Meyenberg zu lösen. Um die 5 Malter, die er ebenfalls zu lösen begehrt, soll der Vogt von Meyenberg Erkundigung einziehen, welche Bewandtniss es damit habe. Auf dem Tag zu Luzern wird man dann entscheiden, ob man ihm diese Lösung auch gestatten wolle.

Samml. Eidg. Abschiede II, 83.

1430, 1. Juli, Samstag nach Peter-Paul, Reinfelden.

Die Brüder Hermann und Wilhelm Geſſler verkaufen dem Hans Spitʒ von Basel um 20 Gulden einen Jahreszins von ihren zwei zu Reinfelden liegenden Häusern Küngsteinhof und von dem Garten daran.

Ich Herman Gèßler, Ritter, vnd Wilhelm Gèßler, gebrüdere, Tünd kunt menglichem mit diſem brieff, das wir, durch vnſers nucʒes vnd notdurft willen, mêren vnſern ſchaden hiemit ʒe wendent, für vns, alle vnſer erben vnd nachkomen verkoufft vnd ʒekouffent gegeben hand Recht vnd Redlich eins Rechten kouffes, vnd gebent ʒekouffent mit kraft dis briefs dem beſcheidnen Hannſen Spiczen von Baſel, ſeſſhaft ʒů Rinuelden, einen guldin geltes Rinſchen, gůten, gêngen vnd genêmen an gold vnd an gewiht, rechtes jerliches ʒinſes ʒe gebet vnd ʒe werent ʒe Rinuelden jn der Statt, Jm, allen ſinen erben vnd nauchkomen hinnanthin alle jar jerlichen vff Sant Johanns tag ʒe Sungichten, von, vff vnd ab vnſeren ʒwein Hůſern vnd dem Garten daran, Mit allen jren rechten Jngriffen vnd ʒügehörungen, gelegen an einander ʒe Rinuelden obnen jn der Statt by dem kilchhofe, denen man ſpricht der von Küngſtein ſeligen hofe: vnd iſt das ein daʒ Orthuſe (sc. Eckhaus), als man hindenen jn Stofflers hof gat, vnd lit obnen an dem andern der von Birckendorff hufe. Mit dem geding, das vor difem kouff nit mer ʒinfes dauon gät noch gan fol, denne jêrlichen drig guldin geltes Wernher Truhfeffen feligen erben, da für ift der ftocke vnd was darʒü gehört ouch haft vnd verbunden, vnd ein guldin geltes hr. Johanns Schollen, Corherren ʒe Rinuelden, Sind alle vier widerköffig, jeglicher mit ʒwencʒig guldinnen. Wir habent ouch gelopt by güten truwen vnd gelobent mit difem brief für vns, alle vnfer erben vnd nauchkomen, dem vorgenant: hanfen Spicʒen, finen erben vnd nǎchkomen, den vorgefchribnen guldin geltes Nun hinnanthin alle Jar jêrlichen vff das êgeñ: ʒile sant Johans tag ʒe richten vnd gütlichen ʒe wêrent vnd dis kouffes vnd des vorgeñ: guldin geltes recht wêr ʒe find vnd güte wêrfchaffte darumb ʒe tünd, beide jn gerichten geiftlichen vnd weltlichen, vnd vfferthalb gerichtes vnd an allen den ftetten, da fin der vorgeñ: Hans Spicʒ, fin erben oder nǎchkomen bedörftent alder notdurftig wurdent, als recht ift, âne geuerde. Vnd ift dirre kouff gegeben vnd befchehen vmb ʒwencʒig guldin Rin'scher, gûter, gênger vnd genêmer an gold vnd an gewicht, dera ouch wir, die vorgeñ: verkouffer Herman vnd Wilhelm Gêßler, von dem êgeñ: Hans Spicʒen gar vnd gencʒlichen gewert vnd beʒalt find vnd fy jn vnfern beffern nucʒ bewênt vnd bekêrt hand, des wir offenlich veriehent vnd Jn der quitt vnd ledig fagent mit difem brief.

Der vorgeñ: H. Spicʒ hat ouch vns die früntfchafft vnd liebe getan jn difem kouff, Alfo das wir, alle vnfer erben vnd nauchkomen den vorgefchribñ: guldin geltes von Jm, allen finen erben vnd nauchkomen wol widerkouffen vnd ablöfen mögent hinnanthin, welhes jares vnd tages wir wellent, ouch mit ʒwencʒig guldinen Rin'fchen, gûten, gêngen vnd genêmen an golde vnd an gewiht. Wenne wir Jnen die famenthaftig richtent oder gebent, âne abflag aller jngenomner nucʒen vnd ʒinfen, vnd den verfeffenen ʒins, ob deheiner daruff ftünde, vnd ouch fouil ʒinfes da mit, Als fich von sant Johans tag ʒe Sungichten vncʒ vff den tag, als der widerkouff befchicht, nach marchʒal haruff ergangen vnd erloffen hat: darumb föllent fy vns den vorgefchribnen guldin geltes wider ʒû kouffent vnd abʒelöfent geben âne alles verʒichen vnd widerrede. Wir habent ouch den vorgeñ: hannfen Spicʒen gegönnen vnd erlôpt, die vorgefchribnen vier guldin geltes von des Truhfeffinen vnd herr Johans Schollen, als wir Jnen die jerlichen von den vorbenempten vnfern hüfern verbunden find ʒe gebet, an vnfer ftatt vnd jn vnferm namen wider ʒe kouffende vnd abʒelöfen vmb die obgeñ: Summe, nach wiſung der briefen darüber gegeben, Doch alſo vnd mit dem vnderſcheid, das er oder ſin erben vns vnd vnſeren erben, wenne er die loſung alſo getůt, eins gancʒen widerkouffes vnd loſung ſtatt tün vnd verbunden ſin ſöllent vmb alle fünf jn einer loſung ſament-haft, vnd nit einen âne den anderen, vnd mit verſeſſnen vnd er-gangnen ʒinßen, nach jeglichs briefes wiſung. Ouch gelobent wir, die vorbenempten verkouffere, für vns vnd alle vnſer erben, diſen kouff vnd brief vnd alles das, ſo daran geſchriben ſtȧt, ſtȅt vnd veſte ʒe habent vnd ʒe haltent, hiewider niemmer ʒe redent, noch ʒe tünd, noch das mit niement anderm ſchaffen getan werden, weder jn gerichte geiſtlichem noch weltlichem, noch vßwendig gerihtes, Vnd verʒihent vns harjnne für vns vnd aller vnſer erben aller hilff vnd ſchirmung geiſtlicher vnd weltlicher gerichten vnd Rechten, Aller friheiten, gnaden vnd briefen, ſo ietʒo ſind oder noch er-worben werden möchten von Bepſten, keyſern oder küngen, noch von deheinem andern fürſten oder herren, ſy ſigent Geiſtlich oder weltlich, Aller buntnuſſen, geſetʒen vnd gewonheiten der herren, Stetten vnd des landes, Aller ander vßʒügen, ſünden oder geuerden, damit wir oder Jemmant von vnſern wegen hiewider gereden oder getůn könden oder möchten, Jn dehein wiſe, alle geuerde vnd arge-liſt harjnne gencʒlichen vßgeſcheiden. Harüber ʒe warem vrkund, So habent wir obgeñ: herman vnd wilhelm Gȅſſler vnſere eigne Jngeſigel für vns vnd vnſer erben offenlichen gehenckt an diſen brieff, Der geben iſt an dem nȅhſten Samſtag nach Sant peters vnd paulus tag, der heiligen ʒwölffbotten, Jn dem jare Als man ʒalt von Criſti geburt vierʒehenhundert vnd Driſſig Jare.

Pergament-Urk. aus dem Stadtarchiv Rheinfelden, bezeichnet T T, zur Ab-schrift mitgeth. durch Hrn. Stadtpfr. C. Schröter. Hermann Geſʒlers Rundsiegel hangt und zeigt auf dem Wappenhelm die Pfauenbüste, dasjenige Wilhelms ist mit dem Pergamentriemchen weggefallen.

1430, 2. September, an St. Antonientag.

Heinrich Seldenhorn, Pfleger auf Salérn und Hofrichter zu Brixen, nimmt auf Ansuchen des Propstes Ulrich von Neustift, mit Bewilligung des Bischofs Ulrich von Brixen, von Peter Pacher in Pusagg Kundschaft auf wegen »der Hirtſchaft ʒe der Neweſtift.« Zeugen: »der edel und veſte Hainrich Geſſler, Wilhalm Rain-perger aus dem Graſſacher tal, Herr Barthelme von Gufidaun, Herr Ulrich der Tömlinger von Bairen, Herr Niklaus von Sunburg, Herr Jacob der Künig.«

Urkundenbuch des Augustiner Chorherrenstiftes Neustift in Tirol, herausgeg. von Th. Mairhofer, in *Fontes rer. Austriac.*, 2. Abth., Band XXXIV (Wien 1871), pag. 526—528.

1431, 19. Jan., Konstanz.

Lehen-Uebertragungsbrief und Kaufsbestätigung, worin Kaiser Sigmund »das Slos Schenkenberg vnd Bötzberger-Ampt mit allen rechten, gerichten vnd zugehörungen, das wir vor zeiten Margrethen Geſlerin, des Strengen Hanſen von Fridingen Ritters ſeligen Weyb, vnd Wilhelmen, Jr beider Sune, Gretlin vnd Maydalen iren Töchtern, vnd Jrem Lehentrager an Jrer Statt gelihen hetten — dem edeln Döring von Arburg vnd Margrethen Grefinn von Werdenberg, ſinem Weyb, vnd Vrenen Jrer beiden Tochter, vnd Jren Erben Mannes geſlechte, ... mit aller Herrlichkeit verleihet und den getroffnen Kauf genehmigt.

Der kaiserliche Brief erzählt in weitem Umschweife: Herzog Friedrich von Oesterreich habe vormals dieses Lehen inne gehabt, es sei ihm aber dasselbe mit allen seinen übrigen Ländern und Leuten entzogen und an Kaiser und Reich genommen worden, seiner grossen, schweren, freveligen Missethaten willen gegen die hl. Kirche und das Konstanzer Concil, da er daselbst dem Pabst Johannes zur Flucht behülflich gewesen. Somit sei damals auch das Schloss Schenkenberg und das Amt Bötzberg, welches vom Herzog der edeln Margareth Geſlerin als Pfand verschrieben gewesen war, wieder an das Reich gefallen recht und redlich. Darauf haben Wir auf fleissiges Bitten des strengen Ulrich von Fridingen, Ritters, unseres lieben getreuen Dieners, der Margaretha Geſlerin, als seines sel. Bruders Hannsen Weibe, ihren Töchtern und ihrem Sohne genanntes Schloss und Amt wieder verliehen in innigem Anbetracht, welche nützliche, willige und verpflichtende Dienste Uns der Vater Hans Fridingen seliger geleistet, sodann in der Erwartung, der Sohn Wilhelm werde, wenn er zu seinen Jahren kommt, gleiche Dienste leisten, und ferner aus sonderlichen Gnaden gegen Ritter Ulrich von Fridingen und dessen ganzes Geschlecht. Der Letztgenannte hat darauf Namens der Frau Margaretha Geſlerin und bis deren Sohn Wilhelm mündig geworden sein und das Lehen in Empfang nehmen würde, als Lehensträger Uns zugeschworen. Und dazu erlaubten wir Margarethen und ihren Kindern, Alles wieder an sich lösen zu dürfen, was von dem Schlosse und dem Amte die Herrschaft Oesterreich vormals versetzt hatte etc. — »Geben zu Coſtentz nach Criſts geburt Viertzehen-

hundert vnd dornach in dem Eynvnddryſſigiſten Jare am Freitag
vor ſant Sebaſtiani vnd Fabiani tag. *Ad mandatum Dni. Regis:
Caſpar Sligk.*«

Perg.-Urk. mit schwarz und gelb gewundenen Siegelschnüren, das Siegel ver-
loren. Amt Schenkenberg Y. 2, im aargau. Staatsarchiv. — Aschbach, Gesch.
Kaiser Sigismund III., S. 479, mit irriger Datirung.

1431, 2. August, Reinfelden.

Schultheiss und Rath zu Reinfelden beglaubigen dem Ritter
Herman Geſſler das Vidimus dreier vom öſterr. Herzog Friedrich
und dessen Gemahlin Anna 1419, 1421 und 1426 erlassenen Ge-
waltsbriefe.

Wir der Schultheiſʒ vnd der Rat ʒů Rinuelden Tůnd kunt
menglichem mit diſem brieff, daʒ vff den hütigen tag, datum dis
brieffs, für vns kommen iſt der Streng here He r m a n G ê ſ ſ e l e r,
Ritter, vnd ʒȫigte vns ein vidimus, So vor ettwas ʒites die durch-
lüchtig hochgebornne fürſtin frow anna von Brunſwig, Hertʒogin
von Oeſterrich etc., vnſer Gn. frow, vber ʒwen gewaltʒbrieff, So der
durchlüchtig Hochgebornne fürſt, vnſer Gnêdiger here Hertʒog
Friderich, Hertʒog ʒe Oeſterrich etc. der Jetʒgenanten ſiner gemahlen
gegeben hette, Daſſelbe vidimus volkomen, vngebreſthafft vnd *gantʒ*
was an geſchrifft, am Ingeſigel vnd Permente, vnd wiſt vnd ſeit
von wort ʒe worten als hienach geſchriben ſtat, der erſte:

Wir Friderich von gotes gnaden Hertʒog ʒe Oeſterrich, ʒe Stir,
ʒe Kêrnden vnd ʒe Crain, Graue ʒe Tirol etc. Tûnd Kunt mit diſem
brieff. Als wir Jetʒund die Hochgebornnen Fürſtin, vnſer liebe ge-
machel, frow Annen von Brunſwig, Hertʒogin ʒe Oeſterrich etc.
ʒů vnſeren Landen enhalb der gebirgen Jn Ellſêße vnd Jn Swaben
ſenden: Das wir alſo der êgeñ: vnſer Gemahlen vnd den Reten,
die ſy ʒů Jr nimpt, gantʒen vnd vollen gewalt geben Jn kraft dis
brieffs, an vnſer Statt alle ſachen Jn den ſelben vnſern Landen vß
ʒe Richten vnd ʒe handelent ʒů gelicher wis, als ob wir ſelber da-
ſelbs wêren, Vnd waʒ ſy alſo handelt, vſʒricht vnd tůt, das ge-
lobent wir by vnſeren fürſtlichen wirden ſtêt ʒů haltent Jn aller der
maße, als ob wir das ſelber getan hetten; vnd ob ſin durft ge-
ſchicht, So wellen wir daʒ mit vnſern briefen kreftigen vnd beſtêten
vnd wellent gentʒlichen da by beliben vnd dawider nicht Reden
noch tůn, âne alle geuerde. Vnd ʒů vrkünde haben wir vnſer In-
ſigel an diſen brieff gehencket, der gegeben iſt ʒe Brichſen an Sunn-

tag nach Sant Bartholomäus tag. Nach Crifti gebürt vierzehen hundert Jare vnd darnach Jn dem Nüntzehenden Jare.

Ds. Dx. p. se Jn Confz.

So ftat hie nach darunder:

Wir Friderich v. G. Gn. Herzog ze Oefterrich, ze Stir, ze Kernden vnd ze Krain, Graue ze Tirol etc. Tûnd kunt: Als wir die Hochgebornnen Fürftin vnfer Hertzen liepfte gemaheln frow Annen von Brunfwig, Hertzogin ze Oefterrich etc., Jetzo gen Ellfäße vnd zû anderen vnfern Landen enhalb des Arll fenden, das wir Jr alfo gantzen vnd vollen gewalt geben wiffenklich mit difem brieff, alle fachen Jn vnferm abwefen ze handelent vnd ze ordnent nachdem vnd fy bedunket nütz vnd gut ze find, Vnd daz alfy handelt, fchafft, tût oder vßricht, daz wellent wir ftêt halten, Als ob wir daz felber getan hettent. Vnd ob fin not gefchicht, So wellen wir daz mit vnfern briefen kreftigen vnd beftêten. Doch das fy nicht verkouff (Lücke für ein viersylbiges Wort). Wir gebent Jr ouch gewalt alle vnfer Amptlütt, Burggrauen vnd phleger ze fetzen vnd ze entfetzen, als ob wir felber dauor weren. Douon empfelhen wir vnfern lieben getrüwen Allen, Herren, Rittern, knechten, Burggrauen pflegern, amptlüten, Reten, Burgern vnd vndertanen Jn Stetten vnd vff dem lande, das fy der êgen: vnfer gemaheln Jn vnferm abwefen hilfflîch, retlich vnd bigeftendig find vnd Jr Jn alle wege dienent vnd gehorfam fyent als vns felber, ob wir dauor werent. Daran tünd fy allen vnfern willen vnd geuallen. Mit vrkunde dis brieffs Geben zû Jnfprugg an Samftag nach Sant Erhartz tag. Nach Crifti gebürt vierzehenhundert Jare vnd Jn dem einen vnd zweintzigoften Jare.

Ds. Dx. p. se Jn Confz.

So wifet die gefchrift Jn dem vidimus der êgenempten vnfer Gnêdigen frowen von Brunfwig alfo:

Wir Anna von Brunfwig, von Gottes Gn. Hertzogin zû Oefter-rich, ze Stir, ze Kêrnden vnd ze Kran, Grêfinne zû Tyrol etc., Be-kennen, daz wir vnferm getrüwen lieben Herman Gêffeler, vnferm hofmeifter, der obgefchribnen houptbrieff, die da lutent von wort zû wort als hie obenen gefchriben ftat,... Dis vidimus vnder vnferm Jnfigel durch finer demûtigen bette willen gegeben haben. Geben ze Jnfprugg an Sant Jörigen tag *anno dm. Mo. Ciijo. vice-fimo fexto.*

Vnd als wir den felben vidimus-brief gefehen vnd gehört habent lefen, Da batt vns der obgen: Hr. Herman Gêffeler, das wir Jm des ein vrkunde vnd vidimus geben wölten, vnd dirre dingen

ʒe warem vrkunde ſo gebent wir Jm diſen brieff verſigelt mit vnſer
Statt Secrete anhangendem Jngeſigel. Der geben iſt an dem nehſten
fritag nach Sant peters tag als er die bande brach. In dem Jare
als man ʒalt von Criſti geburt vierzehenhundert driſſig vnd ein Jare.

Stadtarchiv Bremgarten; Perg.-Urk. no. **21**. Siegel der Stadt hangt; es zeigt
3 Balken im Felde, noch ohne die sechs ausschmückenden Sterne; die Umschrift:
† S: *secretvm. civivm. de. rinfelden.*

1431, 25. Sept.

Ich Wilhelm Geſſler, Edelknecht, vergich vnd Tûn kunt
mengklichem mit dißem brief. Als ich min elichen Huſſrôwen
Annen von Sturfis von iro miſſetät vnd ouch von des wegen
daß ſi mich ſo gröblich úberſehen [ihrer Pflichten gegen den
Ehegemahl vergessen hatte], ʒe Brunegg miner veſte ettwas ʒites
in geuengniſſ gehept hab, vnd aber ich darʒwiſchent an mine
Gnedigen Herren Schultheiſſen vnd Rätte der Statt Lutzern (Lücke*)
vnd dem veſten minem Lieben öhen Vlrichen von Hertenſtein
hinuß ʒe geben (Lücke) in eyde ʒe nemen, vnd dieſelben
min(er) Huſſrowen gütlich gegönnet hant nach lut vnd ſag des vr-
fëchtbrieffes, den die jetzgenampte min huſſrowe über ſich ſelbſt
willeklich gegeben hat (Lücke): das ich dis glopt vnd verheiſſen
han, glob vnd verheiſſ ouch mit crafft dif brieffes, wie oder welches
wegs die benempten min HHn. von Lucern, oder der benempte
min öhen ûlrich von Hertenſtein, oder ire nachkomen von diſer
ſach wegen iemer ʒe ſchaden këmen, es wëre das ſi von der ob-
gñtn: miner Huſſrôwen, oder von iemant anderm von rechts wegen
angriffen oder geſchadiget wurdent, iemer, oder in welher mäſſe
der ſchad beſchëch: Die ſelben mine HHn. von Lucern vnd der
egenempt min öhen von Hertenſtein von allen ſchaden vnd kumber
in dirre ſach gentʒlichen (Lücke), vnclaghaft (Lücke). Vnd mögent
die vorgeſchribeñ min HHn. v. Lutzern vnd der von Hertenſtein
(Lücke) darvmb mich vnd min gût alles angriffen mit fryem vrlob
vnd ir vollem gewalte als fër, unʒ daz ſi genʒlich abgeleit werdent,
alles âne geuerde. Vnd das alles ʒû eim waren veſten vrkünde,
So han ich der vorgñt: wilhelm Geſſler min eigen Jngeſigel offen-
lich an diſen brieffe gehenkt, Der geben wart an ʒinſtag nechſt nach
ſante mauricientag nach criſt gepurt do man ʒalt vierzehen Hundert
vnd darnach in dem Ein vnd dryſſigoſten iare.

---

*) Des muthmasslichen Inhaltes: gelobt habe, die Gefangene frei zu lassen.

Staatsarchiv Luzern. An der mehrfach sehr stark durchlöcherten und, wie es scheint, absichtlich unleserlich gemachten Urkunde sind nur die zwei Riemchen vom ehemaligen Siegel mehr vorhanden. Auf der Rückseite steht erstlich von der Hand des Staatsschreibers Egloff Etterlin: Ein Brieff, das vns geffler von allen fchaden entcichen fol, in den wir von fins wibes wegen komen möchten. Darauf ist beigefügt von der Hand des Staatsschreibers Rennwart Cysat: Vrfech Wilhelm gefflers von Brunnegg von fines wibs Anna von Sturfis (sic!) wegen, die Misshandlen vnd Ime überfehen, darumb er fy zů Brunegg lang gefangen gehept vnd fy harnach Junker Volrich von Hertenstein finem Vettern zů Lucern übergeben 1431.

Sturvis ist ein romanisch redendes kathol. Pfarrdorf in Oberhalbstein, Kt. Graubünden, mit einer grossen Burgruine.

1431.

Anna Geßler vergabt 10 Pfd. an die beiden Kirchen zu Wytikon und Zollikon, je 1 Pfd. an die drei Kirchen zu Dübendorf, Fällanden und Trichtenhausen; gleichviel an die Barfüsser-, Prediger- und Augustiner-Convente in Zürich, an die Feldsiechen zu St. Jakob und auf der Spanweid bei Zürich; je 2 Pfd. an das Stift Engelberg und an die Sammnung der Schwestern zur goldnen Mühle; je 1 Pfd. den Schwesternhäusern in Niederndorf und in Grimmenthurm, und der Sammnung der Brüder zu Brunngassen, sämmtlich in Zürich.

N. F. v. Mülinens Histor.-Genealogische Auszüge, Hf. XXII, 91. — Meiss, Zürcher-Geschlechter, Hf. — Mittheilung durch Hrn. Archivar Th. v. Liebenau.

Unter den genannten Orten, alle des Zürcherlandes, sind Dübendorf und Fällanden Pfarrdörfer im Bez. Uster; Zollikon ein Pfrd. im Bez. Zürich, zu welchem auch Trichtenhausen gehört. Alle übrigen fallen der Stadt Zürich zu: Wydikon ist eine Ausgemeinde, pfarrgenössig in der St. Peterskirche; Im Grimmenthurme und in Niederdorf waren Beginen-Sammnungen; St. Jakob in Aussersihl ist ein Pfründner- und Armenhaus; St. Moritz an der Spanweid ein Siechenhaus.

1432, 28. Jan., Zürich.

Herr Hermann Geßler erscheint als Gesandter seines Herzogs Friedrich von Oesterreich vor den Boten der eidgenöss. Tagsatzung zu Zürich und verlangt von ihnen die Herausgabe der seinem Herrn zustehenden Urkunden und Rechnungsbücher, welche bei Eroberung der Stadt Baden auf dortiger Veste sich vorgefunden und über deren Auslieferung schon König Sigmund ehedem den Eidgenossen geschrieben hatte. Dem Gesandten wird hierauf von sämmtlichen Boten einhellig erwiedert: Sofern die Herrschaft Oesterreich den Eidgenossen Briefe und Verschreibungen dàrüber gebe, dass dieselbe das auf des Königs Geheiss ihr aberoberte Land, die ihr abgenommenen Urkunden, die dieses Land betreffen, und die in denselben gemeinten Rechte jetzt und in Zukunft nie mehr anspreche, so werde man diejenigen anderen Briefe und Rotel, welche darunter der Eidgenossen Land und Leute nicht berühren, auf des Königs Bitte dem Herzog wiedergeben, soweit solcherlei Urkunden noch vorhanden sind.

Staatsarchiv Luzern. — Sammlung Eidgen. Abschiede 2, S. 93. Pfeiffer, Habsb.-österreich. Urbar XII.

Vergl. Regest v. J. 1423, 2. Oct., sodann vom 23. Mai 1406, bezüglich einer in gleichem Auftrage 1470 zu Luzern erschienenen Gesandtschaft des Herzogs Sigmund.

1432, 26. Brachm.

›Es ift zu wüffen, als die durchlüchtig Fürstin und Frowe, Frow Anna von Brunfchwig, von Gottes Gnaden Herzogin zu Oeftreich etc., dem Spital zu Bremgarten die Kilchen und Lüppriestery zu Bremgarten zugeordnet und geben hat mit dem Geding: das der Lüppriefter oder Spitalmeifter der Herren von Oeftreich und Brunfchwig, lebendiger und todter, Vorderen und nachkommender, Jarzit jerlich began fol uff den achtenden Tag Johannis Baptiste (1. Heum.), am Abent mit einer Vigily, und mornendes mit den Aemptern; und fol man auch darinnen gedenken des frommen, veften Her Herman Gefflers, Ritter, zu den Zyten Jro Hofmeister, und fines Vatters Her Heinrichs Gefflers, Ritter, und aller ir Vordern und Nachkomen, wann er femlich Gnad dem Spital ernftlich erworben hat. Und git man dem Lüppriester, dem Helfer und allen Caplanen da verpfrunt, und dem Schulmeifter das Mal und dry Schilling, und wer daran fumig wer, des Teil gehört den Armen in dem Spital; und fol ouch da fin Schultheif und zwen der Rätten, dem Herren zu Lob, und das helfen begân, die ouch das Mal fond han mit den Prieftern; und fol das alles ufrichten der Spitalmeister.

Jahrzeitbuch der Stadtkirche Bremgarten, Einzeichnung zum 26. Brachm: an Johannis und Pauli martyr. — Kopp, Gesch.-Bl. 1, 244.

Anna von Braunschweig, die jüngere Tochter des Herzogs Friedrich von Braunschweig-Eimbek (der nach K. Wenzels Entsetzung sich mit Ruprecht von der Pfalz um die deutsche Krone beworben, darüber aber am 5. Juni 1400 das Leben eingebüsst hatte), war die zweite Gemahlin des österreich. Herzogs Friedrich IV. (mit der leeren Tasche), seit 1410 mit ihm vermählt. Während ihr Gemahl 1421 im Hussitenkriege sich befindet, darnach zu Innsbruck und Meran die Landesverwaltung herstellt, regiert und urkundet sie zu Ensisheim im Elsass und stirbt daselbst im Christm. 1432.

1432, 1. October, IVᵃ· feria post Michaeli.

Jenni Merchi und Jenni Herzog von Wangen tröften (bürgen) für Bertschi Seltenrich für 200 Gulden, die er dem Geßler schuldet.

Rathsbuch von Luzern IV, 177. Mittheilung durch Herrn Th. v. Liebenau.

1432, Sonntag nach St. Gall (19. Okt.), Schloss Brunegg.

»Den frumen, wiffen vnd fürfichtigen, fchulthaif vnd raut der ftat Luczern, minen gnädigen lieben Herren.

Min vndertenigen willigen dienft zů allen ziten vor. Gnaedigen Heren, ich tuon úwer gnaden ze wiffen, daf mir mine Herren von Bern offen Landtag gefetzet hand vnder dem farbach gen Lenczburg vf den naechften famfttag vor fymon et iude, alf iwern gnaden min burgvogt, zoeiger deff briefff, wol gefagen kan. Da bit ich úwer gnad mit gantzem Ernft, daf ir alf demiettig fyent vnd iwer treffenlich bottfchaft by mir habint vf den fritag ze nacht zu Bruneg. Wan ich getrui, daf, ob got wil, fil erber luit zů mir vf den tag kumint. Tund, alf ich iwern gnaden funderlichen volgetruwen, vnd laund mich genieffen, das ich der iwer zů allen zitten bin. Geben ze Bruneg vf den naechften funentag nach fant gallen tag, in dem iar, do man zalt 1432.

Wilhelm Gaeffler.

Missiv im Staatsarchiv Luzern, mitgetheilt von Hrn. Th. von Liebenau daselbst; vgl. Kopp. Gesch.-Bl. I, 243.

1432, Mittwoch nach St. Martin (13. Nov.)

Anthony Ruß, Vogt ze Baden, an Burgermeifter und Rath von Zürich. Ich danken üwern gnaden fliffklich von gemeins amptz wegen ze Rordorff von der fach wegen des Zůlofs vnd des Gefflers, als ir dem iwern erbern botten gen Lenzburg zugeben hattend. Nu hat fich die fach in der maff verhandelt, dz fi, beider fit für min Herren von Bern komen muff, vnd bedörft aber der egenant Zůloff, der doch der iwer ift als ander im ampt ze Rordorf, dz man Im gên dem Geffler ze ftatten käm, vnd hand mich gemein von dem ampt gebetten, Irer gnad fliffklich vnd ernftlich ze bitten, dem obgnenten Zůloff aber hilfflich ze find vnd Jm iwern erbern botten, den er vorgehept hat, ze

lichen vf ſinen coſten, wôn er ſin gar innenklich notdurftig ſy vnd wol bedurfftig. etc.

Missiv im Staatsarchiv Luzern, mitgetheilt durch Herrn Archivar Th. von Liebenau daselbst. »Anthonj Ruſz vnd Hans von Wyle, Vnſer Rathſzpotten« (von Luzern) sprechen als Schiedsmänner in der Waldstreitigkeit zwischen den Leuten zu Lieli und dem Lüpold Businger, der daselbst den Burgstal und den Twing mit Wald und Feld von dem Junker von Grünenberg erkauft hat. Lüpolts Sohn, Heinrich Businger zu Heidegg, Twingherr zu Lieli, erneut denselben Streit und wird durch Schultheiſz und Rath Luzerns 1457 zur Ruhe verwiesen· Perg.-Urk. no. 105 (Vidimus) in dem Murenser Kanzlei-Archiv.

1433, 4. November, feria VIa. ante Marti.

»ſchrib dem von arburg *) vnd deñ von Brugg, dem geſſ· ler behilflich ʒe ſint.«

Notiz des Rathsschreibers im Luzern. Rathsprotokoll V A, 9 b.
Mittheilung von Hrn. Staatsarchivar Th. v. Liebenau.

Ca. 1433.

Herzog Leopold von Oesterreich hat dem Kloster Muri, zum Ersatze für dessen in den Schweizer Kriegen erlittene vielfache Einbussen, tauschweise gegen den Hof Bellikon, Kirche und Kirchensatz von Vilmergen 1399 zu gänzlichem Eigenthume übergeben. Es verzichten aus derselben Rücksicht die Hallwile auf das genannte Lehen 1425, und während dasselbe Heinrich Schulthess von Lenzburg, des Johannes Sohn, noch als Kirchherr inne hat, schenkt es König Sigmund dem Kloster als Reichslehen, Papst Martin V. erlässt die Incorporationsbulle und Abt Albert von Rüti vollstreckt sie. Der bisherige Rektor Heinr. Schulthess stirbt 1431, gleichzeitig ergreift Muri feierlich Besitz und lässt sich denselben durch die sechs eidg. Schirmorte bestätigen. Unter den damaligen adeligen Zeugen ist Joannes Scultetus von Lenzburg. 1433 hat inzwischen Papst Eugēn IV. die Pfarre anderwärts vergeben gehabt, entkräftet dies wieder, der bisherige Inhaber resignirt, und Abt Egloff von St. Gallen vollzieht auftragsgemäss nochmals die Incorporation der Kirche Vilmergens an Muri. Letzteres lässt sich diese vier genannten Urkunden mehr-

---

*) An Thüring von Arburg hat Margareth Geſſler, Wittwe des Hans v. Fridingen, Schwester Wilhelms, Schloss Schenkenberg und Amt Bözberg am 19. Jan. 1431 verkauft. In der Stadt Brugg hatte sie sich zugleich eingebürgert und wohnte da im eignen Sesshause.

fach vidimiren; in dem Vidimus der Execution durch Abt Egloff von 1433 erscheint unter den adeligen Zeugen: **Ritter Hermann Geßler.**

Pl. Weissenbach, im Schlussbericht der Bremgartner Schulen von $18\frac{56}{57}$, S. 70.

1434

war Junker **Wilhelm Gäfʒler** Zwingherr zu Murj und Hermetschwil und Burger in der Statt Bremgarten.

Register verschiedener Geschlechteren, welche von Jahr zu Jahr in Bremgarten floriret, so vil man deren in alten Schriften, besonders Burger-Bücheren *de Aº 1461* finden können. *Ex opera Franc. Jac Rud. Honegger, Med. Dr., anno 1738.* Quart-Hf., Blatt 20, in der Sammlung des aargau. Histor. Vereines.

1434, 20. Juni, Sonntag vor St. Johann zu Sunngichten.

Hans von Kulm, Weibel zu Meienberg, nimmt für Johann Müller von Unterwalden, eidgenössischen Vogt zu Meienberg, Kundschaft auf über die Eigenleute in der dem Hans Iberg von Luzern zugehörenden Herrschaft Rüßegg; als dortige Leibeigene werden u. A. hiebei bezeichnet: **Henfli Geffler** vnd fin vatter vnd **Hermann Geffler.**

Urkunde im Staatsarchiv Luzern, mitgetheilt durch Herrn Th v. Liebenau, Archivar daselbst.

In Kloster Muri's ältestem Urbarbuch (im aargau. Staatsarchiv bezeichnet mit B. 1, Gross 4º), das noch zur Zeit der österreich. Landesherrschaft verfasst ist und auf diese (Bl. 42) sich bezieht — steht Blatt 70 unter den die Klostergüter zu Wolen innehabenden Lehensbauern:

Die hoffstat, gelegen vffen dorf vnd der Bômgart vffen dorf bi dem Brunnen vnd ein åckerli am Grufacker het petter Meyer. (Hierauf von zweiter Hand:) Des het **henfli geffler** das bômgartli vnd die hofftad vnd git davon *j. quart. filiginis* vnd *j. quart. auene.*

1436, 3. März, Samstag nach der Alt. Fasnacht.

Wir der Schultheß vnd Ŕäte ʒe Bremgarten tûnd kunt menlichem vff Datum diß brieffs, dʒ für vns kommen fin ûlin von Stegan, vnfer vßburgere, vnd hat by im den fromen veften Junkher **Wilhelmen Gäsler**, edeln knechte, vnferen burger vnd getrüwen fründ, Twingherren ʒe Mure vnd Hermantʒwile, als finen herren vnd vogte, offnet wolbedacht u. s. w. — Inhalt: Stegen vermacht der Michaelspfründe an der Bremgartner Stadtkirche einen Speicher in der Unterstadt zu Bremgarten mit allem darin enthaltenen Vorrathe zu einer ewigen Messe. Anwesende: Schultheiss Walther Megger, Walther Roter, Heinr. Schodoler,

Ulrich Gugerly, Cläß Landamann, Rudolf von Wile, ·Rud. Haber-
korn, Rutſchmann Meyenberg, Clay Widmer, Hans Mutſchlin,
Hans Müller, ſämmtlich des Rates. Datum: Nach der alten faß·
nacht nächst vor Chr. geb., do man ʒalt Tuſung vierhundert
Tryſig vnd ſechs jare. — Das Rathsſiegel und dasjenige Geßlers
hangen.

Stadtarchiv Bremgarten.

Aus dem′ Original mitgetheilt von Hrn. Pl. Weissenbach von Bremgarten,
Fürsprech und Präsident des aargau. Gr. Rathes; nachmals in der Zeitschr. Argo-
via 8, 102 unter theilweise geändertem Datum.

1436.

Revers Herman Geſſlers um die Veste Vorst, welche
30 Berner-Mark Burghut abwirft, nebst 65 Gulden Zins von
1300 Gulden Anlehen und vom Kelleramt.

Schatzarchiv Innsbruck.

Schweiz. Anzeig. für Gesch. und Alterth. 1864, S. 62. Regest. no. 126.

1436.

*Beatricem de Clingenberg, Hermanni Gäſzler (Ritteren)
viduam, ſororem ſuam appellavit Clara de Clingenberg, Priorisſa
vallis S. Catharinae.*

*Stanislai Wülberz Analecta Geneal. Helvet., MS., in Zurlaubens Stemmato-
graphia Helvet., tom. 69, fol. 14ᵇᵇ.* (Wülberz hat hier das Prädikat *vidua* anti-
cipirt, denn der Gemahl Hermann Geſʒler stirbt erst vier Jahre später; vgl. Regest
v. 26. Brachm. 1440.)

1439, 28. December, Montag nach Weihnachten, Muri.

Hans von Itental von Boswil, Hans von Werwil von Wolen
und Ulrich Kürſiner von Vilmaringen sind versammelt zu Muri im
Kloster in der Herren Grosser Stuben. Nachdem bereits ein Ge·
richtstag und eine Besichtigung der Güter abgehalten worden, welche
streitig sind zwischen dem Herrn Jörg, Abt des Gotteshauses Muri
und dessen Convent einerseits, anderseits zwischen dem veſten
Jungher Cûntʒman von Sengen, betreffend den Weidgang nebst
Trieb- und Trattrecht auf die Güter und in die Wälder des Dorfes
Rüti, erkennen die Obigen als Schiedsleute auf ihren Eid, die dafür
dargebrachte Kundschaft des Abtes von Muri sei die bessere; sofern
daher Junker Cuntʒman sein Vieh abermals in des Abtes Wälder
zu Rüti treibe, solle es gepfändet werden und er selbst meinen
Herren den Eidgenossen und deren Vögten zu 50 rhein. Gulden

Strafe ohne Gnade verfallen sein. »Vnd deß zů warem veftem vnd
fteten vrkünde, So haben wir alle dry erbetten Den fromen
veften Jungher Wilhelm Geffler, Edelknecht, vogt zů Mure,
vnfern lieben Jungherren, das der fin Infigill, Jm vnd finen erben,
ouch vns vnd vnfern erben vnfchedlich, öffenlich hat gehenckt an
difern brieff zwen gelich, Darunder wir vns binden, wôn wir eigner
Infigelen nit enhabent, Die geben fint vff Mendag Nach dem Heiligen
Wienacht-tag Des Jares Da man zalt von Crifti geburt viertzechen
hundert Driffig vnd Nůn Jare.«

Perg.-Urk., Folio, mit Gefzlers hangendem eingenähten Siegel. — Auf der
Rückseite: »Ein fpruch zwütfchent vns vnd der von Rüti vmb den weidgang.«
Klofterarchiv Muri, Scrin. N II, no. 1, im aargau. Staatsarchiv.

1440.
Junker Wilhelm Geßler, der Stadt Zürich Vogt im
Amte zu Muri.

Urbar der Freienämter von 1651, MS. no. 99 (4⁰), pag. 2, auf der luzern.
Kant.-Bibliothek. — Mittheil. von Hrn. Archivar Th. v. Liebenau.

1440, 26. Januar.
Hermanus Geffler, strenuus Miles, Zeuge in einer Ur-
kunde des Abtes Ulrich von Muri.

P. Martin Kiem, hf. Sammll. zur Gesch. des Stiftes Muri; mitgeth. durch
Hrn. Th. von Liebenau.

1440, 21. Mai, Baden.
Gemeine Eidgenossen antworten dem Hans Wilhelm von
Fridingen, sesshaft zu Hohenkrähen, welcher mehrmals, sowohl
mündlich als schriftlich, von ihnen seines verstorbenen Vetters
Wilhelm Geßler Erbe und Gut, das seiner Mutter und ihm zu-
gefallen, gefordert hatte: Es haben sich auch Hermann Geßler,
sein (Fridingens) Vetter, und Anna von Freiberg, seine Base, für
dieses Erbtheil gemeldet; wenn erst die Erben unter einander sich
vereinbart haben und dann von den Eidgenossen das fragliche Gut
fordern werden, so wolle man ihnen antworten.

Samml. Eidg. Absch. 2, S. 139.

1440, 31. August, Verenenabend, Hohenkrähen.
Hans Wilhelm von Fridingen, Edelknecht auf Hohen-
krähen, schreibt den auf der Tagsatzung zu Baden versammelten

eidgenöss. Boten, aus ihrer Zuschrift vom 21. Mai d. J. lasse sich
die Absicht folgern, das ihm und seiner Mutter zugehörende Geß-
lerische Erbe eidgenössischer Seits nicht verabfolgen lassen,
sondern selber nutzen zu wollen. Denn während ihm dieses Erbe
laut Dokumenten um eine grosse, dem Erblasser dargeliehene Summe
rechtlich verfallen sei, berufe sich jene Zuschrift auf gleichzeitige
Erbansprüche, welche von seinem Vetter und seiner Base, dem
Hermann Geßler und der Anna von Freiberg, zu Baden an-
gemeldet worden seien. Diesen zwei Genannten schlage er hiemit
Recht vor und bei den Eidgenossen dar und wiederhole daraufhin
sein Ersuchen, ihm und seiner Mutter das Geßlerische Erbe aus-
zuhändigen. Falls man sich dessen weigere, so fordere er die Eid-
genossen in jedes ihnen beliebige Recht: vor Kaiser und Churfürsten,
vor den Bischöfen von Strassburg oder Augsburg, vor den Grafen
von Baden oder Wirtemberg, oder vor eines der drei Freigerichte
des St. Georgenschildes, des westfälischen oder des Nürnberger.
Seine an die Eidgenossen zu stellende Forderung betrifft die
Herausgabe folgender Güter: 1) das Amt zu Muri mit Rechtsamen,
Nutzen und Steuern. 2) das Amt zu Hermetswil sammt Zu-
behörde. 3) den Zehnten zu Alikon sammt Zubehörde. 4) Steuer
und Zins zu Meienberg und zu Richensee, sammt Allem, was da-
selbst überhaupt dem Wilhelm Gäßler sel. zugehört hat, »es sige
lützel oder vil.«

Tschudi, Chronik 2, 303.

1441, Freitag 17. März, Bern.
Spruchbrief der Stadt Bern über die dreissig Klagepunkte
der Grüninger Herrschaftsleute gegen deren Obrigkeit von Zürich.

1. Das Amt Grüningen klagt: bei ihnen verfalle der Leib
eines Hingerichteten dessen Verwandten und sein fahrendes Gut
der Herrschaft; Zürich aber nimmt nun liegendes und fahrendes
Gut zusammen an sich.

2. Wer eine ehrliche Verschuldung gerichtlich zu verbüssen
hat, darf dagegen Trostung bieten; Zürich aber lässt auch dann
noch den Trostenden einthürmen.

3. Zürich verwehrt ihnen die Anlagen von Reben in den
Eigengütern, zum Verkauf ihrer Waaren verstattet es ihnen keinen
freien Markt. Bei der Erhebung des Zinskornes nehme es den
mittelgrossen Kernen vorweg und lasse das Hinterste und Vor-
derste, was von der Rellen fällt, als die schwächere Frucht liegen.

4. Es zwinge die Zinsleute, den Zins fertigen zu müssen von der Veste zu Grüningen bis an den Zürichsee. Zürich erwiedert auf dies: »dass die Grüninger dem Geßler das Zinskorn allweg gan Rapperschwyl, oder wohin er wollt, on widerred vertigeten.« Die jetzige Strecke an den See sei aber eine kürzere.

5. Bei dem häufigen Amtswechsel der Vögte werden die Grüninger gezwungen, den abziehenden Vogt mit all seinem Hausrath heim zu fertigen, und den neuen ebenso herbei zu bringen, beides in ihren eignen Kosten.

6. Der Vogt verwehrt ihnen im Gemeindewalde das Holz zum Haus- und Fassbau zu fällen, zwingt sie aber, ihm Holzhäuser und Fässer aus dem Holze ihres Waldes zu fertigen.

7. Wer mit einem Joch Ochsen pflügt, muss dem Obervogte jährlich zwei Garben, dem Untervogte eine geben, jenem einen Tag Frohndienst thun und ein Fastnachthuhn zinsen.

8. Sie sollen dem Vogte das Grüninger Schloss nun das ganze Jahr über beholzen, und erklären: »dass der Geßler sich selbs allwegen beholzet, es wär denn, daß er ein Kind beriet (Tochter aussteuerte) vnd hofen wolt (mit Haus und Hof ansässig machen): So rüft er das Ambt an vmb Holz, vnd ouch das in früntschaft vnd in keim Rechten, deß man jn ouch denn zemal êrete.«

9. Als Zürich Schloß und Amt Kyburg in Versatz nahm, legte es, zur Aufbringung der Kaufsumme, dem Amte Grüningen 800 Pfd. Heller Schatzung auf, obwohl es, da es das Amt den Geßlern abkaufte, versprach, dasselbe eben so wenig wie dessen früherer Herr zu beschatzen.

10. Ehlich nachgelassene Kinder haben im Amte das unbedingte Anrecht auf Vater- und Muttererbe. Unter dem Vorgeben, andere Leibherren möchten sich in das Erbe mischen, macht Zürich nicht die Kinder, sondern das Schloss Grüningen zum Erben.

11. Wer sonst mit einem Zug baute, gab dem Vogte oder dessen Boten, wenn er bei der Ernte selbst auf den Acker kam, eine Vogtgarbe, und zwar aus Liebe und auf Bitte. Jetzt kommt der Vogt in die Häuser und nimmt da mit Gewalt drei der besten Garben aus dem ganzen Stocke weg. Und dies thut er dem Geringsten, der nur eine einzige Juchart in Zins baut, eben so wohl, wie dem Besitzer von vierzigen.

12. In der Gedingstatt stand das unbesteuerbare Weinschen-

ken jedem Bürger zu; wer sich jetzt der Steuer hiefür weigert, den thürmt der Vogt. Als man ihm in der gleichfreien Taverne zu Wald die verlangten 5 β. Zins unter heftigen Worten verweigerte, führte er den Hiefi Babi von dort gefangen aufs Schloss, gab ihm da eine Suppe zu essen (Prügel) und liess ihn dann laufen.

13. Auf schadlosem Messerzucken stand hier früher keinerlei Strafe, auf schädigendem dagegen 30 β., ohne Klage gab's überhaupt keine Busse. Jetzt sind dieselben Bussengelder bis auf 5 Pfd. hinauf geschraubt.

14. Die auf dem Lande angesessnen Burger der Stadt Grüningen seien gleichen Rechtes wie die Inburger und somit fallfrei. Gleichwohl müssen sie nun dem Vogte Fasnachthühner zinsen.

15. Den Bürgern im Amte und auf den Dinghöfen wird das Recht entzogen, den Weibel selbst zu wählen und zu setzen. Früher habe derselbe von einem Pfande nur 4 Heller zu nehmen gehabt, jetzt aber, mit des Vogtes Hilfe erwählt, nehme er bis über 4 β.

16. Das Fischen der Bäche in ihren eigenen Lehen- und Zinsgütern verwehrt ihnen der Vogt, legt die Gewässer in Bann und fischt sie selber aus.

17. Zürich nöthigt die Amtsleute bei Eiden und in ihren eignen Kosten zu Kriegszügen in entfernte Gegenden, ja bis in die Lombardei, während ihr früherer Herr sie nicht weiter dazu verhielt, als dass sie zu Nacht stets wieder in ihre eigne Herberge heim kommen konnten. Zürich wirft dem Amte dagegen ein: Dieses habe »vnder dem Geßler reißen gethon gan Lamparten vnd in das Elſaß.« Hierauf versetzt das Amt: »da ſie mit dem Geßler reißten, daß dann die (Kloster-)Herren von Rüti vnd die von Bubikon jnen mußten Wägen darstellen vnd ſie nach notturft vertgen; darby man merk, wie billich jr (des Amtes) Klegt ſye.«

18. Den Leuten ist auf ihren Gütern bei Busse verboten, Füchse, Hasen, Eichhorn und das Gevögel mit der Armbrust zu schiessen oder sonst zu fangen, da doch das Land des Wildes voll ist und davon Schaden empfängt.

19. Grüninger Burger, die jetzt zu Optiken wohnen, müssen dorten als Ausburger bei 8 Pfd. Haller jährlich Steuer zahlen.

20. Das Erbrecht sei ihnen verkürzt; jetzt wolle die Stadt Zürich das fahrende Gut eines ohne letztwillige Verfügung Verstorbnen auch an sich ziehen.

21. Die zu Stäfa im Hofe besassen sonst ihren eignen (Unter-) Vogt und Hofrichter mit dem Siegelrechte bei Fertigung vogtbarer Güter. Dieser sei ihnen jetzt genommen. Ueberdies gehörten sie gar nicht an das Grüninger Amt, sondern seien freie Gotteshausleute Einsiedelns; »denn ſi hetten vor jaren die Herrschaft allein vmb ein Schwin an ſich genommen, darumb ſi ouch der herrschaft järlich ein namlich Stür von 35 Guldin geben.«

22. Um in ihren Rebbergen lesen zu können, sollen sie jetzt erst auf Zürichs jeweilige Erlaubniss warten und mittlerweile die Trauben am Stocke faulen lassen.

23. Wo bisher kein Kläger war, hatte auch der Vogt kein Recht der Nachforschung. Nun aber muss der Amtsweibel beschwören, alle busswürdigen, wenn auch uneingeklagten Fälle zur Anzeige zu bringen, und der Vogt straft schon auf diese einseitige Meldung hin.

24. Der Vogt nimmt hier Land in Zins und zwingt das Volk bei Eiden, ihm dasselbe zu pflügen und zu ernten. Man muss ihm den Hanf vom Felde in den See führen, da rößen, dann vom See wieder aufs Feld und schliesslich in die Scheune schaffen. Der arme Mann, sei er in seinem oder in Anderer Werkdienste, hat darüber die eigne Nahrung zu verlieren.

25. So oft es dem Vogte missfällt, dass die Geschwornen einen Streitfall nach dem geltenden Rechte einer hiesigen Dingstatt entscheiden, zieht er denselben vor den Rath nach Zürich und annullirt so die landschaftlich geltende Satzung.

26. bis 29. Die vom Hofe zu Wald klagen über mehrerlei Stücke. Ihr Hof besitze das allgemeine Schenkrecht; dennoch habe der Vogt dem Strehler daselbst das Haus in eine freie Taverne umgewandelt. Dem Hofe stehe auch die Weibelwahl zu. Der Vogt aber habe den Strehler zum Weibel ernannt und dieser lege ihre Gewässer in Bann, fische sie aus und zertrete ihnen dabei Gras und Heu. Der neuliche Vogt Schwarzmurer von Zürich habe zu Grüningen die magern Ochsen aufgekauft und sie auf der Weide zu Wald feist werden lassen.

30. Bisher haben die Grüninger in ihren Kosten die Hut der Veste bestritten und verlangen nun von Zürich die Rückerstattung der Ausgaben.

Staatsarchiv Zürich: *Corpus Documentorum Tigur.*, Grüningen VI D, pag. 114 b. — Sammlung von Urkk.-Abschriften in der Bibliothek des aargau. histor. Vereines: »Herrschaft Grüningen, Bd. 44,« pag. 181.

— 168 —

Mit Vorstehendem war der Grüninger-Streit noch nicht geschlichtet. Ein abermaliger Berner Schiedspruch erfolgte 1528 und nimmt in dem vorgenannten *Corpus Document. Tigur.* die Folioseiten von pag. 229 bis 265 ein.

1442, 17. Aug., Zürich.

Vertrag der Stadt Zürich mit König Friedrich III. wegen der ihr versetzten österreichischen Pfandschaften. Da die Stadt unter diesen letzteren auch das Schloss Kyburg eine Weile innegehabt und mit grossen Kosten in baulichem Zustand gehalten hat, so hat der König 2000 rh. Gld. dieser Kosten übernommen und sie zu derjenigen Summe geschlagen, um welche die Grafschaft Grüningen bereits früher der Stadt versetzt worden war. Darum sollen die Zürcher fortan berechtigt sein, die Grafschaft Grüningen also innezuhaben: »als vns die von den Gässlern versetzt ist, vnd ze nutzen ân abschlag der nutz, so lang vnd vil, das (als) die selb grafschaft vnd herrschaft Grüningen von dem obgenanten vnserm gnädigen herren, dem küng, sinen erben vnd nachkommen des hus Osterrich von vns geledget vnd gelost wirt mit der summ, als sy denn von den Gesslern versetzt ist, ouch mit sampt disen zwey thusend guter rhinscher guldin, so der ieczgenant vnser gnädigister herr vns iecz daruff geschlagen vnd gesetzt hat; derselben losung wir vnd vnser nachkomen den erben vnd nachkomen des hus Osterrich statt tun vnd gehorsam sin sullen vnd wellen nach sôlicher pfantbrief sag, von den Gâssleren vnd ouch dem ieczgenanten vnserm gnâdigen herren dar vber gegeben, wann vnd zu welicher zit sy des begern, ân widerred, alles vngeuarlich.

Jos. Chmel, Materialien zur österreich. Geschichte 1, S. 104. Daraus abgedruckt in der Sammlung Eidgen. Abschiede 2, S. 796 bis 801. — Staatsarchiv Zürich, Abthl. Grüningen, Bündel 3, no 31.

1442.

Streitsache zwischen Johann Hort, Comthur zu Hohenrain, und dem Kirchmeier von Sins wegen angeblicher Verpflichtung der Commende Hohenrain, jährlich 6 Mütt Nüsse an die Sinser Kirche zu entrichten in Folge einer Vergabung »der Herren, genempt Geffler.«

Rathsbuch von Luzern V, fo XXXIII; Mitthl. durch Th. von Liebenau.

1444, 20. Juni, Zürich.

Vff den zwentzigoften tag des mannodes Brachentz bezeugt

vor Propſt Dr. Matthäus Nithard in Zürich und vor Notar Joh.
Kaltſchmied, Kaplan daſelbſt, »Rügger Geſler, ein veldſiech
in dem feldſiechhus ʒe ſant Jacob vor Zürich« : Die Schwyzer
und ihre Helfer haben in der Kapelle des Siechenhauſes einen
Edelmann Namens Mittelhuſen »vnd ſuß einn redlichen man er-
ſchlagen,« das Siechenhaus ausgeplündert und in demſelben dreis-
sig Eimer Wein weggetrunken. Geſler, habe befürchtet, man
zünde das Siechenhaus an; »von einem vaſt gewaltigen Eidgenoſſen
habe er gehört, dass er ſpreche: O daʒ gott allen kilchen vnd
allen den, ſo kilchen je erdacht haben, hundert tuſend vallend
übel geb!«

Staatsarchiv Luzern, Akten: Zürichkrieg. Mitgetheilt von Herrn Archivar
Th. von Liebenau.

1444, Aach.

Friedrich, Römiſcher König, Herzog zu Oeſterreich etc., als
der älteſte und regierende Fürſt des Hauſes Oeſterreich, erkennt:
Da die Stadt Zürich Schloss und Grafſchaft Kyburg inne gehabt,
an sich gelöst, mit grossen Kosten in Bau erhalten und gütlich
wieder zu Oeſterreichs Handen zurückgegeben habe, so wolle er
die Stadt für ihre gehabten Kosten mindeſtens zu einem Theile
entschädigen; aus absonderlichen Gnaden schlägt er ihr daher auf
die ihr von den Gäßleren um 8000 Gld. versetzte Grafſchaft
und Herrſchaft Grüningen weitere 2000 rh. Gulden auf so lange,
bis genannte Herrſchaft mit jener und mit dieser jetzigen Summe
vom Hause Oeſterreich geledigt und eingelöst werden wird.

»Grüeningen, Amtsrecht und Urkk., copiert nach dem Canzley-Exemplar;«
aargau. Kt.-Bibl.: MS. Bibl. Nova 33 folio, pag. 57.

1446, 15. August.

Bürgermeiſter und Rath von Schaffhauſen ſchreiben an den
eidgen. Vogt in Baden: Sie haben mit Vergnügen vernommen,
dass die eidgen. Orte ihren Streit mit Hans Wilh. v. Fridingen
auf Hohenkrähen mittels einer nach Ulm anberaumten Tagfahrt
beilegen wollen. Allein Fridingen habe nach Schaffhauſen ge-
meldet, »es wurde Jm ʒu lang;« dagegen sich geneigt erklärt,
einen Tag in Kaiserſtuhl zu besuchen, ſofern ein ſolcher bald
angeſetzt werde. Sie bitten dringend, dieſem Wunſche zu ent-
ſprechen, »dann als wir vernemmen, ſo ligen vil buben und lüt
by dem von Fridingen und iſt ʒu beſorgen, das unſern fründen

den aitgnoſſen und den Ircn gröſſerer ſchaden denn noch bitzhar
zugezogen möcht werden.«

Missiv im luzern. Staatsarchiv; Mitthl. durch Herrn. Th. von Liebenau.

1446, 20. Okt., Luzern.

Schultheiss und Rath zu Luzern und Gemeiner Eidgenoſſen
Rathsfreunde, ebenda versammelt, bescheinigen den Empfang eines
Schreibens vom Bürgermeister und Rath zu Ulm, welches anzeigt,
dass die Letzteren den Rath der Stadt Augsburg um einen Ob-
mann zur Friedensstiftung zwischen Zürich und den Eidgenossen
gebeten und zugleich des Hans Wilhelm von Fridingen
wegen unterhandelt haben. Dies verdanken die Eidgenossen und
bitten, Ulm möge die von Augsburg vermögen, dass sich deren
Bürgermeister, Peter von Argun, der Uebernahme der fraglichen
Obmannschaft unterziehen wolle.

Staatsarchiv Luzern.
Sammlung Eidgen. Abschiede 2, 208.

1446, 17. Nov., Luzern.

Die auf obigen Tag nach Luzern einberufenen eidgenössischen
Boten berathen über die vom Landvogt zu Baden übersendete
schriftliche Abrede eines Waffenstillstandes mit Hans Wilh. v.
Fridingen, und über ein aus Augsburg eingelaufenes Schreiben,
betreffend den wegen dieser Fehde zu stellenden Augsburger
Obmann.

Staatsarchiv Bern. Eidgen. Abschiede 2, 209.

1446, 29. Nov.

Schultheiss und Rath von Solothurn melden an Luzern: Bür-
germeister und Rath von Basel wären geneigt, in der mit dem
von Fridingen waltenden Erbstreitigkeit, die doch meist die
Luzerner angehe, einen Vermittlungsversuch zu unternehmen, und
erbitten sich eine Rückäusserung.

Missiv im luzern. Staatsarchiv, mitgetheilt durch Herrn Th. von Liebenau.

1446, 12. Dez., Lindau.

Peter von Argun, Burger und des Rathes von Augsburg, mit
sechs andern Tädigungsmännern, von ihm gewählt aus den Räthen
der Städte Lindau, Konstanz und St. Gallen, verhört auf einem
gütlichen Tage die zwei streitenden Parteien: einerseits die Boten

der VII Eidgenössischen Orte, anderseits den frommen festen
Hans Wilhelm von Fridingen auf Hohenkrähen, und ver-
gleicht die zwischen ihnen seit längerer Zeit währenden Spänne,
Feindschaften und Kriege dahin, dass sie beiderseits sich geeinigt
haben, um ihre gegenseitigen Ansprachen auf Burgermeister und
Rath der Stadt Ulm kommen lassen zu wollen. Todtschlag und
Brand, die sich während des Krieges erlaufen, sollen abgethan
sein und nicht geäfert, (gerichtlich nicht wieder anhängig gemacht
werden), die Gefangenen sollen frei gegeben, die noch ausstehen-
den Schatzungsgelder nicht weiter einbezahlt, geschehene Weg-
nahmen als um zeitlichen Schaden berechtet und die bis zum
Austrag dieser Richtung inzwischen gefangen Genommenen ohne
Entgelt freigelassen werden. An Statt und auf Bitte des von
Fridingen besiegelt die Urkunde Thüring von Hallwil der Aeltere,
Herzog Albrechts von Oesterreich Rath.

Staatsarchiv Luzern. Sammlung Eidgen. Abschiede 2, 210.

1447, 23. Sept., Einsiedeln.

Georg und Heinrich Geffler, Gebrüder, Söhne Herrn
Hermann Geßlers, sel. Ritters, bieten um ihre Forderungen den
auf dem Tage zu Einsiedeln versammelten Boten der Eidgenossen
Recht dar auf den römischen König, den Pfalzgrafen bei Rhein,
den Markgrafen von Baden, auf die Grafen Ludwig und Ulrich
von Wirtemberg, die Bischöfe von Constanz, Augsburg und
Basel, die Bürgermeister und Räthe von Constanz oder Ulm, —
welchen dieser Fürsten und Herren, oder dieser Städte und Räthe
die Eidgenossen wählen wollen. Sie fordern Antwort binnen
14 Tagen auf das Schloss Krayen.

Entscheid der eidgen. Boten zu Beggenried von gleichem
Jahre: Man solle darüber berathen, »wie man der Kraygen-lüten
vnd ander fömlicher lüten abkome,« den Geßlern soll man binnen
14 Tagen auf ihren Brief antworten.

Eidgen. Abschiede II, S. 222, no. 330, 331.
Rüdiger Richiner von Sulz (Frickthal) und Hans Schmid von Hegglingen
(Freienamt) hatten während des Alt-Zürichkrieges als Söldner in der eidgen. Be-
satzung zu Mellingen gestanden und da ihren Sold nicht voll ausbezahlt erhalten. In
Verbindung mit 14 anderen ihrer Spiessgesellen richteten sie ihre Geldforderung
bald gegen den Schultheiss von Mellingen, bald gegen die Eidgenossen und über-
gaben die Ansprache zuletzt dem Hans Wilhelm von Fridingen auf Hohenkrähen,
der sammt seinen Schwägern, Heinrich und Georg Gefzler, im Erbschaftsstreite mit
der Tagsatzung lag. Von nun an griffen jene zwei Söldner zur Selbsthilfe, schatz-

ten und brandschatzten, fiengen den Urner Landammann Rud. Fries und hielten ihn im Hegau in Gewahrsam. Wegen gehäufter Gewaltthätigkeiten setzte die Tagsatzung am 21. Dez. 1447 einen Preis von 40 Gulden demjenigen aus, der den Richiner oder den Schmid ersteche, und weitere 20 Gulden demjenigen, der einen von ihren Kreyen-Lüten umbringe. Nach 4 Jahren endigte diese Heckenreiter-Geschichte durch Vergleich am 6. Aug. 1449. Eidgen. Abschiede II, 234.

1447, 30. September.

Der Gebr. Geßler Schreiben an die eidgenössischen Orte.

Vnfer dienft ʒu vor, gemayn aidgenoffen. Alß wir úch nechft in ainem brieff, deʒ datum wifet vff fant matheustag im ꭓlʋij Jare, gefchriben vnd an úch geuordret nach jnhalt deʒ felben brieffs, darvff vnsʒ noch bysher völlig antwurt nit worden ift; denn Wernher Blum von fchwitʒ, vogt ʒu Baden, haut vnsʒ gefchriben, Jr wellent vnsʒ nayeßwan antwurtten, fo Jr wider ʒufamen komen (mit mere wortten, jn dem felben brieff begriffen), daby wir nit anders verftan künden, denn daʒ Jr vnsʒ die fachen verʒiechen wellent, daʒ vnsʒ doch nit lidenlich von úch ift — Aber wie dem ift, fo bitten, vordren vnd begeren wir an úch, in maufʒ alfʒ vor, vnsʒ vmb föllich gut, in dem vordrigen brieff begriffen, wandel vnd bekerung ʒu tund, oder aber vnsʒ der rechten ains, in dem obgemelten brieff begriffen, jn ʒu gênd; defter gerner wir tun wellent, waʒ úch lieb vnd dienft ift. Sölltent Jr aber föllicher billicher vordrung oder rechtlichen gebotten, úch von vns befchächen, nit fürderlich nachkomen, vnd vnsʒ die fachen lenger verʒiechen, fo möchten wir nit abfin, wir müfʒent vnsʒ von úch erclagen vor fürften, Heren vnd ftetten, vnd ouch vnfer Heren, fründ vnd gefellen raut haben, waʒ vnsʒ gepurtti gen úch für ʒu nhemen. Ewer verfchriben antwurt (verlangen wir) by dem botten, oder jn vierʒechen tagen, den nechften nach datum difʒ brieffs, gen Krägen vff daʒ fchloß jn dem Hegöw gelegen. Geben vnd befiglet von vnfer bayder wege mit mi's Hainrichs Geßlers fiegnet (gebreften halbs diß ʒyt vnfer Infigel) vff Donftag nach fant Michelstag anno domini ℳo. ℭℭℭℭo. ꭓlʋiio.

Jörg vnd

Hainrich Geßler.

Adresse: An den fürfichtigen vnd wifen, dem vogt ʒu Baden, vnd gemain aidgenoffen von den ftetten vnd lendren.

Das Schreiben ift auffen mit einem Siegelring, der das Geʒlerwappen zeigt, befiegelt.

Miffiv im luzern. Staatsarchiv, mitgetheilt durch Hrn. Th. von Liebenau.

1447, 31. October, uf aller hailgen Aubend.

Gery und Hainrich Gäffler, Gebrüder, schreiben an Schult-
heissen, Vögte und Räthe der Städte, Länder und Orte gemeiner
Eidgenossen: Sie hätten Zurückstellung des Vermögens verlangt,
dessen ihr Vater sel. Herr Herman Gäffler »in den nächften kriegen«
von den Eidgenossen entwehrt worden; daraufhin aber habe der
Vogt von Baden, Werner Blum, blos die Antwort ertheilt, dass
die Eidgenossen bereit seien, über das Begehren vor Bürgermeister
und Kleinrath zu Ulm einen »vnuerdingten rechtstag zu leisten.«
Sie verlangen nun entweder sofortige Restitution, oder Einleitung
des wirklichen Prozesses und würden längere Verzögerung nicht
mehr dulden. Innerhalb 14 Tagen gewärtigen sie schriftlichen Be-
scheid auf Schloss Krähen.

Luzern. Missiven, mitgetheilt von Hrn. Th. von Liebenau.
Ein »vnuerdingter rechtstag« ist eine Privatunterhandlung, an deren Entscheid
man durch keinen rechtskräftigen Vertrag gebunden ist.

1447, 7. November, tertia ante Martini.

»Gemeiner eidgnoffen Ratzfründ, zu Lucern verfampnot,« schrei-
ben »den veften Jörgen vnd Heinrichen Gefflere, Gebrü-
deren,« man sei bereit, ihnen gleichzeitig mit den Herzogen von
Oesterreich in Ulm vor Recht zu stehen und habe den Rath da-
selbst gebeten, den Rechtstag hiefür zu verkünden.

Luzern. Missiven, mitgetheilt von Hrn. Th. von Liebenau.

1447, 13. Nov., „Krägen in dem Högöw".

Jörg und Heinrich Geßler, Gebrüder, schreiben an Ge-
mein Eidgenossen: derselben Anerbieten, die Geßlerischen Erb-
schafts-Anforderungen zugleich mit dem Prozesse der Herzoge von
Oesterreich auf einem und demselben Tage zu Ulm definitiv er-
ledigen zu wollen, sei sehr befremdend; da hiebei die Eidgenossen
sich den Anschein gäben, als hätten sie Gegenforderungen zu stellen.
Wie dem aber sei, so nehmen die Geßler, um die Sache endlich
zum Austrag zu bringen, das Rechtserbieten unter dem Vorbehalt
an, dass der Rechtstag innerhalb kurzer Frist angesetzt werde. Ge-
schähe solches nicht, »fo verftünd menklich wol, das Jr ferrer ge-
walt vnd mutwillen mit vns triben wolten, das vns doch von úch
vnlidenlich fin fölt.« Sie verlangen binnen 14 Tagen Rückantwort.

Missiv im luzern. Staatsarchiv. Mitgetheilt durch Hrn. Th. von Liebenau.

1447, 24. November.

Bürgermeister und Rath von Ulm ersuchen Schultheiss und Rath von Luzern um Mittheilung, wann der Rechtstag gegen Hans Wilh. von Fridingen und dessen Mithafte stattfinden soll.

Missiv im luzern. Staatsarchiv; Mitthl. durch Hrn. Th. von Liebenau.

1447, 28. November, Luzern.

Der Eidgenossen zu Luzern versammelte Boten antworten den Brüdern Georg und Heinrich Geßler: ihnen, den Boten, sei auswärts nur für die Verhandlungen mit der Herrschaft Oesterreich sicheres Geleite zugesagt und, wie sie den Geßlern schon einmal geschrieben, würden sie daher für einen mit ihnen zu Ulm zu leistenden Tag vielleicht der erforderlichen Sicherheit ermangeln. Damit die Geßler aber sich überzeugen, dass es den Eidgenossen nicht um Rechtsverweigerung zu thun sei, erbieten sie sich ihnen zu Recht auf Bürgermeister und Räthe zu Lindau oder zu Ueberlingen, je nach Wahl, doch so, dass, da beiderseitige Ansprachen verhandelt werden, ein Recht mit dem andern gehe. Sie verlangen Antwort durch den rückkehrenden Boten.

Eidg. Absch. 2, no. 333.

1447, 7. Dezember, Freitag nach St. Niklaus, Luzern.

»Gemeiner Eidgenoſſen Ratzfründ« schreiben an Bürgermeister und Rath von Ulm, sie können deſswegen den Gebrüdern Georg und Heinrich Geßler nicht so schnell in Ulm vor Recht antworten, weil sie »in der Rifiere vnd allenthalben vſſer« kein sicheres Geleite besitzen; nur wenn gleichzeitig die Friedensverhandlungen mit den Herzogen von Oesterreich ihren Fortgang nehmen, könnten ihre Gesandten nach Ulm kommen. So ferne aber der Rechtstag an ein gelegenes Ende, nemlich innerhalb desjenigen »Rieſes« gesetzt werde, als wohin sie gesichert zu gelangen vermögen, scien sie bereit mit den Geßlern zu verhandeln.

Concept im Staatsarchiv Luzern, mitgeth. von Hrn. Archivar Th. v. Liebenau.

1447, 29. Dezember.

Bürgermeister und Rath von Ulm verkünden dem Schultheissen und Rath von Luzern und Gemeinen Eidgenossen, dass der Rechtstag im Streite mit Hans Wilh. von Fridingen auf den 25. Januar nach Ulm angesetzt sei.

Missiv im luzern. Staatsarchiv; mitgetheilt durch Hrn. Th. von Liebenau.

1447, o. T.

»Friderich von Wartenberg, Abt des Gotteshaufes Reichenau, hat das ftift-reichenauifche Lehengütlein ʒu Ober-Lauchringen ver-lyhen Hainrich Geßlern. Giltet järlich 4 mut Rocken, 6 mut Haber, 1 Herbfthůn, 1 Vaßnachthůn, 50 Ayer; ift lehen der Frawen als dem Mann, vnd der Dochter als dem Knaben.«

›Nach einem alten Auffchrieb.‹ — Zeitfchr. für die Gefch. des Oberrheins, 22, S. 164.

Ober-Lauchringen, Dorf im Kletgau, links an der Wutach, Grossherzog-thum Baden.

1448, 16. Februar, Samft. vor Reminiscere, Schloss Kreyen.

Jörg und Hainrich die Geßler schreiben dem »erfamen wifen Wernhern Plumen, Vogt ʒe Baden, vnd gemaynen aydgnoffen der ftetten, lendern vnd Orttren,« dass sie endlich eine bestimmte Antwort auf ihre Anforderung verlangen; »dan wo das nicht be-fchech, fo wurd mengclich, wer folich vnfer vordrung vnd gefchriften hören wird, wol vernemen, dʒ Jr noch mer gewalt vnd mutwillen mit vns triben, vnd wolten wir vns von üch verklegen vor fürften, herren vnd ftetten, ouch vor aller erberkeit, dʒ Jr vnfrem vatter vnd vns gewalt vnd vnrecht getan hetten vnd noch teglich vnder-ftunden ʒu tund« etc. Sie verlangen innerhalb 14 Tagen fchrift-lichen Bescheid.

Luzern. Missiven, mitgetheilt von Hrn. Th. von Liebenau.

1448, 19. Februar, feria tertia post Reminiscere.

Bürgermeister und Rath von Schaffhausen an Schultheisse, Ammänner und Räthe der Eidgenossen.

Auf dem Tage zu Basel haben die eidgenöss. Boten sich bereit erklärt, mit Hans Wilh. v. Fridingen und den beiden Geß-lern einen freundlichen Tag in Schaffhausen abzuhalten. Die drei Letztgenannten seien nun bereit, auf Montag nach dem Palmtag diese Tagfahrt zu besuchen, verlangen aber sicheres Geleite.

Luzern. Missiven, mitgetheilt von Hrn. Th. von Liebenau.

1448, 26. Februar, Luzern.

Die versammelten eidgenöss. Boten beschliessen: Da den Geßlern ein freundlicher Tag nach Schaffhausen zugesagt worden ist, so solle man nächsten Montag zu Beggenried berathen, mit welchen Vollmachten man die eidgenöss. Boten dahin senden wolle.

Eidg. Abfch. II, no. 342.

1448. Instruction zur Abwehr der Gesslerischen Rechts-
ansprüche.

»Botten vff den tag gen fchaffhufen, als v o n d e r g e f f l e r e n
w e g e n, föllent gewalt haben, als hienach ftat.

Item das man vaft darvff lige, dʒ man Jnē nützit gebe. Möcht
aber dʒ nit fin, das denn die Botten gewalt haben, ein teding ʒe
treffen, als man mit Wilhelmen feligen überkomen was, oder aber
vmb ein befcheiden gelt, vmʒ dʒ fi nützit mit vns ʒe fchaffen hetten.
Möcht dʒ alles nit fin, das fi dann vff den tag ʒe pfingften gen
Baden koment, Da wölt man fi hin geleiten nach notdurft. Möcht
das alles nit fin, das man dann vff dem Recht ʒe Vlm vaft ligge,
dar vff wir vns gegen Hanfwilhelmen von F r i d i n g e n veranlaffet
haben. Wurden fie vns all andre Recht für flahen, darvff fölten
die boten der Rîchftetten botten Rat haben; vnd wurde Jnen da
geraten vff dekein Recht vnd fi öch felber bedüchti, darumb föllent
die boten nit gewalt haben, dann dʒ heim bringen.«

˒Staatsarchiv Luzern, Allgemeine Abschiede A, 67. Mitgeth. von Hrn. Archivar
Th. von Liebenau.

1448, 2. März, Samstag vor Lätare.

Bürgermeister und Rath von Schaffhausen übersenden Ge-
meinen Eidgenossen den für Letztere von Wilhelm Fridingen und
den Geßlern ausgestellten Geleitsbrief mit der Meldung der beiden
Parteien anberaumten Tagfahrt. Der Geleitsbrief lautet:

»Wir nachgenanten W i l h e l m v o n F r i d i n g e n, H a i n r i c h
v n d J ö r g g e f f l e r, gebrüder, bekennen mit difem brieff: Als die
Erfamen wifen Burgermaifter vnd Raut der Statt Schauffhufen,
vnfer guten fründ, ainen gütigen vnuerbundenen tag gen gemainen
Aidgenoffen an ainem, vnd vnfer des andern tails, von fpenn wegen,
fo ʒwüfchen vns find, in ir Statt Schauffhufen vff mitwochen ʒu
nacht nach dem Sonnentag *quasi modo geniti* ʒu vsgang der ofter-
wuchen ʒu find, uff morndes donrftag (4. April) ʒu den fachen ʒu
griffen, gefetʒt haben, — das wir da für vns vnd alle die vnfern
vnd mengclich von vnfern wegen geleit, troftung vnd ficherhait
geben den botten, fo von der Aidgenoffen wegen den vorgemelten
tag fuchen, vnd ouch denen, fo von iren wegen darʒu kommen
werden, by dem tag darʒu vnd wider an Jr gewarfami, vngeuer-
lichen. Mit vrkund dis brieffs geben vnd mit minem, Hanns Wil-
helms von Fridingen von min felbs, ouch durch vnfer vorgenannten
Hainrichs vnd Jörgen Gefflers ernftlicher bett willen, Infigel ver-

figelt, mangel halb der vnfern, by end der gefchrifft getrugkt, vff Samftag vor dem Sunnentag *letare*. Nach Crifti geburt vierzehenhundert viertzig vnd Acht Jar.

Staatsarchiv Luzern. — Abfchriftl. Einsendung durch Hrn. Archivar Th. von Liebenau.

1448, 18. März.

Bürgermeister und Rath von Schaffhausen schreiben an die eidgenössischen Orte, der gütliche Tag mit Hans Wilhelm von Fridingen und den Geßlern könne Donnerstag nach Quasimodo (4. April) stattfinden; sie senden ihnen zu diesem Zwecke einen von Fridingen und den Geßlern ausgestellten Geleitsbrief und melden deren gegebenes Versprechen, dahin wirken zu wollen, dass auch Richiner und Schmied diesen Tag besuchen.

Missiv im luzern. Staatsarchiv, Mitthl. durch Hrn. Th. von Liebenau. Ueber die zwei letztgenannten aargauer Söldner handelt das Regest vom 23. Sept. 1447.

1448, 6. April.

Heinrich Geßler schreibt an Bürgermeister und Rath von Schaffhausen als Nachtrag zu einem so eben an sie gerichteten Briefe, er könne und wolle »den fachen nit nôchgôn vnd kein femlich böf gelt für min vätterlich erbe nemen.« Er dankt ihnen für ihre freundlichen Bemühungen und bittet sie, dahin zu wirken, dass die Eidgenossen mit ihm, statt in Ulm, zu Konstanz ins Rech treten. Die Rückantwort wolle man an seinen Vetter Hans Wilh. von Fridingen nach Krähen senden.

Gleichzeitige Copie im luzern. Staatsarchiv, mitgetheilt durch Hrn. Th. von Liebenau.

1448, 8. Mai, Mittwoch vor Pfingsten, Augsburg.

»Anna von Freyberg, Wittwe, geboren ain Gäfflerin«, schreibt »den fürfichtigen und weifen Stetten vnd gemainen Aidgenoffen«, sie möchten ihr »das väterlich vnd müterlich vnd brüderlich erbe geben«, wie sie schon in Ulm in der hinteren Ratsftube den Rudolf von Ringoldingen und andere Ratgefellen darum gebeten. Sie erwähnt des von ihren Brüdern und Schwestersöhnen ihr gestellten Begehrens, dass sie auf ihre gegenwärtigen Ansprüche verzichten solle.

Gleiches Jahr, Ort und Datum.

Peter von Argun zu Augsburg schreibt den Eidgenossen: »die veft Anna Gäßlerin, des ftrengen Her Cafpers von Freyberg, ritters fäligen, eeliche wittibe‹, habe ihm erzählt, wie sie sowohl, als auch etliche Fürsten und ihre angebornen Freunde schon mehr. mals die Eidgenossen ersucht, ihr Erbe ihr zukommen zu lassen, und wie man ihr zuletzt in Ulm versprochen habe, ihren Wunsch zu gewähren, wenn sie sich mit ihren Miterben vereinigen könne. Sie sei nun aber nicht daran schuld, dass diese Vereinbarung nicht zu Stande komme. Argun bittet, ihrem Gesuche zu entsprechen und erbietet sich als Schiedsrichter ›in anfehen, das fy vnd Jre kind fich allwegen mit aller güttlichkait gern früntlichen mit Euch hätten veraint.‹

Luzerner Missiven, mitgetheilt durch Hrn. Archivar Th. von Liebenau; vgl. Kopp, Gesch.-Bl. 1, 244, letzte Note: Luzerner Abschiede A, 95ª.

1448, 12. Mai (Pfingsten).

Instruction für die luzernischen Gesandten auf den Tag nach Baden.

›Item das Hanfwilhelmen von Fridingen vnd den Geffler geantwurt werd. Vnd föllent vnfer botten gelimpfen, möcht man mit Hanfwilhelmen verkommen vmb ain befcheidens, das er vns fin Rechtung öch zufügte, das vns das gefellig were; möcht dz nit fin, dz wir denn by dem veranlaßten Rechten ze Ulm beliben. Wölte er aber dz Recht necher bieten oder an gelegner Ende fürer früntlich tag leiften, dz gefiele vns öch. Vnd als der Geffler vnder anderm Recht büt vff die von Coftenz: das wir Jm Recht büten gen Überlingen, Lindow, Schaffhufen, Sant Gallen etc. Doch was ander botten all oder den mer teil dunkt, mit denen fol er ouch gewalt haben.‹

Allgemeine Abschiede A, 100, im Staatsarchiv Luzern; mitgetheilt von Hrn. Th. von Liebenau.

1448, 12. Mai, Baden.

Die Tagsatzung antwortet dem Burgermeister von Augsburg, Peter von Argun, auf seine für Frau Anna Geßler, Hrn. Caspars von Freiberg sel. eheliche Hausfrau, eingelegte Verwendung: Der Eidgenossen Boten haben genannter Frau auf dem Tage zu Ulm bereits Antwort auf ihr Begehren gegeben, dahin lautend, dass sofern die Parteien, welche zu dem Geßlerischen Erbe recht zu haben meinen, alle zusammen stünden, ihnen die Eidgenossen in Minne oder Recht wohl antworten wollten. Doch dem Burgermeister zu Ehren wolle man es ihm überlassen, wenn die genannte Frau, die Söhne Hrn. Herm. Geßlers sel., und Hans Wilh. von Fridingen zusammen ihm das vertrauten, dass er den Eidgenossen in dieser Sache an ein ihm gelegenes, nur nicht zu entferntes Ort Tagfahrt ansetze. Man hoffe, dass die Obrigkeiten dieses Anerbieten der Tagsatzungsboten genehm halten und auf dem Tage nach Glimpf und Ehren antworten lassen werden.

Samml. Eidg. Absch. 2, no. 343.

1448, 12. Mai, Pfingsten, Baden.

Abschied der Jahresrechnung.

Item dem Geſſler iſt erlöpt, die V. Mütt kernengeltʒ ʒe löſen vff einem ʒechenden ʒe Meyenberg. Vmb die V. malter geltʒ ſol ſich der vogt von Meyenberg vmb ervaren, wie es dar vmb ſtand, vnd ſol man dʒ bringen vff den tag gen Lucern vmb dʒ, ob man jm ſi ouch gunnen welle ʒe löſen, won (weil) er ſi ſelb vor verſetʒt hat.

Staatsarchiv Luzern, Allgemeine Abschiede A, 104. Mittheil. durch Hrn. Th. von Liebenau. — Jahresrechnung benannten die in den Gemeinen Herrschaften gemeinsam regierenden Kantone ihre in der Stadt Baden jährlich um Pfingsten abgehaltenen Sonder-Tagsatzungen, weil bei letzteren hauptsächlich die von den Landvögten in den Unterthanenländern erhobenen Bussengelder verrechnet und auf die betreffenden Kantone baar vertheilt wurden.

1448, 17. Mai, Freitag nach Pfingsten, Baden.

Die eidgenöss. Boten melden an Bürgermeister und Rath von Schaffhausen: Bei der mit den Geßlern und Hans Wilhelm v. Fridingen zu Schaffhausen letzt abgehaltenen Conferenz habe man sich geeinigt, dass Fridingens Streitsache vor dem Rathe zu Ulm, diejenige der Geßler durch Herzog Ludwig, Pfalzgrafen bei Rhein, entschieden werde. Der eidgenöss. Orte Bereitschaft hiezu möge nun der Rath von Schaffhausen jenen beiden Klägern anzeigen.

Luzerner Abschiede, mitgetheilt von Hrn. Archivar Th. von Liebenau.

1448, 3. October, Donnerstag nach St. Michael.

Jörg und Heinrich Geßler schreiben an den Vogt von Baden und an gemeine Eidgenossen: schon im J. 1447 an Matthäus Tage hätten Beide ihnen in gleicher Angelegenheit ein Schreiben überschickt, auf welches Vogt Wernher Blum von Schwyz erwiederte, dass dasselbe bei der nächsten Tagsatzung besprochen werden solle

Sie bitten nunmehr um schnelle Erledigung, damit sie nicht ge-
nöthigt werden, anderwärts zu klagen, und verlangen innerhalb
14 Tagen Antwort auf ihr Schloss Krähen im Höhgau. Siegler:
Jörg Geßler.

Luzerner Abschiede, mitgetheilt durch Hrn. Archivar Th. von Liebenau.

1448, 18. Nov., Montag nach St. Martin, Schloss Krähen.

Jörg und Heinrich Geßler, Gebrüder, schreiben dem Vogt
von Baden und gemeinen Eidgenossen: der Antrag der Tagsatzung,
ihnen in Ulm zu Recht zu stehen und zwar in der gleichen Zeit
wie den Herzogen von Oesterreich, so dass mit dem dort erfolgen-
den Spruche die Sache der Herzoge und der Geßler zumal erledigt
sein solle, sei ihnen befremdend, und überdies heisse es in diesem
Anerbieten auch, es sollten sodann die Geßler auch den Eidgenossen
gerecht werden. Sie aber seien den Eidgenossen in keinerlei Hin-
sicht pflichtig oder schuldig, darum begehren sie vor Allem zu
wissen, was denn die Eidgenossen eigentlich von ihnen verlangen,
alsdann seien sie bereit, den Rechtstag zu besuchen. Jedenfalls
aber solle hiezu nur ein kurzer Termin gestattet sein, und sie
werden nicht zugeben, dass die Eidgenossen »ferner gewalt vnd
mutwillen mit vns triben.«

Luzerner Abschiede, mitgetheilt durch Hrn. Archivar Th. von Liebenau.

1448, Innsbruck.

Jörg Geffler giebt seinem Bruder Heinrich Gewalt, mit
seinem Lehen zu handeln.

Schatzarchiv Innsbruck.
Schweiz. Anz. für Gesch. 1864, S. 62, Regesten no. 131.

1449, 17. Mai, Hohenkrähen.

Hans Wilhelm von Fridingen schreibt dem Vogt zu Baden
und der eidgenöss. Tagsatzung: In ihrer Antwort auf seinen Brief
vom 4. Mai haben sie ihn auf die Verhandlungen in Ulm verwiesen.
Dies aber befremde ihn um so mehr, als sie zu Ulm sich nicht
durch solche Bevollmächtigte haben vertreten lassen, die auch mit
ihm zu unterhandeln autorisirt gewesen wären. Sie haben überdies
die mit ihm eingegangene Richtung nicht gehalten, denn sonst lebte
sein Knecht Hans Schumacher noch, der in Baden getödtet worden
sei. Er fordere sein Erbgut heraus und Entschädigung für den
erstochenen Knecht.

Missiv im luzern. Staatsarchiv, mitgetheilt durch Hrn. Th. von Liebenau.

1449, 31. October, Joh. Gesslers Beichtzettel.

Ego Frater Jodocus Walcher, monachus et parochus Mona-sterii Montis Angelorum, Const. Dioec., notifico discretum fratrem Johannem Gessler, praesentium laborum Monasterium visitasse memoratum, misique ibi sua peccata, prout in memoria habuit fideliter, et devote esse confessum et, ut spero, contritum. Quare salutare ei emendatione imposita, auctoritate misi commissa eum absolvi, in cujus testimonium litteras sibi sub meo sigillo con-sueto tradidi sigillatas sub anno Dmi. 1449 in vigilia omnium Sanctorum.

Codex pergameneus in 4° in Bibliotheca Angelomontana, vulgo Engelberg, continens Sermones in diebus Dominicis et festis de Tempore per totum annum, a fratre Jodoco Walcher, omnacho et parocho Engelbergensi, obiit 1460.

Catalogus Angelomont. Mss., pag. 338.
Zurlauben, Stemmatographie Bd. 83, pag. 51; Bd. 84, pag. 462.

1450, vor 24. April, o. O.

Zürichs Gesandter stellt auf der Tagsatzung den Antrag, diese wolle, versammelt zu Zürich oder zu Baden nächsthin, mit Hans Wilhelm von Fridingen eine freundliche Tagfahrt halten seiner Ansprache willen, die er an die Eidgenossen zu haben vermeint. Die eidgen. Boten nehmen den Antrag *ad Referendum* und werden an Zürich beförderlich antworten, ob man eine solche Tagfahrt genehmige oder nicht.

Sammlung Eidgen. Abschiede 2, S. 242.

1450, 18. Sept., Luzern.

Die Tagsatzungsboten beschliessen: Jeder Ort solle auf 7. Oktober nächsthin seine Boten zu Luzern haben und sich ebenda berathen, ob man mit Hans Wilhelm v. Fridingen einen freundlichen Tag zu Zürich leisten wolle.

Eidgen. Abschiede 2, S. 247.

1450, 30. Sept.

Die Familie Grob von Sulzberg vergabt dem Johanniterhause Bubikon am Zürichsee den Hof Sulzberg, Zürcher Gemeinde Pfäffikon, mit Twing, Bann und kleinen Gerichten, welchen sie »vom ſtrengen veſten Herman Geßler ſel., Ritter«, erkauft hatte.

Staatsarchiv Zürich.

Fr. Ulr. Lindiner, Hf. Gesch. des Johanniter-Ordens im Gebiete von Zürich von 1409 bis 1470, pag. 121. — Mittheilung durch Hrn. Th. v. Liebenau in Luzern.

1450, 6. Dez.

Hans Wilhelm von Fridingen zu Hohenkrähen schreibt an Bürgermeister und Rath von Zürich »von des verlaufnen erb und gutz wegen, so min Vetter fälig Wilhälm Gäfler nach tod hinder Jm verlauffen hett, des felben ir üch vnterzogen hând vor ettlichen Jaren mit fampt andren eidgnofen.« Er habe Zürich bisher darum nicht angefprochen »vmb des willen, daz Ir felb vneins vnd in zwitracht mit den eidgnoffen find;« jetzt, da sie sich mit den Letzteren ausgesöhnt haben und in den Wiederbesitz ihrer Rechte gekommen sind, bitte er, auch ihm wieder zu seinem Rechte zu verhelfen; falls sie dies zu thun verweigern wollten, so biete er ihnen Recht dar vor Herzog Albrecht von Oesterreich, Grafen Ulrich von Wirtemberg oder dem Bischof von Konstanz.

Gleichzeitige Copie im luzern. Staatsarchiv, mitgetheilt durch Hrn. Th. von Liebenau.

1451, 20. Febr.

Hans Wilh. von Fridingen zu Hohenkrähen bittet Bürger-meister und Rath von Zürich um eine binnen 8 Tagen einzusen-dende Antwort bezüglich seines vorigen vom 6. Dezember 1450 datirenden Rechtserbietens.

Gleichzeitige Copie im luzern. Staatsarchiv, mitgetheilt durch Hrn. Th. von Liebenau.

1451, 17. März, Luzern.

Die eidgen. Boten sollen ihren Herren und Oberen die Frage heimbringen, welches Recht man dem Hans Wilhelm v. Fri-dingen bezüglich seiner Ansprüche auf die Geßlerische Hinter-lassenschaft bieten wolle.

Eidgen. Abschiede II, S. 250.

1452, 25. Jan.

Schultheiss und Rath von Bern, die zur Schlichtung des Streites zwischen den Eidgenossen und dem Herrn Hans Wilhelm v. Fridingen bestimmt worden, verkünden an Schultheiss und Rath von Luzern einen Rechtstag auf den 5. März in Bern.

Missiv im luzern. Staatsarchiv, mitgetheilt durch Herrn Th. v. Liebenau.

1452, 1. Febr.

Schultheiss und Rath von Bern setzen im Streite zwischen den Eidgenossen und Hans Wilhelm von Fridingen einen Rechtstag zu Bern auf den 19. März an.

Missiv im Staatsarchiv Luzern, mitgetheilt durch Hrn. Th. v. Liebenau.

1452, 15. Febr.

Schultheiss und Rath von Bern berufen auf den 5. März die Tagsatzung nach Zug ein zur Besprechung des mit dem von Fridingen schwebenden Rechtsstreites.

Missiv im luzern. Staatsarchiv, mitgetheilt durch Hrn. Th. v. Liebenau.

1453, 2. Jan.

Schultheiss und Rath von Bern verkünden an Schultheiss und Rath von Luzern im Prozesse mit Hans Wilhelm von Fridingen einen Rechtstag auf den 25. Februar.

Missiv im luzern. Staatsarchiv, mitgetheilt durch Hrn. Th. v. Liebenau.

1453, 3. Febr.

Schultheiss und Rath von Bern melden an Schultheiss und Rath von Luzern, dass der Rechtstag gegen Hans Wilhelm von Fridingen auf den 8. April verschoben sei »trefflicher fachen halb, die vns onkomen vnd zugeuallen.«

Missiv im luzern. Staatsarchiv, mitgetheilt durch Hrn. Th. v. Liebenau.

1453, 3. Aug.

Schultheiss und Rath von Bern verkünden im Prozess der eidgen. Orte mit Hans Wilhelm von Fridingen einen Rechtstag in Zürich auf den 19. August, nachdem die freundlichen Vermittlungsversuche fruchtlos geblieben.

Missiv im luzern. Staatsarchiv, mitgetheilt durch Hrn. Th. v. Liebenau.

1453, 16. Nov.

Schultheiss und Rath von Bern setzen auf 9. Dezember einen Rechtstag im Streite der Eidgenossen mit Hans Wilhelm von Fridingen nach Bern an, da der Letztere allenthalben über die Berner sich beklage, sie verunglimpfe und meine, »Im möge dehein vrteil gedihen, das vns ein kumber ist.«

Missiv im luzern. Staatsarchiv, mitgetheilt durch Hrn. Th. v. Liebenau.

1454, 9. Jan.

Schultheiss und Rath von Bern bitten den Schultheiss und Rath von Luzern ernstlich, bis 2. Februar eine bestimmte Antwort wegen der Verhandlungen auf dem zu Bern anberaumten Tage zu ertheilen, da der von Fridingen endlich einmal einen Entscheid verlange.

Missiv im luzern. Staatsarchiv, mitgetheilt durch Hrn. Th. v. Liebenau.

1454, 31. Jan., Donnerstag vor Mariä Reinigung.

Heinrich Gäßler, im Rechtsstreite liegend gegen Wilhelm von Fridingen und dessen Schwager von Löwenberg wegen des Hofes in der Stadt Rheinfelden, ersucht den Schultheissen dieser Stadt, Hans Dryenower, genannt Beringer, um Aufschub des hiefür anberaumten Gerichtstages.

Stadtarchiv Rheinfelden.
Mittheilung durch Hrn. C. Schröter, Stadtpfarrer in Rheinfelden.
Die Löwenberge stammen von der gleichnamigen Veste bei Lützel im Sundgau in der ehemaligen Grafschaft Pfirt; von letzterer gieng die Burg zu Lehen und kam nac'mals an das Basler Patriziergeschlecht der Mönche, das sich in einem seiner Zweige nach ihr benannte. Mone, Zeitschrift 17, 109.

1454, 9. Juni, Baden.

Auf nächsten 28. Juli sollen die gleichen auf heutigem Tage versammelten eidgen. Boten in Zürich zusammen treten und des Spruches wegen berathen, welchen die von Bern in Betreff des von Fridingen gegeben haben.

Eidgen. Abschiede 2, S. 269.

1455, 12. Febr.

Schultheiss und Rath von Bern ersuchen den Schultheiss und Rath von Luzern, im Streite mit dem von Fridingen ihre Gesandten auf den nächsten Tag in Zürich mit gehörigen Instructionen zu versehen.

Missiv im luzern. Staatsarchiv, mitgetheilt durch Hrn. Th. v. Liebenau.

1455, 11.—13. Sept., Schaffhausen.

Nachdem Graf Hans von Tengen, Landgraf zu Nellenburg, und Graf Alwig von Sulz in der Eidgenossen Gebiet mehrfache Einfälle gemacht »hie dießhalb vnd enhalb der Aren«, in Zürich etliche Bürger von Strassburg ausgekundschaftet, aufgefangen, durch das Klettgau nach dem Schlosse Krayen geführt und sie daselbst beschatzt haben, habe man sowohl den Vorgenannten, als sodann der Frau Ursula von Sulz, gebornen von Habsburg, Mutter des genannten Grafen Alwig, als die ihre Leute ebenfalls bei der Sache gehabt, und ebenso dem Hans Wilhelm von Fridingen auf Hohenkrähen erstlich Recht dargeschlagen und nachdem sie dies verweigert, ihnen Fehde angekündigt. Nachdem hierauf Graf Hans von Tengen der Eidgenossen Ansprüche an ihn anerkannt und sich denselben unterzogen, werden die Eidgenossen und Wilhelm von Fridingen gleichfalls und zwar durch den Bischof von Basel dahin verglichen: die Gelder, um welche Fridingens Leute von den Eidgenossen geschatzt und gebrandschatzt worden, sollen, falls sie noch nicht erlegt wären, bezahlt werden; den Strassburgern hat Fridingen vor dem Bischof und den Räthen von Schaffhausen und Constanz zu Recht zu stehen, wenn jene ihn um obige Sache belangen wollen, und wird dem Grafen Alwig weder direkt noch indirekt ferner in diesem Handel Hilfe leisten. Damit soll diese Fehde auch gegen die Stadt Schaffhausen todt und ab sein.

Namens der Eidgenossen siegeln: Rud. v. Cham, Hauptmann und Burgermeister zu Zürich; Heinr. Hasfurter, Hauptmann zu Luzern; Ital Reding, Ammann und Hauptmann zu Schwyz; Wilhelm v. Fridingen für sich selbst, und Arnold, Bischof v. Basel, als Schiedsrichter.

Staatsarchiv Zürich. Eidgen. Abschiede 2, S. 275.

1456, 29. April.

Schultheiss und Rath von Bern ermahnen den Schultheiss und Rath von Luzern, wegen des seit lange anhängigen Streites mit Hans Wilhelm von Fridingen, die Gesandten auf die Tagsatzung in Baden gehörig zu instruiren.

Missiv im luzern. Staatsarchiv, mitgetheilt durch Hrn. Th. v. Liebenau.

1456, 11. Sept.

Schultheiss und Rath von Bern verkünden den Luzernern im Streite mit Hans Wilhelm von Fridingen einen Tag nach Bern auf Sonntag nach St. Martinstag.

Missiv im luzern. Staatsarchiv, mitgetheilt durch Hrn. Th. v. Liebenau.

1457.

Hans, Heinrich und Caspar von Klingenberg, Gebrüder, ver-

kaufen die Burg Hohenklingen und die Stadt Stein an diese letz-
tere selbst um 24,500 rh. Gulden. Der Kaufbrief vom obigen Jahre
führt diejenigen gewichtigsten Gläubiger, welche von der Stadt
zu befriedigen sind, namentlich an, darunter: Heinrich Geßler
mit 724 Gulden.

J. Conr. Fäsi, Helvet. Erdbeschreibung (Zürich 1768) 1, 503. — Leu, Helv.
Lexikon XI, 125. Ueber das Geschlecht von Klingenberg zu Stein am Rhein
vgl. Lassbergs Liedersaal II, pag. XXXV.

1457.

Das Bürgerregister der Stadt Bremgarten, welches die zwischen
dem Jahre 1457 und 1575 daselbst vorhandenen älteren und neu
aufgenommenen Bürgergeschlechter aufzählt, nennt aus der Zahl
der vielen hier verburgrechtet gewesenen Adeligen und österreich-
ischen Dienstmannen nur noch die Junker Walther und Hans von
Seengen und die Krieg von Bellikon, setzt aber die gleichzeitig
daselbst verburgrechteten Gefler ohne Würdebezeichnung unter
die Nichtadeligen.

Placidus Weissenbach, im Schlussbericht der Bremgartner Schulen von 1$\frac{856}{57}$
Seite 34 und 48.

1458, 29. Dez.

Schultheiss und Rath von Bern setzen im Streite zwischen
Hans Wilhelm von Fridingen und den Eidgenossen auf Sonn-
tag nach Reminiscere 1459 einen Rechtstag nach Bern an:

Missiv im luzern. Staatsarchiv, mitgetheilt durch Hrn. Th. v. Liebenau.

1463, 4. Mai, Luzern.

Tagsatzungsbeschluss: Heimzubringen, dass die von Fri-
dingen Bürger der Stadt Stein wider den fünfzehnjährigen Frie-
den mit der Acht verfolgen.

Eidgen. Abschiede 2, S. 327.

1466, 28. April, Luzern.

Ob man dem von Fridingen sicheres Geleite in der Eid-
genossenschaft ertheilen wolle, soll auf der nächstfolgenden Tag-
leistung zu Baden entschieden werden.

Sammlung Eidgen. Abschiede 2, S. 353.

1469, 26. Jan., o. O.

Lehenrevers von Hans von Fridingen, für sich und als
Lehenträger seiner Brüder Ytelhanfen und Hanfen. Herzog Sig-
mund hat sie mit dem halben Theil des Schlosses Brawnegk
(aargau. Brunegg), einem Zehnten zu Alikon, Zinsen und Gülten
bei dem Kloster Muri und dem Dorfe Althäusern im Aargau be-
lehnt, das alles jetzt im Besitze der Eidgenossen ist und von
Hans-Wilhelm von Fridingen, der Obgenannten Vater, Alters-
halben und zu Letzterer Gunsten aufgesendet worden ist.

K. k. Geheim-Archiv.
Lichnowsky, Habsb. VII, pag. CCCXCIII, no. 1337.

1470, 20. Aug.

Hans Hägg, Leutpriester zu St. Georgen in Oberflach, und
sein Vogt Hans Geffler kommen überein mit Probst, Dekan
und Kapitel der Mehreren Stift in Konstanz, als den Kollatoren
jener Pfründe, dass genannter H. Hägg sein Haus sammt Scheune,
ferner ein Messbuch und einen silbernen Kelch obiger St. Georgen-
kirche übergebe gegen ein jährliches Leibgeding von fünf Saum
Wein.

Staatsarchiv Zürich, Schloss Flach.
Nüscheler, Die Gotteshäuser der Schweiz 2, 245.
Flach, zürch. Pfrd., Bez. Andelfingen; die Kirche daselbst hiess »Zu St.
Georgen auf Hechingen.« Meyer-Knonau, Der Kt. Zürich 2, 445.

1470.

Hans Gäffler, der ältere, reversirt für seinen Sohn Hans
die Herzoge von Oesterreich um den Zehnten zu Murstetten.

Schatzarchiv Innsbruck.
Schweiz. Anzeiger f. Gesch. 1864, S. 63, Regest. no. 147.

1470.

Konrad Geßler, Conventuale in der Reichenau, wird
Bürger zu Zürich.

Erhard Dürsteler, Hf. Genealogieen, citiert im Anzeiger für schweiz. Gesch.
und Alterthum 1865, S. 22.

1471, 6—9. Juni, Baden.

Die Tagsatzung beschliesst in der Angelegenheit des Hans
von Fridingen, es seien die auf dieselbe bezüglichen Schriften

zu Luzern und Bern hervor zu suchen, um sie auf der nächst-
folgenden Versammlung zu Luzern beantworten zu lassen.

Eidgen. Abschiede 2, S. 422.

1473, 4. Mai.

Hans Rudolf Segesser und seine Brüder Hans Arnold und
Hans Urech, zu dritt des Geschlechtes der Segesser von Mellingen,
erbieten dem Rathe zu Bern das Haus Brunegg, welches sie von
dessen vormaligen Besitzern, den Geßlern, erworben hatten;
Bern möge das Schloss und die Schlossgüter an sich bringen und
die darauf haftenden Anforderungen der Geßler tilgen. Der Rath
übergiebt unter obigem Datum dem Hans Rudolf das Schloss
zur Bewohnung nebst 50 Gulden, um die nöthigsten Bauverbes-
serungen vorzunehmen, ertheilt ihm das Jagdrecht in der Lenz-
burger Grafschaft und nimmt ihn gegen einen Gulden jährlichen
Udelgeldes ins Bürgerrecht. Kündigt Segesser das Bürgerrecht
wieder auf, so hat er sich mit 20 Gulden loszukaufen. »Zinſtag
nach des hl. Kreuzes Tag im Mayen.«

Franz X. Bronner, handschriftl. Aargauer Chronik III, no. 1421; MS. auf
der aargau. Kt.-Bibliothek.

1476, 24. April und 15. Mai, Luzern.

Die versammelten Boten der Kantone beschliessen: Wegen
der That des Hans Thüring von Fridingen und seines
Knechtes Jörg von Niffen gegen die von Schaffhausen und Neu-
kirch soll man dem von Fridingen melden: er möge »ſolcher
Bubereien« und seines Knechtes sich müssigen und die Reichs-
strasse frei und ruhig lassen; denn auf die Länge würden wir sein
Verhalten nicht dulden können, sondern selbst dafür sorgen müssen,
dass die Reichsstrasse frei bleibe und Biederleute solchem Muth-
willen nicht ausgesetzt seien. Dem Herzog von Oesterreich schreibt
man gleichzeitig, er möge verschaffen, dass Obgenannter nach Vor-
schrift der »Vereinigung« eines der gethanen Rechtsbote aufnehme.

Eidgen. Abschiede 2, S. 588, 590.

1476, 23. Nov., Luzern.

Die Tagsatzung zu Luzern beschliesst: der Herzog von
Oesterreich werde ersucht, den Eberhard von Klingenberg auf
Hohentwiel und dessen Brüder zu verhalten, dass sie dem Stephan
von Ow und dessen Ehefrau Margaretha von Fridingen

deren Schloss Staufen und Dorf Hiltzingen*) unverzüglich wieder geben.

Wiederholung dieses Schreibens der Tagsatzung an denselben Fürsten am i4. April 1477, und am darauf folgenden 25. Mai auch an Basel, dass diese Stadt obigen Streit vor ihr Schiedsgericht nehmen möge.

Eidgen. Abschiede 2, S. 630, 667, 682.

1478.

Heinrich und Jörg Geffler reversieren die Herzoge von Oesterreich für Cunrat von Sal um die Vogtei Schachen und Schmitzingen, um Güter zu Gaiss und um des von Baldingers Gült, mitsammt den andern Lehen bei Waldshut und auf dem Schwarzwald gelegen.

Zwei Urkunden im Schatzarchiv Innsbruck.
Schweiz. Anzeiger für Gesch. und Alterthum, 1864, 63, Regesten no. 149.

1479.

Ritter Konrad von Grünenberg, Burger zu Konstanz, verfasst im vorgenannten Jahre das Wappenbuch der zu Konstanz zur Zeit des Concils daselbst versammelt gewesnen Ritterschaft. — Neben mehreren oberdeutschen Rittergesellschaften verzeichnet er auch diejenige zum Fisch und Falken und nennt als deren Mitglieder die zu seiner Zeit noch bestehenden schweiz. Adelsfamilien der von Eptingen, Mülinen, Fridingen zu Hohenkrayen und die Gesler von Grüningen.

R. v. Rettberg, Kulturgesch. Briefe 1865, pag. 300. — G. v. Wyss, in den Zürch. Antiq. Mittheilungen VI, 27.

1479, 9. Sept., 5. Nov. und 29. Dez.

Die unter obigen Terminen dreimal zu Luzern versammelt gewesne Tagsatzung wendet abmahnend sich an die von Fridingen auf Hohenkrähen: Sie möchten im Bunde mit dem von Klingenberg abstehen von ihrer Fehde gegen Grafen Konrad von Fürstenberg; und seien auch in derjenigen gegen Grafen Eberhard

---

*) Fridingen, Staufen und Hilzingen sind Orte der Grafschaft Nellenburg. Der Thurm Hilzingen daselbst war vom Bunde der Oberd. Städte schon 1440 nebst anderen Raubnestern zerstört worden. Kreuter, Geschichte der Vord. Oesterreichischen Staaten 2, 149.

von Wirtemberg, den Aelteren, gemahnt, das Land nicht mit
Feuer zu verwüsten, »damit uns der Kornmarkt nicht vertheuert
wird«. Nachdem dieselben ferner dem Grafen Andreas von
Sonnenberg 4 Pferde und einen Knecht weggefangen haben,
schreibt die Tagsatzung 1) an die österreichischen und wirtem-
bergischen Hauptleute, Ruhe an der Grenze zu stiften; 2) an die
Grenzstädte Schaffhausen, Stein und Diessenhofen, Aufsehen zu
halten; 3) an Mang von Habsperg, den Vogt der vier oberrhein.
Waldstädte, dass er auf Hohenkrähen vermitteln helfe.

Eidgen. Abschiede 3, Abth. 1.

1480, 17. Juli.

Junker Hans Albrecht von Mülinen, Herr auf Schloss Kastelen,
erscheint vor Gericht zu Herznach im Frickthale, verlangt, dass
man wegen der zwischen seiner Herrschaft Kastelen und der
Nachbarherrschaft Schenkenberg streitig gewordenen Twinggrenzen
Kundschaft aufnehme, und schlägt dazu den Zeugen Hans Ryche-
ner von Uetkon (frickthalisch Ittingen) vor. Letzterer erklärt
hierauf: ihm sei noch wohl erinnerlich, wie vor langen Jahren des
Hrn. Hemmanns von Mülinen selig hinterlassne Wittwe, Gross-
frau des hier stehenden Hrn. Junkers Hans, die Herrschaft Kastelen
inne gehabt, und neben ihr eine von Fridingen, gleichfalls
Wittwe, die Nachbarherrschaft Schenkenberg. Beide Frauen waren
ihres Schlossbannes halber in Zwist und liessen einst die beider-
seitigen Grenzen durch viele ehrbare Männer und Edelleute be-
sichtigen; unter diesen erinnere sich der Zeuge jetzt keines ande-
ren namentlich mehr als des Junkers Thüring von Hallwil, dazu-
mal Schlossherrn auf Wildegg. Nachdem nun der Grenzbegang
geschehen und der Frauenstreit damit ausgeglichen war, sprach
die gemeldete Frau von Mülinen zu Junker Thüring: Ihr habet
mir heute zur Ruhe verholfen, und so ich das kann und mag
verdienen, so möcht' ich Euch eine Schenkung thun. Herr Thüring
aber versetzte, deshalben begehre ich wahrlich keiner Schenkung,
vielleicht aber, dass wir einen Tausch machen können. Denn da
habet Ihr ein Bäuerlein zu Holderbank mit Namen Heini Ryche-
nen (er meinte damit meinen l. Vater seligen), den gebet mir um
meiner Bauern einen. Darauf erwiederte die Schlossfrau: Das ist
doch ein Kleines, ich darf Euch einen Bauern wohl ganz schenken!
Und so tauschten sie zum Ende sich zwei Bauern aus.

Da der Zeuge dies Alles damals mit angesehen und angehört

habe, so wisse er denn auch, wiewohl Niemandem zu lieb oder
zu leid: »daß der Twing und Bann der Herrschaft Kastelen gang'
bis zu Eberlis Crütz, vnd die von Mülhenen habends auch bishar
also inngehebt.« Und darauf schwur er vor Gericht mit auf-
gehebten Fingern einen gelehrten Eid zu Gott und den Heiligen.
Geben uff Mentag nächst nach St. Margarethen 1480.

Des Amtes Schenkenberg Dokumentenbuch y. S. 49, im aargau. Staatsarchiv.
— Dass die hier genannte verwittwete Freiin von Fridingen, Schlossfrau auf
Schenkenberg, jeine geborne Margaretha Gefzler von Brunegg gewesen,
Mutter des Wilhelm v. Fridingen, zeigt unser Regest vom 29. März 1417.

1480, nach Pfingsten; am 19. Juli und darauf 18. Okt.

Die zu Baden, Luzern und Zürich dreimal versammelt ge-
wesenen Tagsatzungsgesandten erhalten das schriftliche Verlangen
deren von Fridingen um Erledigung zweier ihrer Knechte,
welche Eberhard von Boswil gefangen hat und zu Freudenfels
eingesperrt hält. Es wird verfügt 1) die Städte Schaffhausen,
Stein und Diessenhofen sollen im Kriege zwischen dem Grafen
von Wirtemberg und denen von Hohenkrähen keiner Partei
Vorschub leisten oder Durchpass gestatten. 2) In unser Aller
Namen hat Zürich, St. Gallen, Schwyz und Appenzell je einen
Boten abzusenden nach Krähen zu den Fridingen, nach Zell zu
den österreichischen Räthen des Herzogs und ebenso zu den
wirtembergischen Amtleuten, um die Oeffnung der Strassen zu
verlangen und den Streit auszugleichen.

Eidgen. Abschiede III, Abth. 1.
»Das Bürgli Froeidenvels, gelegen am Vnderfew« (zwischen Ober-
Eschenz und Mammern im Thurgau) war 1374, 7. Januar von den österreichischen
Herzogen an die Familie Ribin-Schulthess von Lenzburg um 2000 Gulden ver-
pfändet worden. Kopp, Gesch.-Bl. 2, 162.

1480.

*Annales sive Chronicon Coenobii Capell, opus inceptum ab Orbe
Redempto 1526. Librariis pmis, Petro Symlero et Heinrycho Bullin-
gero, Calendis Februariis sub Volratio Jonero, Monasterii Abbate.
(In Originali Bullingeri in Mff. Tom. 41, Arch. Eccl. Tig., pag.
130—146.)*
*— — Nobilium Catalogus, quorum benignitate Coenobium Capell
floruit. Ex Grifeleris, quos vulgus Geffler adpellat, sequentes
agnofcimus Benefactores:*

Ulricus Griſelerus, Eques Aur., et Anna de Mülinen, uxor.
Joannes Griſelerus et Gûta, uxor.
Henrychus Griſeleruset Margaritha de Eltbach (Ellerbach),uxor.
Heinrychi Griſeleri tres, e quibus unus obiit 1403, alter 1479.

Ulricus   Griſelerus.
Hermannus   „
Guilhelmus   „
Joannes
Theodoricus   ..
Rodolphus   „
Georgius   „

Zurlauben MS. fol. I, Acta Helvetica etc., tom. 172, pag. 81. Heinrich Bullinger hat vorstehende Namensreihe in seiner 1516 verfassten Gesch. des Klosters Kappel verzeichnet und Petrus Simlerus sie in den Kappeler Annalen wiederholt 1526. Gedruckt sind sie bei: Joh. Jak. Simler, Samml. alter und neuer Urkk. zur schweiz. Kirchen-Gesch. (Zürich 1760) Bd. 2, Abthl. 2, S. 415—429.

1482, 29. Mai.

Konrad der Abt, und der Convent des Klosters Allerheiligen zu Schaffhausen verkaufen um 252 rhein. Gulden dem Frauenkloster Königsfelden einen jährlichen Frucht- und Geldzins, haftend auf dem Hofe und Hofzehnten: den man nempt Schaffuszen (aargau. Dorf Schafisheim), gelegen in dem Kilchſpel ʒe Stovffen (beides im jetzigen Bezirk Lenzburg), so denſelben frouwen vor ʒyten vf aller Heiligen tac dreiʒechen hvndert vnd dreiſʒig jar ankomen ist von den Geſſleren.

Königsfeldner Gewahrsame, Perg.-Hf. II, 148 im aargau. Staatsarchiv. — Zeitschr. Argovia III, S. 302, no. 32. — Ueber den Hofzehnten zu Schafisheim vgl. die Note zum Regest von 1311, 18. Februar.

1482, 8. Juli.

Spruchbrief um den Geßler-Zehnten zu Endingen.

Der Laienzehnten zu Endingen und Würenlingen stammt her von den Rittern Jakob und Rudolf von Troſtberg, dem Edelknecht Johann von Liebegg, Gevettern, und von Herrn Otten selig von Vilingen, welche denselben am 25. Jan. 1361 mit Urkunde zu Zofingen dem Edelknechte Peter von Vilingen, Herrn Ottes Sohn, verliehen. (Die Originalurkunde liegt im Stiftsarchiv zu Zurzach: Die Urkk. des Stiftes Zurzach, herausgegeben von Stiftsprobst J. Huber (1873), S. 77 und 263.) Obige Drei verleihen sodann

denselben Zehnten zu Endingen und Würenlingen als rechtes Manns-
lehen am 17. Jan. 1363 dem Johannes von Hegnau (J. Huber, l. c.
S. 263). Nachdem dieser Zehnten an Ritter Heinrich Geßler und
dessen Erben käuflich übergegangen war, wurde er nach den beiden
Dörfern Endingen und Würenlingen, die ihn zu entrichten hatten,
parzellirt. Der Geßler-Zehnten in Würenlingen wurde am 11. Sept.
1423 vom Verenastifte in Zurzach erkauft und verblieb demselben,
bis sich die 38 Zehentpflichtigen Im Geßler im Jahre 1816 los-
kauften um die Summe von 31,892 Fr. (l. c. 254 und 270). Der
Geßler-Zehnten in Unter-Endingen steht dem Verenastifte auch
heute noch ausschliesslich zu (S. 246), ist aber die Quelle vielfacher
Streitigkeiten gewesen, weil ein Theil davon den sog. Steighofs-
besitzern zukam, und sowohl der im Ober-Endinger Banne gelegene
Zehenttheil der Nieder-Endinger, sowie auch wieder umgekehrt,
diesem Geßler anheim fiel. Wie sich hiebei der Geschlechtsname
als Gutsname fortvererbte, zeigt nachfolgende Urk. vom 24. Mai
1546. Im Gericht zu Tegerfelden erscheint als Kläger das Verena-
stift Zurzach, als Beklagter Hans Stephan Borland von Tegerfelden;
das Stift verlangt von letzterem den seit 3 Jahren rückständigen
Zehentbetrag, »genempt der Geßler.« Ulrich Borland der Alte
giebt an, er habe dasselbe Gut vor langen Jahren gleichfalls inne
gehabt, allein den Zehnten davon immer und nur Jn Geßler ge-
geben: Dann was die von Nider-Endingen buwent, das gehört
abhar In Geßler, vnd was die von Ober-Endingen ʒe Nider-
Endingen buwent, das belibt daniden Im Gäßler. (J. Huber,
Urkk. des Stiftes Zurzach, S. 268.)

1482, 2. September, Montag nach St. Verena, Leutkirch.

Georg Bißinger, Landrichter zu Leutkirch und in der Gepürß,
Namens des Edeln Johannsen Truchfeßen zu Waldburg, Reichs-
landvogtes in Schwaben, übersendet dem Hanfen Thüringer, Frei-
landrichter in der Grafschaft Heiligenberg, und den Urtheilssprechern
des Landgerichtes zu Schattbuch ein Abforderungsschreiben, an-
belangend den Jörg Büehlmann von Wangen, der vor das Schatt-
burger Gericht geladen sei, um sich gegen diejenige Klage zu
vertheidigen: »alß fich vor üch Heinrich Gäßler an ftatt Michel
Schreibers, Johannes Rigels, Hans Willbergers und Lienhard Speckers
erclagt hät.« Beklagter gehöre aber nicht an das Schattburger,
sondern an das Leutkircher Landgericht und wird daher, da von
Rechts wegen ein Gericht nicht in das andere richtet, noch richten
soll, ernstlich abgefordert.

Archiv der Stadt Leutkirch.

(Wegelin, J. Reinh.:) Gründlich Histor. Bericht von d. Kayſerl. u. Reichs-Landtvogtey in Schwaben, wie auch d. frey Kayſerl. Landtgericht auf Leutkircher Haid und in der Pirſz etc. folio 1755. tom. II, S. 222, no. 164.

1483, 30. Brachm.

Domicellus Georius Gessler, ob laudem dei et salutem animarum sui ac progenitorum, scilicet Hermanni gessler et beatricis gesslerin, nate de Klingenberg, et omnium antecessorum et successorum suorum, infirmis in inferiori stuba Hospitalis pro viginti aureis emit, ordinavit et statuit unum aureum annualis census tali conditione, ut singulis angariis ipsis ad mensam pro piscibus uel aliis necessariis expendi et dari debent X sol. Hall. pro meliori refectione. 1483.

Jahrzeitbuch der Laurenziuskirche von Winterthur. Geschichtsfreund Bd. 14, S. 203.

Die Untere Stube hiess in der Stadt Winterthur das untere Spital, im Gegensatz zum zweiten daselbst, dem sog. Oberen; jenes war, laut Rechnung aus dem vorigen Jahrh., das ärmere mit nur 6000 Gulden Jahreseinkommen, dieses das reichere mit jährlichen 37,000 Gulden. — Troll, Gesch. d. St. Winterthur, Bd. VI, 196.

1485, 26. Juli, Luzern.

Die Tagsatzung lässt dem Herzog von Oesterreich ernstlich vorstellen, welcherlei Unfugen und Räubereien verübt werden im Hegau auf Twil und Krähen durch die v. Klingen, v. Fridingen und den Hans Matth. von Höwdorf (der des Abtes von Schaffhausen Eigenthum jüngst mit Beschlag belegt hat); wie diese Fehden im Widerspruche stehen mit der »Ewigen Richtung« und dass der Herzog daher seine Botschaft auf die nächstkommende Tagsatzung nach Baden senden möchte.

Eidg. Absch. III, Abthl. 1.

1487, 5. September, Birmensdorf a. d. Reuss.

Vor Hans Träg, zu Gericht sitzend zu Birmensdorf, Namens der Abtissin und des Conventes von Königsfelden, verkauft Marti Tſchan, Burger von Baden, an Wernli Spät, Pfleger der Bruderschaft von U. L. Frauen Altar in Königsfelden und zu deren Handen ein Gütlein, vormals des Rorers, jetzt des Sigristen Gütli genannt, um 35 rhein. Gulden; dasselbe hält 5 Juchart Acker, 3 Mannwerk Heugewächs, eine Hofstatt zu Birmensdorf und zinset an Gült 10 Viertel Kernen, 2 Fasnacht-, 2 Herbsthühner und 20 Eier jährlichen Ewigzinses. Es ist ein Pfand, herrührend von weiland dem strengen festen Herrn Hermann Gäßler, Ritter sel., laut einer darüber ausgestellten und hier im Gerichte vorgelegten Urkunde. Und ob es sich hinfür über kurz oder lang begäbe, dass Jemand von dem Geschlechte und Stamme der genannten Gäßler obiges Gut um 50 Gulden wieder an sich lösen wollte, habe es die Königsfeldner Pflegschaft solchem unweigerlich auszuantworten.

Junker Ludwig von Dießbach aus Bern, d. Z. Vogt zu Baden, siegelt.

Aargau. Staatsarchiv, Abthl. Königsfelden: E 31.

Das Zinsbuch des Kl. Königsfelden v. J. 1432 (MS. Bibl. Nov. 11, folio; auf der aargau. Kt.-Bblth.) enthält hierüber nachfolgende Einzeichnungen; auf Blatt 1 a: Dis fint die ierlichen gülte ʒů Winndifch: der Geyfler ʒe Winndifch fol ierlich iiij mütt roggen vnd iij viertel roggen, j mütt haber, j fwîn, gilt vij ß, ij herbft hûnr, von dem gůt, dʒ ʒů dem Sigriften ampt gehôret. Aber fol er ierlich j mt. roggen, j mt. haber an die march ʒe Windifch. Aber fol er ierl. j mt. roggen von einem aker, gelegen ʒwüschen dem clofter vnd der ftatt (Brugg), den Betʒmann hette.

Auf Bl. 29 b derselben Handschrift steht der Zehnten der Gemeinde Birmensdorf, die mit Zwing und Bann an's Kloster gehörte, verzeichnet, dabei auch das in unserm Regest erwähnte Rohrers Gütlein: Hennfli Lindmayer fol ierlich iiij viertel kernen, j fwîn, gilt vij ß, iij hûnr, ʒʒ eyger, von einem gůtlin, ift des Rorers gůtli geteilit, dʒ nu clewi der Kinden hett, hётte (ʒe) vôr der Senffer. — Dieses Birmensdorfer Sigristengütlein wurde nachher die Quelle lang dauernder Streitigkeiten zwischen den die Altgrafschaft Baden gemeinsam beherrschenden, allein confessionell bereits getrennten Kantonen.

Anno 1624 begehren die V kathol. Orte, dass das Sigristengütli zu Birmensdorf in der Grafschaft Baden dem papistischen Sigrist daselbst eingeräumt werde. Jahres-Rechnungs-Abschied, § 15. Was für Gründe sie deshalb gehabt, ist zu ersehen: Jahr.-Rechn.-Abschied 1626, § 21. — Sie beharren neuerdings auf ihrem Begehren, Jahr.-Rechn.-Absch. 1627, § 3. — Bern wird hierauf von den übrigen Evangel. Orten ersucht, den V Orten hierin zu willfahren. Sonderb.-Badener Abschied vom März 1628, § 6. Nachdem die V Orte obiges Gütli dem betreffenden Sigrist zugesprochen, protestirt Bern gegen solches Urtheil. Jahr.-Rechn.-Absch., eod. Anno, § 14. Allein Bern war in der Minderheit und musste sich fügen. So ist dies Verhältniss bis auf die heutige Stunde geblieben. Mitten in der Esp-Zelge der Gemeindeflur des Dorfes Dättwil, Bezirks Baden, liegt eine Juchart Landes, der Birmensdorfer Sigristenacker genannt. Der Ertrag dieses Grundstückes macht noch jetzt einen Theil der Besoldung des Sigristenamtes in Birmensdorf aus, obschon das Dorf Dättwil nicht da, sondern in der Stadt Baden pfarrgenössig ist. So haben sich also im Aargau einzelne Stiftungen der Gefʒler bei einzelnen Ortskirchen und Dorfgemeinden fort erhalten.

Ca. 1488.

»Johann Ulrich Segeffer, der hat gefetʒet 5 Pfd. Geldes ab einem Hus ʒu Zürich gelegen, heißet der Thumen Hůß, ligt auf dem Münfterhoof, gibt jetʒ der Geßler ...«

13*

Einzeichnung im Jahrzeitbuch der Stadtkirche von Mellingen, laut Familien-schriften der Segeffer-Brunegg zu Luzern. Mittheil. durch Hrn. Th. v. Liebenau. — Laut dem »Zinsbuche« (Klosterurbar) von Königsfelden, einer Pap.-Hf. v. Jahre 1432 (auf der aargau. Kt.-Bblth. bezeichnet: MS. Bibl. Nov. folio 11), Bl. 31ᵇ, giebt Königsfelden ein Zinsgut zu Spreitenbach dem Wirth in Zürich zu Lehen, dieser überträgt dasselbe ca. 1432 an Junker Hans Ulrich Segiffer zu Mellingen, von dem dasselbe nachmals an das Stift zum Gr. Münster in Zürich gebracht worden ist. Letztgenannter Segiffer soll bis 1488 gelebt haben.

1489, 9. Sept. und 1490, 9. Okt.

Nachdem die Tagsatzung gegen die Leute auf Hohenkrähen bereits beim österreich. Herzog Beschwerde erhoben hat, schreibt sie ihnen selbst, nemlich den Gebrüdern Hans Thüring und Itel-hans Thüring v. Fridingen mit der Aufforderung, sie sollen dem Nikolaus Stöcklin von Dießenhofen das ihm vorenthaltene Eigen-thum herausgeben und an die Vorschriften der zwischen dem Hause Oesterreich und den Eidgenossen bestehenden Ewigen Richtung sich halten.

Eidg. Absch. III, Abthl. 1.

1490, St. Pauli Bekehrung, Mellingen.

Hans Rudolf Sägenffer, zu Mellingen zu Gericht sitzend in gleicher Weise, als ob er in seines Bruders Namen, des Ritters Hans Arnold Sägenßer, und an seines Vetters Statt, des Hans Ulrich Sägenßer, im Zwing zu Brunnegg in gebanntem Gerichte sässe, fertigt den Verkauf von Gütern, gelegen zu Brunnegg, welche laut Hauptbrief Lehen sind von Wilhelm Geßler, aus der Hand ihres bisherigen Besitzers Barabas Sulzer von Baden, um den Kauf-schilling von 19 rhein. Goldgulden weniger ein Ort, an den Rude Rohr von Brunnegg, unter der Bedingung, dass die genannten Sägenßer, als Twingherren von Brunnegg, dieses Hauptgut um den obigen Kaufpreis sammt Marchzins binnen Jahresfrist an sich selbst lösen könnten.

Der Grafschaft Lenzburg Dokumentenbuch pars I, 327, im aargau. Staats-archiv.

1491, 23. April, Luzern.

Schaffhausen beschwert sich bei der Tagsatzung: In Folge des Streites, der zwischen Hans Thüring v. Fridingen und denen von der Stadt Nürenberg walte, die jenem einen Knecht aufgegriffen haben, sei der Stadt Schaffhausen, zu merklichem Schaden ihres Verkehrs, der Weg durch das Hegau verlegt. — Tagsatzungsbeschluss: Des röm. Königs Boten sollen den Fridingen bewegen, sich des gefangenen Knechtes nicht weiter anzunehmen, sondern in das von Nürenberg vorgeschlagene Recht zu willigen.

Eidg. Absch. III, Abthl. 1.

1492, 26. Nov., Baden.

Hans Thüring von Fridingen zu Krähen begehrt von der Tagsatzung freies Geleite, um in der Schweiz einige Geschäfte zu besorgen. Wird von den Gesandten *ad referendum* genommen.

Eidg. Absch. III, Abthl. 1.

1492.

Peter Gessler, Decret. Doctor, praepositus in Staufen.

Weiss, Züricher Geschlechter, Hf. — Mitgeth. durch Th. von Liebenau.

1493, Samstag im Mai nach dem heil. Kreuztag.

Dem Junker Hans Rudolf Sägenser, Schultheiss zu Mellingen, giebt Rüedi Rohr von Brunegg um 21 rhein. Gulden Gold zwei Mütt jährliches Kernengeld von Gütern auf der Brunegg zu kaufen, »wie die lang zyt von dem Edeln vnd vesten Wilhelm Geßler seligen zu Lechen verlichen« und an den jetzigen Verkäufer durch Barabas Sulzer von Baden gelangt waren. Siegler ist Junker Brandolf von Stein, Landvogt zu Lenzburg.

Der Grafschaft Lenzburg Dokumentenbuch pars I, 331 BB, auf dem aargau. Staatsarchiv.

1494, 25. März, Luzern.

Der Landvogt von Baden meldet die Beschwerde Schaffhausens, dass die Herren von Krähen denen Aufenthalt geben, welche die baierischen Kaufleute feindlich anhalten, und somit der Stadt an Bezug von Salz und anderer Waare hinderlich sind.

Eidg. Absch. III, Abthl. 1.

1499, Montag nach Jubilate, 22. April, Freiburg i/Br.

Manifest Kaiser Maximilians I. (Unseres Reiches des Römischen im Vierzehnden Jahre) an des Reiches Fürsten und Stände um Zuzug, des Krieges wegen gegen die Eidgenossen, welche mit Gewaltthätigkeit Städte, Burgen, Ortschaften und Lande des Hauses Oesterreich an sich gerissen, die eingesessnen Adelsgeschlechter beraubt und verdrängt und mit Verhassung der deutschen Nation von dieser sich geschieden haben. In einer Aufzählung der von den Eidgenossen spoliirten 64 Freiherren- und 108 Edelgeschlechter werden mitgenannt die »Edelleuth mit Namen von Hedingen, Mülinen, Wagenberg, Brunegg; darunter der mehren theyl, vmb deß Hl. Rychs vnd Tütfcher Nation vnd jr felbs Eeer, Eid, Adel ouch frumkeit ʒu bewaren, jr Blut vergoſſen, von den Eidgenoſſen mit dem Schwert erſchlagen, vß dem Jren, von dem Jren vnd vf dem Jren erthödt*) vnd gentʒlich vßgethilket worden etc.«

Aargau. Kt.-Bblth., bezeichnet: MS. Bibl. Nov. no. 31: A 1, pag. 147 b bis 151 b· — Zurlauben, Stemmatogr. XIII, 46. XXIV, 283. — Valer. Anshelm, Berner Chron. 2, 402—413. — Füesslin, Schweiz. Museum II, 408—417.

Eine Widerlegung des kaiserl. Manifestes versuchte der Chronist Heinrich Bullinger, indem er diese den Schweizer Orten zur Last gelegten Adelsverfolgungen dem Oesterreichischen Hause selber aufbürdete. Die Hauptstelle, wiedergegeben nach dem Abdruck in Senckenbergs *Selecta Jur. et Hist., tom V, pag. 83,* folgt hier:

»Es iſt hie wohl ʒu mercken das grobe Stück Maximiliani, Erʒherʒogs aus Oeſterreich, welches er in dem Ausſchreiben im Schwabenkrieg wider die Eidgenoſſenſchaft gethan, da er dieſen auflegen und ʒumeſſen will den Untergang und Ausrottung des Adels, der in dem vorgemeldeten Krieg [nemlich in der anno 1309 gegen die adeligen Mörder Kaiser Albrechts von dessen Söhnen, den Herʒogen, vollʒogenen Blutrache] ſo elend u n d u n f c h u l d i g ſein vertilget und ihre Schlöſſer von ſeinen Vorfahren verſtöret worden; als ob unſere Vorfahren als Adelfeind' obgemelte Edlen erſchlagen hetten und ihre Häuſer eingeriſſen, da doch ſolches ſeine Vorfahren, die Herʒoge aus Oeſterreich gethan haben. Es iſt wohl wahr, daſʒ die Völker in Helvetia aus Schmeicheln der Königin (Agnes von Ungarn) und ihrer Kinder an etlichen Orten wider den Adel Ihnen beigeſtanden, da man ſie beredt, daſʒ es göttlich und wohlgethan, daſʒ die Fürſten ihres Vaters Tod rächeten. Wäre nicht noth geweſen, daſʒ Maximilianus wider die Eidgenoſſen in offenem Druck diſpargirte, weil es der Wahrheit nicht gemäſʒ; ob es ſchon nach ſolch kaiſerlichem Ausſchreiben hin und her im Reich, ʒu Nachtheil frommer Eidgenoſſenſchaft, herumgetragen und hergeʒeigt wird und viel Leut nicht anders meinen, denn es wer' alfo.« Das Endurtheil über diese Frage hat sich in der schweizerischen Geschichtsschreibung selber hergestellt. Bluntschli's Zürch. Rechtsgeschichte (v. J. 1838) sagt I, 317 und 318 über die Jahre 1336—1531: »Die ganze spätere eidgenössische Entwicklung war überhaupt dem Adel in der Schweiz verderblich. Der niedere Adel wurde entweder g a n z v e r t r i e b e n u n d a u s g e r o t t e t, oder gezwungen, in das Bürgerrecht der Städte sich aufnehmen zu lassen.«

1501.

Bartholomä Geßler, Kaiser Maximilians Rath, Pfleger zu Thaur.

Archiv Hall; Mitthl. durch Hrn. Th. von Liebenau zu Luzern.

---

*) Vſʒ dem Jren, von dem Jren vnd vf dem Jren ertödt vnd vſʒgethilket, ist eine seit der Sempacher Schlacht geschichtlich gewordene Phrase, welche von Herzog Leopold im Sempacher Liede (Liliencron's Volkslieder I, 136) besagt: In und um und ûf dem Sîn ſî der herr erschlagen.

1502, 10. Febr., und 1503, 2. Jan.

Vollmachtsbrief von Graf Ulrich von Montfort und seiner Gemahlin Magdalena, geb. Gräfin von Oettingen-Wallerstein, auf Peter Geßler, um wegen ihrer Ansprüche auf die Hinterlassenschaft des weiland Grafen Leonhard von Görtz auf dem zu Innsbruck (von Kaiser Max I.) angesetzten Tage zu handeln.

Wiener Archiv.

Dr. G. N. v. Vanotti, Gesch. der Grafen von Montfort und Werdenberg, S. 142 und Regest. S. 519, no. 323, 324.

1512.

Albrecht von Wälden gelobt den Herzogen von Oesterreich, Schloss Rautern, Dorf Schaffperg, Epishofen, die Mühle zu Stulbach und den Hof zu Werlingenschweng: Lehen, welche ihm der Geffler um 4000 Gulden Hauptgut und 200 Gulden Zins zu versetzen erlaubt habe, in acht Jahren, bei Fälligkeit der Lehen, wieder einzulösen.

Schatzarchiv Innsbruck.

Schweiz. Anzeiger für Gesch. und Alterth. 1864, S. 65, Regesten no. 165.

1512, 29. Sept., Baden; und 20. Okt., Zürich.

Des Kaisers Maximilian Rath und Abgesandter, Herr Dr. Johannes Storch, zeigt der schweiz. Tagsatzung an, Stoffel Hufer habe Leute aus Kaufbeuern niedergeworfen und nach Hohenkrähen geführt, wo er sie gefangen halte. Es beabsichtigen daher die Regenten und Hauptleute des Schwäbischen Bundes vor jenes Schloss zu ziehen, und Kaiserl. Majestät erwarte, dass Niemand deren von Fridingen sich annehmen werde.

Die Eidgenossen erwiedern mit dem Wunsche, dass ihr Grenzgebiet und namentlich die Stadt Schaffhausen bei diesem Kriege respektirt bleibe, und mahnen die Grenzorte, gutes Aufsehen zu halten.

Eidg. Absch. III, Abthl. 2.

1512, 16. Nov., Zürich.

Der an der Eidgen. Tagsatzung accreditirte kaiserliche Bote, Herr Johannes Storch, Dr. J., fordert von dieser Behörde Sicherheit seiner Person, da deren von Fridingen Freunde in der Eidgenossenschaft Drohungen gegen ihn haben verlauten lassen. Auf die ihm gegebne amtliche Erklärung, dass er schon kraft der

Vereinigung der Schweiz mit kaiserlicher Majestät hier Orts genugsames Geleite (persönlichen Schutz) habe, so dass weiteres überflüssig sei, eröffnet er: Es sei dem Schwäbischen Bunde als zuverlässig berichtet, dass Hans Benedikt von Fridingen, Stoffel Huser, der Trübenzer u. A. ihrer Helfer bereits in der Eidgenossen Gebiet sich aufhalten, er verlange daher, dass man diesen in die Reichsacht Gefallenen hier ferneren Aufenthalt nicht gestatte.

Nach Storchs weiterem Hinweis, dass die Geächteten gegenwärtig zu Basel und hier in Zürich selbst sich befinden, werden die Boten dieser beiden Orte von der Tagsatzung eingeladen (11. Febr. 1513): »Des Schwäbischen Bundes Ausschreiben zu ihrer Herren Kenntniss zu bringen.«

Eidgen. Abschiede III, Abtheilung 2, S. 683.

1513, 3. Febr., Augsburg.

Römisch Kaiserlicher Majestät, der Churfürsten, Fürsten und Stände, des Bundes zu Schwaben Botschafter, Hauptleute und Räthe, zu Augsburg versammelt, Schreiben an Gemeine Eidgenossen:

Da Hans Benedikt von Fridingen, Stoffel Huser, der Trebitzer u. A. ihrer Anhänger, welche wegen Gewaltthaten, verübt an den Bürgern von Kaufbeuern, kraft des Landfriedens in die Acht gefallen sind, sich in Zürich, in Basel und andern Orten der Eidgenossenschaft aufhalten sollen, so bitten Obige die Eidgenossen, den Aufenthalt dieser und anderer Aechter und Landfriedensbrecher nicht zu gestatten noch zu begünstigen, unter Anerbieten, vorkommenden Falles es gegenüber der Eidgenossenschaft mit gleichem Verhalt zu verdienen.

Staatsarchiv Luzern; Eidgen. Abschiede III, Abth. 2, S. 685. — Abschied der Versammlung des Schwäb. Bundes vom 23. Jan. 1513, woselbst neben Hans Benedikt auch noch ein Ernst Fridingen mit ausgeschrieben steht. Klüpfel, Urkk. zur Gesch. des Schwäb. Bundes II, S. 65.

1513, 25. Febr., Luzern.

Auf das vom 3. Febr. datirte Schreiben der Fürsten und Stände des Schwäbischen Bundes verfügt die Tagsatzung: Jedem Boten ist eine Abschrift des Anbringens, das Herr Johannes Storch im Namen Kaiserl. Majestät gethan, mit heim zu geben, damit die Orte bis zur nächstfolgenden Tagsatzung darüber sich berathen.

Eidgen. Abschiede III. 2, S. 687.

1513, 4. April, Zürich.

Das kaiserl. Schreiben, welches verlangt, dass man die in Acht und Aberacht erklärten v o n F r i d i n g e n und Mitschuldige aus der Eidgenossenschaft entweder fortweise oder, auf Verlangen der Stadt Kaufbeuern, hier zu Rechten verhafte, wird von den Tagsatzungsboten, wegen ihnen hiefür mangelnder Instruction, an die Obrigkeiten mit heimgenommen, »die darinn förmlicher vnd geschicklicher zu handeln wüssend.« Zugleich soll aber jeder Bote seiner Obrigkeit berichten, welche Schmach dem kaiserl. Gesandten, Hrn. Joh. Storch, auf dem letzten Tage zu Luzern (15. März und 1. April) durch etliche Bürger daselbst angethan worden ist, indem sie ihm das Pferd aus dem Stalle gestohlen, und man möge allenthalben Vorkehr treffen, dass solcherlei Händel, woraus der Eidgenossenschaft grosse Unehre erwächst, nicht mehr vorkommen.

Eidgen. Abschiede III. 2, S. 702. 703.

Der kaiserliche Generalbevollmächtigte Dr. Storch ist erkrankt und protestirt mit Zuschrift vom 27. Juni 1513 bei der Tagsatzung gegen das hier zu Lande verbreitete verleumderische Gerücht, als sei er vom Könige von Frankreich mit Geld bestochen. Absch. III. 2, 722. Inzwischen dehnt sich das Gerücht allgemein dahin aus, der Kaiser selbst gehe damit um, die Schweiz an Frankreich zu verrathen; durch eine aus acht Rittern bestehende neue Gesandtschaft lässt der Kaiser dagegen Aufklärungen geben. Ueber wichtigeren Ereignissen verschwindet die Angelegenheit F r i d i n g e n nun aus den Tagsatzungs-Traktanden resultatlos, und Dr. Storch verlässt die Schweiz.

Orts- und Personennamen.

Wolf, Puppelin und Burkh. v., 55.

Embrach, das Stift, 60.

Emmerach, das Lehen, 113.

Ems Ulr. v., der ältere, 57. 74; Hans v., 141. 142.

Ende Walth. v., 56; Wilh. v., 57. 59.

Endingen, Dorf, 77. 81. 115—118. 192. 193.

Entlebuch, das Amt, 51. 89.

Eppenberg Konr. v., Schlossvogt auf Kyburg, 73.

Erendingen, Dorf, 33. 34.

Erlach Hans und Ulr. v., 139.

Eschenbach-Schnabelburg, Freien v., 2; Ritter Ulr. v., 17; Walth. v., 71.

Fahr, Kloster, 114.

Feldkirch, die Grafschaft, 38. 39; die Stadt, 80.

Flednitz Friedr. v., 62. 64.

Frauenthal, Kloster, 2.

Freiberg, Freiherren v., 55; Anna v., 163. 164.

Freienbach, Meister Heinr. v., 17.

Freudenau, Veste, 33.

Freudenfels, Veste, 191.

Frick, Meister Burkh. v., 5.

Frickthal, die Grafschaft, 89. 91.

Fridingen, Freiherren v., Hans 104. 124. 153; dessen Kinder Wilhelm, Grete u. Magdalene 124. 153; Ulrich 124. 125. 153; Hans Wilhelm 163. 169—171. 174 bis 186; Hans Thüring, Itelhans und aber Hans, Gebr., 187. 188. 196. 197; Margaretha, Ver-

mählte von Ow 188; Hans Benedikt und Ernst 199—201.

Friedrich III., röm. König, 168. 169.

Fries Rud., Landammann v. Uri, 172.

Fürstenberg, Graf Konr. v., 189.

Galmeton Joh. v., 22.

Geltwil Conr. v., 22.

Gessler, Geschlechtstafel.

Ulrich, von Wiggwil u. Meienberg 1. 2; Ulrich und Rudolf, der Mönch, 3. 4; Konrad und Anna 4; Geslaria u. Guta 13. 192; Johannes 5—13. 50; Heinrich (I.) 8—10. 13—17. 20—22; Heinr., Ulr u. Rud., Gebr., 14. 16. 17; Heinrich, der Conventuale, 16; Heinr., der Kirchherr, 18; Ulr. 15; Markwart u. Ludwig 23; Katharina 48; Ulrich, der Ritter, 20. 22. 24—26. 50. 192; Heinrich (II.), Ulrichs Sohn, Ritter, 25. 26. 29. 34. 35. 37. 40. 43. 48. 50—68. 71—91. 96. 115. 158. 192; Welti 53; Hans 66. 119; Konrad 81. 187; Hensli u. Beringer 85. 120. 123. 161; Rudolf 85. 86; Margareth, geb. v. Ellerbach, 94. 102. 105. 112. 113. 118. 120—122. 128—135. 192; Herman, Wilhelms Bruder, Ritter und Landvogt, 58. 81. 91 bis 114. 116—119. 122. 126. 127. 134—137. 140—152. 155. 157. 161—168. 181. 195; Wilhelm, Hermanns Bruder, Junker, 94. 102. 105. 107. 108. 113.

Safien, Thalschaft, 66.

Sal Conr. v., 53. 57. 189; Laurenz Saler 73; Hans v. Sal 137, zu dritt Schultheisse v. Winterthur.

Sanct Blasien 51. 67.

Sanct Jacob an der Sihl, Siechenhaus bei Zürich, 169.

Sanct Johansstift im Thurthal, 40. 62.

Sanct Urban, Kloster, 5.

Sax Albr., Donat u. Hans, Freihh. v., 66.

Schänis, Frauenkloster in Aarau, 90.

Schafisheim, genannt Hof Schaffhausen, 192.

Schalkon Ulr. v., 12.

Scharnachtal, Junker Franz v., 139.

Schenkenberg, Veste, 92. 123. 138. 153. 190.

Schlatter Burkh. von Zürich, 113 bis 115.

Schneweli, Herr Dietrich v., 63.

Schönau, Ritter Hans v., 24; Rud. der Hürus, 40.

Schönenwerd Heinr. v., 15—17.

Schodoler Heny von Bremgarten, 133. 161.

Schopf, Rud. unter dem, Schulth., 50.

Schulthess Hans, hrzgl. Vogt, 63. 89. 108; Heinr., genannt Senftli, 84; Ribin 191.

Schurli Burkh. v. Stoffeln, Schulth., 92.

Schwende Bernh. v. Zürich, 16; Heinr., Schulth., 115.

Seengen Imer v., 82. 84. 88. 103. 104. 106. 113. 131. 140; Jun-

ker Kunzmann 162; Walth. u. Hans, 186.

Seegreben, Dorf, 74. 102.

Seffler Conr., 140.

Seftingen Ludw. v., Schulth., 67.

Segenser, Rud. u. Joh v. Mellingen, 10. 67; Hans der Schulth., 61. 63. 65. 67. 74. 84. 87. 89. 90. 119; Hans Rud., Hans Arn. u. Hans Urech, Gebr., 188; Joh. Ulr. 195; Hans Rud. 196. 197.

Sempach, Verlustliste aus der Sempacher Schlacht, 44—46.

Sendler Claus, Schulth., 116. 117.

Seon Rud. u. Joh., Edle v., 6.

Siggingen, Hof, 83.

Sigmund, röm. König, 123. 141. 153.

Sigristengut zu Birmensdorf, 195.

Sonnenberg Andr., Graf v., 190.

Stäfa, Dinghof, 31. 33. 105. 167.

Staufen, Hof bei Lenzburg, 6. 14. 192.

Stein, Heinr. Ritter v., 5.

„ Stadt a/Rh., 186.

Steineck, Veste, 27. 43.

Stetten, der Twinghof, 41. 53. 54.

Stöckli Hans, Amtmann u. Hubmeister, 57. 60. 62. 63.

Stoffeln, Junker Heinr. v., 140.

Storch Joh., Dr. jur., kaiserl. Gesandter, 199—201.

Straßberg Imer Graf v., 24.

Stuchsenstein, Veste, 42.

Stürvis Anna v., 156. 157.

Sulz, Graf Bercht. v., 38; Rud. 56. 57. 63. 64; Hermann 108; Alwig u. seine Mutter Ursula 184. 185.

Sur, der Hof, 89.

Pierer'sche Hofbuchdruckerei. Stephan Geibel & Co. in Altenburg